O amor romântico
e outros temas

FUNDAÇÃO EDITORA DA UNESP

Presidente do Conselho Curador
Mário Sérgio Vasconcelos

Diretor-Presidente
José Castilho Marques Neto

Editor-Executivo
Jézio Hernani Bomfim Gutierre

Assessor Editorial
João Luís Ceccantini

Conselho Editorial Acadêmico
Alberto Tsuyoshi Ikeda
Áureo Busetto
Célia Aparecida Ferreira Tolentino
Eda Maria Góes
Elisabete Maniglia
Elisabeth Criscuolo Urbinati
Ildeberto Muniz de Almeida
Maria de Lourdes Ortiz Gandini Baldan
Nilson Ghirardello
Vicente Pleitez

Editores-Assistentes
Anderson Nobara
Fabiana Mioto
Jorge Pereira Filho

Dante Moreira Leite

O amor romântico e outros temas

3ª edição revista e ampliada

Série Dante Moreira Leite

Organizador
Rui Moreira Leite

© Editora UNESP 2007

Direitos de publicação reservados à:
Fundação Editora da UNESP (FEU)
Praça da Sé, 108
01001-900 – São Paulo – SP
Tel.: (0xx11) 3242-7171
Fax: (0xx11) 3242-7172
www.editoraunesp.com.br
www.livrariaunesp.com.br
feu@editora.unesp.br

CIP – Brasil, Catalogação na fonte
Sindicato Nacional dos Editores de Livros, RJ

L551a
3ª ed.

Leite, Dante Moreira, 1927-1976
    O amor romântico e outros temas/Dante Moreira Leite; organizador [da coleção] Rui Moreira Leite. – 3ª ed. rev. e ampliada. – São Paulo: Editora UNESP, 2007.
    (Coleção Dante Moreira Leite)

    Inclui bibliografia
    ISBN 978-85-7139-770-5

    1. Amor em literatura. 2. Literatura brasileira – História e crítica. 3. Literatura – Estética. 4. Literatura – Psicologia. I. Título. II. Série.

07.2378   CDD: 809
                                                    CDU: 82.09

Editora afiliada:

Asociación de Editoriales Universitarias
de América Latina y el Caribe

Associação Brasileira de
Editoras Universitárias

Obras de Dante Moreira Leite

Plano da série

Psicologia e literatura
O caráter nacional brasileiro
O amor romântico e outros temas
Psicologia diferencial e outros estudos
O desenvolvimento da criança

Desses cinco volumes, submetidos a uma revisão cuidadosa, *Psicologia e literatura*, *O caráter nacional brasileiro* e *O desenvolvimento da criança* são reeditados sem maiores alterações em relação às últimas edições, que já incorporavam correções do autor.

O amor romântico e outros temas, em tantos aspectos um trabalho paralelo a *Psicologia e literatura*, tem outros textos dispersos incluídos em apêndice, relacionados ao ensaio *O caráter nacional brasileiro*.

Psicologia diferencial e outros estudos já fora reeditado sem alterações; nesta edição incorpora inéditos do autor, que compunham a primeira parte de sua *História da psicologia contemporânea* – Freud e as teorias dinâmicas, além do relato de dois experimentos já divulgados. Não será reeditada a antologia *Personalidade*, que não pôde ser revista pelo autor.

Esta edição das obras de Dante Moreira Leite procurou respeitar as exigências do autor e só incluiu os textos considerados concluídos, ainda quando inéditos.

Hamlet visto por Freud

Por DANTE MOREIRA LEITE

SEPARATA DA REVISTA 'OCIDENTE' — VOLUME LXVII
— LISBOA, 1964

"Hamlet visto por Freud", artigo publicado em *Ocidente (Lisboa)*, v.67, 1964.

Sumário

Apresentação – O amor romântico e outros temas   11

A atribuição de causalidade   13

Causalidade pessoal e impessoal na teoria de F. Heider   25

O triângulo, o ciúme e a inveja   31

Teoria da ingratidão   37

Ficção, biografia e autobiografia   43

Hamlet visto por Freud   53

Romantismo e nacionalismo   61
   O período colonial   62
   A independência e a vida intelectual   64
   Os símbolos românticos   66
   Avaliação do nacionalismo romântico   68
   Passagem para uma poesia de cunho social   70

Os românticos e a valsa   73

Lucíola: teoria romântica do amor   79

Justine: o amor como indiscrição   85

A psicologia social de *Os sertões*   101
    Uma filosofia da história brasileira   103
    A explicação do messianismo   113
    O destino das ideias de Euclides   116

Grande sertão: veredas   121
A ficção de Guimarães Rosa   135
Ofício de tradutor   157
Tradução e linguagem   179
Criatividade em literatura   193
Literatura brasileira   201
    Esquemas históricos e realidade histórica   203
    Vida social, ideologia e literatura   210
    A valorização da literatura brasileira   213
A realidade norte-americana na literatura   217
Psicanálise e literatura   225
A relação indivíduo-sociedade na teoria de Margaret Mead   233
Teorias recentes sobre o caráter nacional   241
O caráter norte-americano   247
O caráter alemão   251
O caráter nacional brasileiro e o futebol   257
Guerra e psicologia I-II   265
A tentação da profecia   273
    Aldous Huxley (*Regresso ao admirável mundo novo*)   281
    A superpopulação   282
    As qualidades eugênicas   283
    Superorganização   284
    As técnicas de convencer   286
    O problema da educação   288
    Michael Young (*A ascensão da meritocracia*)   289
    Previsão e profecia   292

Índice onomástico   295

O amor romântico e outros temas

Os textos da primeira edição deste livro têm uma inevitável correspondência com *Psicologia e literatura*, tese de livre-docência do autor defendida no mesmo ano de 1964.

A segunda edição foi substancialmente ampliada, acolhendo textos escritos por Dante Moreira Leite até 1975. Mas o foco do conjunto de artigos e ensaios curtos era essencialmente um só: o exame das obras literárias com os recursos oferecidos pela psicologia e a apresentação de aspectos da psicologia das relações interpessoais de interesse para a análise das obras literárias.

Esta terceira edição inclui dois textos anteriores àqueles das edições já publicadas, os quais haviam permanecido inéditos; dois outros que, na qualidade de comunicações a congressos, só nas respectivas atas ganharam espaço, bem como um conjunto de resenhas e ensaios relativos ao período dedicado pelo autor aos estudos do *Caráter Nacional Brasileiro*, os quais não justificariam uma publicação em separado. A inclusão na edição anterior do ensaio dedicado a Euclides da Cunha – "A psicologia social de *Os sertões*" –, em que o autor se estende em considerações sobre os ideólogos do caráter nacional, igualmente autorizava a inserção desse conjunto.

Os textos "A realidade americana na literatura" e "Psicanálise e literatura", escritos na década de 1950, têm interesse especial: o primeiro permite verificar como a pesquisa relativa ao *Caráter Nacional* conduzia o exame dessas obras; o segundo é uma primeira versão do ensaio "Hamlet visto por Freud", escrito por sugestão de Jorge de Sena e por este encaminhado à revista *Ocidente*, de Lisboa, no início dos anos 1960.

O texto "Literatura brasileira" foi apresentado como comentário à comunicação de José Aderaldo Castello no Encontro Internacional de Estudos Brasileiros em 1971 e a comunicação "Criatividade na literatura" foi apresentada ao IX Congresso Interamericano de Psicologia em 1964.

Os textos relativos aos estudos do *Caráter Nacional* são relacionados em ordem cronológica de publicação e reúnem desde um estudo sobre a obra de Margaret Mead até o ensaio "A tentação da profecia" provocado pelas obras de Aldous Huxley e Michael Young. Os demais constituem um conjunto de resenhas de interesse para acompanhar as leituras do autor – e incluem o desmonte, peça a peça, da visão do futebol brasileiro apresentada por Gilberto Freyre.

Para facilitar ao leitor a identificação das inclusões, elas são realizadas ao final da ordem dos textos da segunda edição, iniciando pela comunicação ao IX Congresso Interamericano de Psicologia.

A atribuição de causalidade[1]

Talvez não seja errado considerar os trabalhos iniciais de Heider e G. Simmel[2] e os de Michotte[3] as primeiras tentativas de análise experimental da percepção da causalidade. Está claro que esse problema é muito antigo na filosofia, mas, à teoria do conhecimento, interessava, sobretudo, eliminar a possível interferência da percepção de causalidade na análise objetiva das relações causa-efeito entre os fenômenos. De qualquer modo, pode-se pensar na análise de Hume, por exemplo, como forma de demonstrar que a percepção de uma sequência de acontecimentos não indica, necessariamente, um nexo causal, e não podemos identificar percepção de causalidade e causalidade real.

Os trabalhos de Michotte, Heider e G. Simmel, ao contrário, voltam-se exatamente para as condições em que se percebe ou

---

1 Anais do XIV Congresso Interamericano de Psicologia, São Paulo, 14-19 abril 1973, Fundação de Amparo à Pesquisa do Estado de São Paulo, 1975, p.447-53.
2 "An experimental study of apparent behavior", Amer. J. Psychology, 1944, 57, p.243-59.
3 La perception de la causalité. Paris: Vrin, 1946.

não causalidade, de modo independente da relação física real. Em outras palavras, esses trabalhos experimentais estão voltados para o problema psicológico e não epistemológico. Em contrapartida, esses experimentos iniciais, apesar de seu extraordinário interesse, não nos permitiam colocar a percepção de causalidade em um esquema bem amplo da teoria psicológica. Essa possibilidade só foi dada, realmente, com a publicação, em 1958, do livro de Heider sobre as relações interpessoais.[4]

Apesar das limitações que se impôs no tratamento das relações interpessoais, Heider apresentou nesse livro um esquema suficientemente amplo, capaz de permitir o estabelecimento de certa ordenação formal das relações entre duas, ou, no máximo, entre quatro pessoas. Essa ordenação não pretendeu criar um sistema explicativo ou descritivo das relações interpessoais, mas apenas traduzir o que Heider denomina a *psicologia ingênua,* isto é, a que não é aprendida sistematicamente em livros de psicologia, mas pode ser observada como *existente* nas pessoas. Saber se essa psicologia resulta de aprendizagem ou de intuição seria uma pergunta possível, sobretudo se se pensar que a psicologia ingênua poderia ser, em seu limite extremo, um resumo dos padrões de determinado grupo social, ou da experiência dos indivíduos com esse grupo.[5] No entanto esse problema parece não ter ocupado Heider. E aqui é possível supor duas razões para isso. Em primeiro lugar, parece mais importante chegar a uma descrição, ainda que imperfeita, da psicologia ingênua, do que tentar explicá-la antes de conhecê-la. Em segundo, não podemos saber, antecipadamente, se não há elementos formais da psicologia ingênua que são comuns aos vários grupos. Por exemplo, talvez a relação entre três pessoas seja sempre difícil – ou mais difícil do que a existente entre duas ou quatro pessoas – independentemente

---

4 *The psychology of interpersonal relations.* New York: Wiley, 1958.
5 Cf. BALDWIN, Alfred. *Teorias de desenvolvimento da criança.* São Paulo: Pioneira, 1973.

da cultura em que isso ocorra. A nossa pressa em explicar por que, na cultura contemporânea, essa situação é difícil (lembre-se que o inferno de Sartre – "o inferno são os outros" – é composto por três pessoas) poderia levar-nos a pensar em noções de competição, individualismo etc., e a esquecer a possibilidade de características formais e universais. E talvez não esteja muito longe da verdade quem pensar que essa segunda razão tenha sido a mais importante para Heider.

De um modo ou de outro, a teoria de Heider é fundamentalmente universalista e formal, isto é, pretende chegar a esquemas aplicáveis a qualquer grupo, ou, melhor ainda, pretende revelar os esquemas implícitos em nossa maneira de descrever e explicar as relações interpessoais. Está claro que esses esquemas implícitos, uma vez revelados, constituem um elemento importante para a construção de uma psicologia científica.

Aqui, entre os conceitos utilizados por Heider, foi escolhido o de atribuição de causalidade, entendido como conceito explicativo do comportamento, pois esse conceito nos permite, até certo ponto, repensar o problema que, na psicologia científica, é denominado motivação.

Não há necessidade de longa exposição para demonstrar como o conceito de motivação é um dos conceitos centrais da psicologia científica, nem para sugerir as dificuldades que a psicologia encontra para sua utilização.

Podemos partir da afirmação, evidentemente simplista, de que o comportamento seria facilmente previsível se pudesse ser explicado pelo organismo *ou* pelo ambiente. E, na história da psicologia, também não é difícil encontrar os conceitos adotados para dar conta desses dois polos. As noções de instinto, motivos (conscientes e inconscientes) e impulsos estão no polo do organismo; as de força e atração estão no polo do ambiente. De modo geral, no entanto, e com a possível exceção de Lewin, os teóricos da motivação tiveram tendência a pensar, preferencialmente, no polo do organismo; em outros casos, talvez os mais comuns na psicologia contemporânea, tiveram tendência a ligar *forças* do organismo e do ambiente, pelo conceito de aprendizagem. Uma análise um pouco mais demorada talvez pudesse demonstrar que é por meio da aprendizagem – por sua vez ligada ao conceito de reforço, de redução de tensão ou de restabelecimento da homeostase – que se explica a relação entre ambiente e organismo. Em contrapartida, mesmo o ambientalismo extremado – como seria o de Watson e, mais recentemente, o de Skinner – não pode deixar de supor o organismo ou seus impulsos. Nesse sentido, Skinner é mais radical que Watson, pois chega a supor um controle perfeito do organismo pelo ambiente; a necessidade de levar em conta o organismo aparece quando os skinnerianos falam em "organismo intacto" – com o que pretendem indicar o organismo normal, isto é, igual à maioria dos organismos – pois é de toda evidência que nem todos os organismos com as mesmas experiências reagem da mesma forma. Essa é a maneira pela qual os skinnerianos explicam que um deficiente mental não aprende como os outros indivíduos.

Esses exemplos são aqui indicados para sugerir a situação do problema na psicologia científica, e não para apresentar um levantamento exaustivo das teorias da motivação. Apesar disso, parece claro que a psicologia científica, em qualquer de suas tendências teóricas, ainda não tem os conceitos suficientes para uma explicação satisfatória do comportamento motivado.

Quando passamos para a teoria de Heider, onde se pretende uma sistematização dos conceitos empregados na psicologia ingênua, ou, em outros casos, o estabelecimento de ligações entre eles, voltamos a encontrar os dois polos: a pessoa e o ambiente. No entanto há vários conceitos complementares explicitados na análise de Heider.

Em primeiro lugar, a pessoa é vista como *centro de ação;* em outras palavras, não é apenas um ponto de interseção ou interação de forças que a atingem, mas algo que atua efetivamente no ambiente. Na psicologia ingênua, a pessoa tem desejos, sentimentos, preferências, e isso é levado em conta quando explicamos um comportamento.

Nesse sentido, existe causalidade pessoal, pois o indivíduo pode, ativamente, provocar ou tentar provocar determinado resultado. No entanto, a psicologia ingênua distingue causalidade impessoal e causalidade pessoal. A separação básica entre uma e outra se realiza pelos conceitos de multifinalidade, no caso de causalidade impessoal, e equifinalidade, no de causalidade pessoal. Multifinalidade significa, aqui, que determinado acontecimento, x, pode, de acordo com diferentes circunstâncias, provocar diferentes acontecimentos: o vento pode levantar poeira (se o chão estiver seco), levar uma peça de roupa para longe (se não estiver presa no varal), despentear uma pessoa. Esses diferentes objetivos não são *visados* pelo vento. Na causalidade pessoal, ao contrário, o resultado final é desejado pela pessoa, e esta poderá chegar ao mesmo fim por vários meios: se desejo ajudar uma pessoa, posso ensinar-lhe algo que ela não saiba, emprestar-lhe dinheiro, apresentá-la a um empregador.

Está claro que, em casos bem determinados, a pessoa também pode agir como origem de causalidade impessoal, mas isso ocorre, sobretudo, quando sua ação é puramente física e a consequência não faz parte de sua intenção. Se desejo colocar uma tábua para que as pessoas atravessem um caminho enlameado, essa ação pode provocar espirros de lama em alguém que chega de repente ao local.

Nas situações concretas, nem sempre é fácil distinguir os casos de causalidade pessoal. O fato de alguém ter realizado alguma coisa não é prova indiscutível de que tenha pretendido realizá-la, ou de que seja capaz de repeti-la. Em um caso extremo, a pessoa pode até provocar um desastre ou uma tragédia, ao procurar fazer coisa muito diversa. Na psicologia ingênua, vários conceitos complementares unem-se para nos permitir fazer tais distinções. Falamos de causalidade pessoal quando podemos observar, ou temos boas razões para supor que a pessoa tem a intenção de realizar alguma coisa. Nossa certeza aumentará se seu comportamento revelar um esforço para chegar ao resultado obtido.

Essas condições estão inter-relacionadas, evidentemente, com o ambiente; em muitos casos, com a dificuldade da tarefa. É nesse ponto que surge o problema da *atribuição* na percepção da causalidade pessoal. Esta só pode ser suposta, como foi sugerido, quando há uma intenção; no entanto, não é em todos os casos que se pode supor intenção de chegar a determinado objetivo e efetivamente alcançá-lo, sem que por isso nos dê a impressão de ter sido a *causa eficiente* desse resultado. Aqui, a psicologia ingênua tem possibilidade de fazer a distinção entre as forças com que a pessoa atinge o ambiente e aquelas que resultam deste último. Posso desejar chegar a um lugar, e efetivamente realizar um desejo, mas saber que a *causa* dessa efetivação não estava em mim, mas no ambiente que naquele momento era favorável à realização de meu objetivo (um amigo me levou de carro, houve facilidade no trânsito etc.). Em contrapartida, o fato de não chegar a um objetivo não indica, necessariamente, que não tenha feito esforços para isso; posso ter encontrado obstáculos que naquele momento eram insuperáveis.

Até aqui, o nexo causal foi visto partindo de seu foco inicial, isto é, a pessoa ou o ambiente. No entanto, uma situação muito frequente é aquela em que a ação já ocorreu, o resultado já foi obtido, e, então, procuramos apreender seus nexos causais. É aqui que, de modo bem nítido, surge o problema da atribuição de causalidade, assim como da atribuição de vários outros conceitos.

Para que as ações adquiram sentido, para que a pessoa seja capaz de reagir de modo adequado a uma situação, precisa saber qual dos focos deve considerar origem causal do resultado. Se perceber que a outra foi apenas um elo na sequência de ações que permitiram o acontecimento *x*, não terá tendência a considerá-la responsável; ao contrário, se tiver razões para supor que a outra desejava provocar o que ocorreu, tenderá a considerá-la *causa* do resultado. Evidentemente, essa atribuição nunca é feita de maneira tão simples, pois, na psicologia ingênua, dispomos de vários conceitos para isolar diferentes casos. Ao mesmo tempo, a percepção do nexo pode ser de tal modo coerente, que teremos dificuldade para *não* perceber o nexo causal, para não perceber a pessoa como foco inicial da ação. Em muitos romances policiais, o mistério do enredo depende do fato de que todas as indicações apontam para um responsável, enquanto o verdadeiro responsável consegue disfarçar ou ocultar seus motivos ou intenções.

Ora, nossas reações ao comportamento de outras pessoas dependem diretamente da atribuição; uma coisa é saber que alguém realizou uma ação porque isso lhe foi imposto por outra pessoa, ou pelas condições ambientais do momento; outra, muito diferente, é saber que ela teve a intenção de chegar àquele resultado. Em outras palavras, na psicologia ingênua, nunca nos satisfazemos com uma relação simples pessoa–ato; embora possamos ser enganados por nossa percepção de intenções da pessoa, da dificuldade da tarefa, ou da maneira pela qual certo resultado foi obtido, raramente paramos em um primeiro nível de verificação. No entanto, a sequência de ações pode parecer tão clara, que teremos dificuldade para fazer a separação entre a pessoa e o ato que aparentemente provocou ou pretendeu provocar. Heider analisa vários desses casos, mas aqui será suficiente mencionar um deles como exemplo. Se vemos um adulto correndo atrás de uma criança, podemos pensar que esta foge daquele; se a situação for inversa – a criança correndo atrás do adulto –, dificilmente pensaremos que o adulto esteja querendo fugir da criança; ao contrário, nossa tendência será perceber que o adulto orienta a criança, procura levá-la para determinado local, ou está brincando com ela.

Os conceitos de *atribuição* e de *equilíbrio* foram, até agora, os conceitos de Heider mais utilizados em trabalhos experimentais.[6]

---

6 Para levantamento dos principais trabalhos experimentais na área de atribuição, ver HASTORF, A. M.; SCHNEIDER, D. J.; POLEFKA, J. *Percepção de pessoa.* Trad. Dante Moreira Leite. São Paulo: Edgard Blücher e Editora da Universidade de São Paulo, 1973, p.60ss.

Aqui, importa salientar apenas algumas das dimensões da atribuição, com sua fertilidade para compreender o comportamento interpessoal. Pelo que foi dito antes, é fácil concluir que, na vida diária, as pessoas distinguem com relativa clareza o fato de uma ação ser provocada por alguém ou resultar de forças ambientais. Do ponto de vista experimental, deve ser possível saber quando ocorre uma coisa ou outra, saber em que condições uma pessoa é vista como vítima ou como origem de determinada ação. Não reagimos da mesma forma a uma pessoa que faz algo contra sua vontade e outra que procura esse objetivo; o fato de o resultado ser igual nos dois casos não nos leva a perceber do mesmo modo as pessoas que o provocaram ou realizaram.

Se essas observações de Heider, aqui, naturalmente, simplificadas, parecem óbvias – nem pretendem ser outra coisa –, isso não ocorre com a compreensão de seus efeitos na vida social ou nas relações interpessoais. Se desejamos destruir um líder de grupo, podemos atribuir a ele a responsabilidade por acontecimentos negativos; se desejamos engrandecê-lo, tentamos estabelecer um nexo entre seu comportamento e os triunfos do grupo. Há, evidentemente, várias maneiras pelas quais se pode obter a impressão de causalidade pessoal, e outras tantas pelas quais se pode evitar esse nexo. Para o psicólogo social, importa saber quando ocorre uma coisa ou outra, saber quando a atribuição de causalidade é realista, quando pode ser deformada por diferentes fatores.

A produtividade da teoria de Heider – ou, se se preferir, da sistematização que faz da psicologia ingênua – resulta da possibilidade de considerar as contribuições da pessoa, ao lado das do ambiente. Nesse sentido, é um aprofundamento do conceito de atribuição, sobretudo mediante sua análise experimental; pode contribuir de maneira bem nítida para uma renovação mais que necessária do conceito de motivação. Ao considerar o polo do organismo *e* o do ambiente, a teoria de Heider efetivamente supera as análises anteriores de motivação, com frequência presas à análise do comportamento do organismo isolado, colocado em situação ambiental uniforme (pense-se, como exemplo extremo, no animal colocado na caixa de Skinner). Essa situação extrema pode ser interessante para a análise experimental, e efetivamente nos dá muitas informações preciosas sobre motivação. No entanto, a limitação do modelo fica muito nítida quando passamos para situações interpessoais ou quando estamos diante de ambiente heterogêneo.

Podemos voltar a alguns dos primeiros experimentos de psicologia social para verificar como o problema é permanente. O animal aparentemente saciado volta ao alimento quando se introduz outro animal no ambiente; em contrapartida, as relações de domínio e submissão interferem na quantidade de alimento conseguido por diferentes animais. Se passamos para o nível humano, e para situações ainda mais complexas, aparecerá o problema da motivação, então dividido entre dois polos. Se uma pessoa está há muito tempo sem alimento, não atribuiremos o fato de alimentar-se a uma preferência pelo alimento que encontra; mas, se sabemos que acabou de alimentar-se, recusou maior quantidade de um prato e depois aceita alimento diferente, esse último comportamento será atribuído à atração do segundo alimento oferecido, e não à sua fome.

Esse esquema, observado em situações bem simples, pode ser transposto para as relações interpessoais. Nesse caso, a psicologia ingênua tem recursos explicativos ainda não incorporados à experimentação psicológica.

Pensemos no caso em que uma pessoa, *A*, observa *B* ser maltratada por *C*. O sofrimento que *C* impõe a *B* pode ser interpretado por *A* de diversas maneiras, o que em grande parte irá depender do contexto em que ocorre a ação observada. Em muitos casos, o elemento decisivo para o julgamento da ação de *C* será sua intenção. Se *C* é médico ou enfermeiro, seu ato pode ser visto como apenas imediatamente desfavorável a *B*, mas mediatamente benéfico; aqui, sua intenção final é um benefício, e o sofrimento imposto, apenas uma etapa "necessária". Se passamos para o campo da educação, observamos algo semelhante, mas a ambiguidade da relação castigo–benefício futuro passa para o primeiro plano. Ainda no campo da educação, seria possível mostrar como a atribuição se torna mais difícil quando se procura uma relação entre castigo físico e benefício psicológico. Em outras palavras, essa relação pode ser interpretada de várias maneiras e precisaríamos de mais informação para chegar a um julgamento mais seguro.

O mesmo exemplo mostra que não é apenas a *intenção* de C que determina o julgamento de A, mas que este pode sofrer influência de conhecimento anterior das relações entre B e C. Quando B responde a um ataque, será julgado de uma forma; quando inicia uma disputa, o julgamento de A pode ser até oposto.

Essas indicações são talvez suficientes para sugerir a riqueza e a amplitude dos processos de atribuição, ainda que estejamos interessados apenas pela atribuição de causalidade, isto é, desejemos saber apenas qual o foco inicial da ação. Parece evidente que os vários aspectos sugeridos por Heider podem ser submetidos à análise experimental, de forma que sejamos capazes de identificar como e por que fazemos atribuições. Aqui, não tentei resenhar os trabalhos realizados nessa área, mas indicar o domínio em que se inserem os estudos apresentados neste simpósio.

Finalmente, não parece deslocada outra observação, capaz de evitar equívocos na avaliação da teoria de Heider e dos trabalhos experimentais realizados de acordo com seu modelo. Como Heider pretende sistematizar ou formalizar a psicologia ingênua, e como esta desconhece os processos inconscientes, pelo menos em seu sentido dinâmico, toda a interpretação é feita de modo cognitivo. Isso não equivale a negar a possibilidade de uma futura inclusão de aspectos dinâmicos inconscientes na descrição e na explicação da atribuição; é apenas um problema de limite que a teoria se impõe. De qualquer forma, o esquema apresentado por Heider já é tão complexo para o tratamento experimental, que, pelo menos por enquanto, parece difícil aí incluir conceito de outro nível. Ao mesmo tempo, parece provável que, à medida que avançarmos em nosso conhecimento, teremos possibilidade de incluir, por exemplo, o processo de *projeção* entre os fatores responsáveis pela atribuição. Mas é provável, também, que isso exija a criação de outros critérios e talvez até de outra linguagem para sua sistematização.

Causalidade pessoal e impessoal na teoria de F. Heider[1]

Os psicólogos familiarizados com a teoria de Heider sabem que seu objetivo fundamental poderia ser resumido como tentativa de sistematização ou de formalização da psicologia ingênua ou do senso comum. Sabem também que, para chegar a essa sistematização, Heider precisava de alguns conceitos unificadores, por meio dos quais fosse possível estabelecer as ligações entre as ideias desconexas, ainda que realistas, mediante as quais a psicologia ingênua descreve e explica o comportamento.

Na verdade, como Heider é o primeiro a reconhecer, sua tarefa não foi rigorosamente homogênea, pois, em alguns domínios, notadamente o da percepção, seus conceitos, longe de partirem da psicologia ingênua, foram em grande parte extraídos da tradição científica da psicologia, e aqui aproveitaram análises anteriores dos psicólogos gestaltistas, além de trabalhos do mesmo Heider e de

---

1 Publicado pela primeira vez na 2ª edição de *O amor romântico e outros temas* (1979).

Egon Brunswick (cf., por exemplo, sua análise de estímulos proximais e distais, ou a discussão do ambiente compartilhado).

Outros conceitos, embora correntes na psicologia e em outras ciências físicas e naturais, foram empregados com extrema originalidade por Heider. Foi isso que ocorreu, para dar o exemplo mais notável, com o conceito de equilíbrio. Este pode, evidentemente, ser rastreado em várias teorias psicológicas, embora em cada caso se aplique a um domínio diferente. O modelo de motivação da psicanálise freudiana supõe não apenas o equilíbrio de forças em conflito, mas, em uma de suas últimas apresentações, até um equilíbrio restabelecido pelo triunfo final dos impulsos de Tânato sobre os de Eros. Mais ainda, seria possível mostrar que, em sua primeira versão – apresentada no "Projeto de uma psicologia científica" e depois repetida no capítulo VII de *A interpretação dos sonhos* –, o modelo freudiano supunha o esquema do reflexo como o princípio básico do equilíbrio.

Ainda no domínio da motivação, o conceito de equilíbrio foi o fundamento do princípio da *homeostase* de Cannon, e passou a dominar o pensamento psicológico das décadas de 1940 e 1950, em especial na versão do comportamento apresentada por Clark Hull.

A aplicação do conceito de equilíbrio no domínio cognitivo é talvez mais notável na obra de Piaget, embora, ao contrário do que ocorre com sua utilização por Cannon e Hull, tenha um caráter muito mais dinâmico. Na verdade, Piaget não supõe o equilíbrio cognitivo como uma volta a um estudo que seria perturbado por um agente interno ou externo, mas como o resultado de um domínio sobre um desafio do ambiente, ao mesmo tempo que representa um ponto de partida para novo desequilíbrio. Poder-se-ia falar, em seu caso, em sucessivos patamares de equilíbrio, mas onde cada palavra representaria o início de um novo desequilíbrio só então percebido.

Os exemplos de utilização do conceito de equilíbrio poderiam ser multiplicados, mesmo fora dos domínios da psicologia – como seria o caso do equilíbrio ecológico –, mas aqui importa apenas salientar a originalidade de sua utilização por Heider. Ao supor o equilíbrio como estado desejável entre três entidades (*p-o--x*) Heider não está apenas sistematizando um pressuposto da psicologia ingênua, mas também procurando nesse conceito uma explicação para muitos comportamentos. Se a situação entre *p-o-x* ou *p-o-q* é de desequilíbrio, devemos esperar, pelo menos, uma reestruturação cognitiva de *p*; em outros casos, devemos esperar modificações no comportamento.

À primeira vista, o conceito de equilíbrio é o conceito unificador mais importante da teoria de Heider, o que seria confirmado pelo grande número de trabalhos experimentais que provocou, bem como pelas tentativas de seu aperfeiçoamento formal e estrutural.

No entanto, tal como ocorre em outros trabalhos de pensamento muito denso, o livro de Heider traz vários outros conceitos carregados de possibilidades explicativas, que aos poucos vão sendo revelados.

* * *

Aqui, pretendo falar do conceito de atribuição e limitarei a análise ao campo da motivação, onde seu emprego parece útil e extremamente produtivo.

Essas afirmações ficam mais claras quando se considera a dificuldade fundamental para uma teoria da motivação. Em primeiro lugar, como o salienta o mesmo Heider, o modelo mais usual para a teoria de motivação é o do *consumo* – evidentemente baseado na observação do comportamento de alimentação. Poder-se-ia acrescentar que esse comportamento obedece a um ritmo variável mas relativamente previsível no animal, o que torna o trabalho experimental muito mais atraente. Em grande parte, a previsibilidade do comportamento está garantida por esse ritmo do organismo, de forma que o controle das outras variáveis, bem como sua manipulação experimental, também se torna extremamente simplificado. Além disso, *grosso modo*, conhecemos a relativa atração que diferentes objetos consumíveis têm para cada espécie animal, o que também simplifica o trabalho experimental.

Mesmo aqui, no entanto, e considerando apenas o nível animal, a situação é mais complexa do que inicialmente parece. Pelos estudos clássicos sobre alimentação em aves, sabemos que, mesmo depois de aparentemente saciada, a galinha pode aumentar o consumo de alimento diante da presença de outras aves. Isso exigiria, por si só, modificação no modelo de consumo da motivação, pois exigiria a introdução de outra variável. Sabemos que, no nível humano, o convívio social pode ter o mesmo efeito facilitador, pois o consumo de alimento parece aumentar na presença de outras pessoas, embora, presumivelmente, os fatores aí intervenientes não sejam iguais aos que explicam o exemplo do consumo de grãos de milho ou de trigo pelas aves.

Um desses conceitos é o de atribuição, cada vez mais estudado pelos psicólogos, pois parece conter indícios de uma explicação do comportamento interpessoal. Ainda que se possa, em caso extremo, sustentar que o conceito de atribuição – ao contrário do que ocorre com o de equilíbrio – padece de certa subjetividade, uma vez que só existe na estrutura cognitiva de quem participa do acontecimento interpessoal, a crítica perde grande parte de seu valor quando entendemos o que Heider pretende com o conceito. Em muitos casos, será impossível entender o comportamento de p com relação a o, se não levarmos em conta a maneira de p interpretar o comportamento de o. Suponhamos que, em uma circunstância qualquer, o tenha prejudicado p. A reação de p não está ligada univocamente a essa ação de o; se isso ocorresse, p reagiria de maneira sempre idêntica a atos idênticos, o que evidentemente não ocorre. Por exemplo, se p imagina que o foi capaz de prejudicá-lo, mas isso ocorreu involuntariamente, sua reação não será igual à que teria se pensasse que todas as ações de o se encaminharam para esse resultado final, isto é, prejudicá-lo ou fazê-lo sofrer.

Se não se fizer essa distinção, isto é, se não levarmos em conta a intenção que p atribui a o – independentemente do fato de p estar certo ou errado –, o comportamento de p se torna ininteligível ou imprevisível. Essa consideração é essencial para compreender a análise de Heider e utilizar a riqueza de seus conceitos. Se, em nome da *objetividade*, pretendermos usar apenas os acontecimentos físicos que atingem p e suas reações também físicas, nossa única esperança de chegar à previsibilidade de comportamento será imaginar que algum dia faremos uma descrição tão minuciosa e completa do comportamento, que seremos capazes de estabelecer relações unívocas entre cada acontecimento físico e cada reação fisicamente observável.

Ao analisar a motivação, embora o faça sob o título de desejo e prazer, Heider verifica que a psicologia ingênua apresenta descrição e explicações mais ricas ou complexas do que as empregadas pela psicologia científica. No entanto, antes de indicar como o conceito de atribuição é usado nesse caso, convém lembrar sua generalidade.

A atribuição é, de modo bem esquemático, a forma pela qual fazemos discriminações explicativas no ambiente ou na pessoa.

O triângulo, o ciúme e a inveja[1]

G. Simmel e F. Heider chamam a atenção para as qualidades de "boa forma" do par e para as dificuldades de equilíbrio no triângulo. Essa dificuldade se observa muito cedo nas relações humanas; duas ou quatro crianças são capazes de brincar muito bem; no entanto é difícil fazer que três crianças brinquem juntas. Quando João, Pedro e Paulo brincam juntos, a tendência é para que Pedro e João, ou Pedro e Paulo, ou Paulo e João formem pares e se voltem contra a criança que "ficou fora do par". Em outras palavras, em um triângulo, existem, potencialmente, três pares e, nesses três casos, uma das pessoas "perde o lugar". Entre adolescentes, é mais ou menos frequente que, em um grupo de três, dois se voltem contra o terceiro e, portanto, o grupo tende a dissolver-se, embora os três pares, compostos das mesmas pessoas, possam organizar-se harmoniosamente.

Entre adultos, todos sabem como o triângulo, sobretudo se apresentado no amor, tem qualidades dramáticas muito nítidas,

---

1 *O Estado de S. Paulo*, "Suplemento Literário", 23.10.1960, p.48.

pois é uma situação essencialmente desequilibrada e sem harmonia. Portanto o triângulo, nas relações interpessoais, contém os germes de sua destruição. Ou os três conseguem um novo membro para o grupo (caso em que se formariam dois pares), ou um dos membros do triângulo será expulso.

Pois bem: se o triângulo, uma vez formado, é autodestrutivo, deve ser possível saber por que, apesar disso, tende a formar-se nas relações interpessoais. Quando analisamos esse processo de formação, podemos verificar que os elementos destrutivos não existem inicialmente; ou melhor, esses mesmos elementos são, a princípio, construtivos.

Convém considerar, inicialmente, o triângulo amoroso, pois este apresenta o quadro mais complexo e mais rico, onde todos os elementos são bem nítidos. O caso mais tênue seria o de João e Paulo, muito amigos, que se apaixonam pela mesma jovem, Maria; se nenhum deles a conquistar, e enquanto isso acontecer, os dois permanecerão muito amigos. No momento em que Maria escolhe um dos dois, o escolhido passa a ser uma figura negativa para o desprezado. O caso mais frequente será, no entanto, aquele em que João é amigo de Paulo, e este já tem a correspondência de Maria. O fato de João gostar de Paulo faz que seja levado a gostar de Maria, assim como a gostar de todas as coisas que fazem parte da vida do amigo. Exatamente por isso, seu sentimento em relação a Maria não se choca contra barreiras ou resistências internas. Ao mesmo tempo, quanto mais gosta de Maria, mais gosta também de Paulo, pois um sentimento contribui para acentuar o outro. Nesse esquema, é fácil compreender que João, embora gostando de Maria, não sinta ciúme de Paulo, pois Maria faz parte da vida de Paulo e não da vida dele, João. A situação que se conhece como triangular é aquela em que Maria corresponde ao amor de João, ou, pelo menos, em que este pensa que é ou pode ser correspondido. A partir desse momento, a situação adquiriu as características negativas do triângulo, pois João tenta separar Paulo de Maria, ao mesmo tempo que começa a ter um sentimento negativo com relação a Paulo. O efeito dramático, como se sabe, reside no fato de que Paulo pode continuar a ter uma relação positiva com relação a João e com relação a Maria. A situação tende a tornar-se intolerável para os três, à medida que percebem as contradições que estão vivendo, pois jogam com relações que não apenas são positivas e negativas ao mesmo tempo, mas também incompatíveis.

Essa relação triangular pode esclarecer, também, as características do ciúme e da inveja. Esses sentimentos só podem aparecer quando a pessoa percebe as possibilidades de obter o que pertence à outra. Enquanto isso não ocorre, tudo o que cerca a pessoa amada ou admirada recebe a "irradiação" do afeto positivo. Assim, na situação descrita, o afeto de João por Maria não faz que João sinta ciúme de Paulo; ao contrário, é possível que, não tendo relação anterior com Paulo, João chegue, no processo, a sentir admiração e afeto por ele. Mas, se João e Maria chegaram a formar um par, então Paulo passa a ser objeto do ciúme de João.

Se o triângulo assume proporções dramáticas quando é composto de pessoas, pode também produzir-se com relação às coisas de outra pessoa. Embora as reações sejam, nesse caso, muito menos intensas, são, praticamente, as mesmas.

Se João gosta muito de Paulo, e este obtém um grande triunfo, João participa da alegria do amigo; se João gosta muito de Paulo, tende a gostar das coisas que pertencem a Paulo, e até a exagerar seu valor. Nessa relação, aparentemente composta de três elementos – João, Paulo e o que pertence a este –, há, na realidade, apenas um par, isto é, João e o que lhe pertence formam uma unidade, Paulo e suas coisas formam outra. Também aqui, como é fácil perceber, a situação triangular poderá formar-se, quando João chegar a desejar o que pertence a Paulo e, sobretudo, quando sentir que pode ter o que é do amigo. Esse "sentir que pode ter" é, quase sempre, indispensável para a formação da inveja e do ciúme. Não temos ciúme dos mais ricos, dos mais poderosos, dos mais felizes. Desejamos – e podemos invejar – a felicidade que *parece* ao alcance de nossa mão. Essa limitação, evidentemente involuntária, e de que dificilmente tomamos consciência, só é absurda à primeira vista; na realidade, é condição essencial para a manutenção não apenas de nosso equilíbrio, mas também de certa tensão, sem a qual a vida perderia todo sentido. Em outras palavras, ninguém é tão infeliz que deseje apenas as coisas inatingíveis, e ninguém é tão feliz que não possa desejar algo que ainda não tem.

Nesse esquema de desejos e frustrações é que se formam os sucessivos triângulos em que nos envolvemos, consciente ou inconscientemente. No universo humano, as coisas não são dadas, mas devem ser atingidas – muitas vezes, pela luta e pela competição. As coisas pelas quais lutamos são aquelas que os outros (ou, pelo menos, alguns outros) também desejam; se não as desejassem, bem saberíamos que são coisas desvaliosas, e também deixaríamos de lutar por elas. A criança, quando aprende esse jogo, tende a diminuir o valor das coisas que deseja ("quem desdenha quer comprar"). Mediante lutas e fracassos – de que todos guardamos as marcas – conseguimos limitar nosso desejo não apenas às coisas que estão ao nosso alcance, mas, sobretudo, às que estão *quase* ao nosso alcance. De um lado, abandonamos as coisas sem valor; de outro, abandonamos as demasiadamente valiosas para nós.

Esses critérios nos são dados não apenas pelas coisas, consideradas em si mesmas, mas também por nossa relação com os outros e por nossa autoavaliação. Quase sempre por intermédio dos outros é que conseguimos saber o que é considerado bom. Por isso, não só podemos, como observa Heider, diminuir o valor do que temos para impedir a inveja, como também podemos, maliciosamente, exagerar seu valor a fim de provocar a inveja e o ciúme. Pode também ocorrer que a pessoa insegura – e exatamente porque o é – tenha tendência a exibir as coisas, os títulos e as relações sociais que tem.

Em qualquer dos casos – quando há exibicionismo ou "ocultação" do que se tem – as coisas apresentam valores por intermédio daqueles que estão próximos de nós. Algumas dessas coisas são sempre valiosas, ao passo que outras apenas ocasionalmente o são. Ao mesmo tempo, os "donos" das coisas valiosas acabam por adquirir valor, e, em pouquíssimos casos, a posse do valioso deixa de "emprestar" valor ao possuidor. Enfim, coisas valiosas acompanham pessoas valiosas e vice-versa. Para a criança, essa associação é perfeita: os bons são belos, ricos e poderosos; no outro extremo, as pessoas de grande maturidade emocional e afetiva conseguem separar, pelo menos até certo ponto, o valor do dono e o valor da coisa possuída. Para citar outra vez Heider, geralmente supomos que beleza, bondade, riqueza, inteligência – isto é, as qualidades positivas – pertencem a pessoas que as merecem; ao contrário, reagimos como se as qualidades negativas também estivessem sempre juntas. Essa associação não é, evidentemente, cega. Quem é favorecido por algumas coisas ou qualidades (embora estas não dependam, em um grande número de casos, de sua vontade ou capacidade) tem mais possibilidade de conquistar as outras. A moça bonita será cortejada, viverá em um ambiente afetivo favorável e não desenvolverá, como a mais feia, sentimentos constantes de frustração e, em consequência, de inveja, agressividade, revolta e outras características negativas. Portanto a primeira desenvolve os sentimentos associados à pessoa boa, e a outra tende a desenvolver os sentimentos associados à pessoa má. Representamos a bruxa não só como malvada, mas também como feia; a fada não é apenas bondosa, mas bela.

    Ao contrário do que poderia parecer, no entanto, esse processo não pode ser levado até a seus extremos lógicos, ou melhor, quando chegamos a tais extremos, verificamos o aparecimento de uma situação nova e aparentemente contraditória. De um lado, reagimos *como se* o ponto máximo de qualidades ou coisas positivas (pelo extremo poder, extrema riqueza, beleza fora do comum, inteligência genial) devesse ser, também, acompanhado de grande infelicidade. Parece que os pontos máximos de qualidades positivas contêm um elemento destrutivo. Em resumo, temos medo de chegar muito perto da felicidade completa; acreditamos que a mulher extraordinariamente bela é também infeliz, ou pode tornar os outros infelizes; que a pessoa demasiadamente rica sofre grandes desgraças; que o extremamente poderoso é vítima da embriaguez do poder; que o gênio se aproxima da loucura e da desgraça. Por isso, em nossa modéstia, há também uma forma de defesa: não somos tão felizes que devamos ser castigados. De outro lado, a grande desgraça contém um elemento de redenção ou de purificação.

Por isso, se a infelicidade é vista como um castigo ("que fiz eu para *merecer* isso?"), a felicidade "excessiva" é também suspeita, parecendo equilibrar-se nos limites da grande infelicidade. Talvez a conquista das coisas produza, quase inevitavelmente, o sentimento de culpa, sobretudo quando parece que o resultado é desproporcional ao mérito. E assim como podemos sentir que não merecemos o sofrimento, podemos também sentir que a felicidade é imerecida. Nem por outra razão, talvez, as clínicas psicológicas são povoadas não tanto pelos derrotados, mas pelos que venceram.

Como é fácil ver, a inveja e o ciúme se estabelecem de modo limitado; na linguagem dos psicólogos, equilibramos o nível de aspiração com o de realização e competimos com os que estão próximos de nós. Acima de certo nível, reagimos como a raposa, dizendo que as uvas estão verdes. Para além desse segundo nível, sentimos que há a "vertigem do triunfo e do abismo", e não pretendemos chegar até lá. Os filósofos e poetas que nos aconselham o "meio-termo" e a vida "medíocre" nem sempre o fazem por hipocrisia.

Teoria da ingratidão[1]

As análises das relações interpessoais (sobretudo a de Heider, em *The psychology of interpersonal relations*, 1958) têm salientado um aspecto aparentemente básico nessas relações; a noção de equilíbrio ou harmonia. Vale dizer, tendemos, de modo geral, a gostar de quem gosta de nós, a não gostar de quem não gosta, a agradecer a quem nos faz o bem, a nos vingar de quem nos maltrata.

No entanto, como o mesmo Heider salienta em muitas passagens, esse equilíbrio nem sempre é perfeito, e várias condições contribuem para que, em muitos casos, a regra geral seja desmentida nas relações concretas. Assim, nossa tendência é reagir a uma ofensa com um revide muito mais violento que a ofensa original. Mais ainda, caberia acrescentar que, apesar disso, quem recebeu a ofensa pode sentir que não respondeu "à altura". Talvez aí esteja uma das razões pelas quais o observador externo aos acon-

---

[1] *O Estado de S. Paulo*, "Suplemento Literário", 18.9.1960, p.100.

tecimentos se assombre diante da vingança e de sua violência, assim como com a frieza de quem se vinga e parece ainda guardar uma inesgotável reserva de agressão. E, o que é pior, quanto menos capaz de reagir à vingança, maiores as probabilidades de que o *agressor* inicial se torne vítima de crueldade ainda maior. Ao contrário, o agressor poderoso, pelo fato mesmo de o ser, mantém distância e se impõe à admiração de suas vítimas. Por isso, na escravidão, o senhor tende a ser cada vez mais violento, e o escravo, cada vez mais indefeso; no regime patriarcal, a mulher não se volta contra o homem, mas aceita sua própria inferioridade; nas perseguições raciais, quanto mais fraco e incapaz de reagir é o grupo minoritário, mais violentos os ataques que sofre. É que, como observou Solomon Asch, o dominado, por uma ironia trágica, se identifica com o dominador e passa a desprezar-se e a desprezar seus semelhantes.

E esses são casos extremos. Nos casos mais comuns, sem que se chegue ao domínio patológico, observamos quase a mesma coisa. O menino contra o qual todos se voltam, na sala de aula, não é o pior, embora também não seja o melhor. É apenas o que não sabe reagir. Seus menores atos são castigados com rigor extremo. Ao contrário, o menino "mau" e forte parece tão poderoso, que o mais "fácil" é procurar identificar-se com ele, não enfrentar seu poder ou sua reação.

A relação simetricamente oposta à vingança é a gratidão. Se queremos mal a quem nos maltrata e procuramos vingar-nos de quem nos ofende, queremos bem a quem nos ajuda e procuramos agradecer-lhe. Mas, assim como, em um caso extremo, o agredido tende a identificar-se com o agressor e a desprezar-se, também o "beneficiado" pode não sentir gratidão e, ao contrário, afastar-se de quem o ajudou.

Para entender corretamente essa relação contraditória, é preciso lembrar o que ocorre no amor e na amizade. Nesses casos, não há possibilidade de falar em gratidão ou ingratidão, porque existe uma relação recíproca, em que a ideia de gratidão não é apenas supérflua, mas também destrutiva. A amada não pode, senão nas imagens literárias, ser ingrata, mas apenas traidora; o amigo não quer gratidão, quer amizade. Se o amante ou o amigo pensam em gratidão, podemos saber que a relação autêntica deixou de existir. Em outras palavras, para que exista amizade ou amor, é necessário que os parceiros estejam em condições de igualdade. O senhor pode ter estima pelo escravo (assim como por sua casa ou por seus cavalos), mas não pode sentir amizade por ele; ao senti-la, seu primeiro gesto seria libertar o amigo. No mundo patriarcal, a mulher pode amar profundamente o marido, mas não pode ser correspondida (nele, o marido pode amar apenas a si mesmo).

Se bem compreendermos essa relação recíproca, será fácil entender o que ocorre na gratidão e na ingratidão. Para que *A* beneficie *B*, é necessário que *A* seja mais forte e mais poderoso do que *B*. A distância entre ambos pode ser tão grande, que o favor recebido passa a ser um título de glória. Nesse caso, talvez não se deva falar em benefício, mas sim em honra recebida. O simples cumprimento de uma pessoa importante ("imagine, ela sabe quem sou eu!") tem às vezes esse efeito; aproximar-se do poderoso é uma forma de se tornar um pouco poderoso.

É fácil concluir que, quanto menor a distância entre *A* e *B*, menor a força da reação favorável de *B* a um benefício feito por *A*. Aqui, em sentido aparentemente inverso, funciona o mecanismo responsável pela vingança ou pela aceitação da maldade dos outros. De fato, se o benefício de *A* contribui para elevar *B* a uma posição semelhante à de *A*, a lembrança do benefício é uma prova de inferioridade de *B*. De certo modo, como *B* deve ser grato em um momento em que já não precisa de *A*, dificilmente pode compreender a importância do benefício inicial. Mas a situação é ainda um pouco pior para *A*, porque este também não deve lembrar o que fez por *B*; quando lembra, diminui o valor de seu feito. E isso por diferentes motivos. Se *A* procura lembrar a *B* o quanto este lhe deve, contribui para levar *B* a ficar cada vez mais arrependido de ter aceitado o favor ("se era para cobrar, não precisava fazer"), porque, a todo momento, deve lembrar como é ou era inferior. Ao mesmo tempo, não pode lembrar, aos outros, o favor que fez, porque isso diminuiria o valor de seu ato ("a bondade verdadeira é desinteressada e não se exibe"). Por isso, B tenderá a ser grato nos casos em que o benefício de A não foi suficiente para elevá-lo à posição de A, ou, no outro extremo, quando chegou a superar A. No primeiro caso, a menção do benefício é uma forma de elevar-se, porque mostra que a pessoa poderosa lhe deu importância ou valor; no segundo, lembrar o benefício de quem "ficou para trás" é fazer quase uma concessão e mostrar-se ainda uma vez superior.

Em outras palavras, a ingratidão tende a ocorrer nas situações em que a distância – quanto à riqueza, ao poder, ao valor intelectual – é relativamente pequena, porque esses casos envolvem competição, de uma natureza ou de outra. Nos casos extremos – de grandes diferenças – a competição não se propõe, e a gratidão, em suas várias formas, é a regra. Poder-se-ia apresentar a mesma coisa ainda de outro modo, dizendo que o benefício ou o favor são legítimos apenas entre pessoas distantes quanto a seu poder, riqueza, força física ou valor intelectual. Nesses casos, prestar o favor é uma forma de assegurar sua própria força, e, mesmo que houvesse ingratidão, o beneficiário não a sentiria. Assim, o adulto gosta de ajudar a criança, o professor gosta de ensinar o aluno, o homem próspero gosta de dar esmola, o poderoso gosta de ser clemente. A gratidão e a ingratidão talvez se proponham no futuro; quando a criança cresce e não quer que lhe digam que *ainda* não é adulta, ou lembrem sua fraqueza recente; a gratidão do aluno se propõe em sua "formatura", quando ingressa na competição com o antigo mestre, isto é, quando atinge a mesma posição.

Tudo isso parece certo, mas abandona a posição do ingrato. Pois este, evidentemente, não precisa pensar na competição para esquecer o agradecimento. Como é possível ser ingrato e viver em paz consigo mesmo? Uma solução – que deve estar evidente a essa altura – é fazer uma teoria da ingratidão. Mas essa é pouco frequente, e as referências bibliográficas são, quase todas, destinadas à análise da ingratidão dos outros.

A forma mais simples de ser ingrato – e viver em paz – é esquecer inteiramente o favor recebido e a pessoa que o fez. Esse é o ingrato rude, o que foge de seu antigo protetor. Talvez seja o menos frequente, pois esse esquecimento pode enganar aos outros, mas não ao ingrato. Solução um pouco melhor é diminuir o alcance do favor recebido. Essa solução atua em duas direções: de um lado, faz que a necessidade de agradecer seja menor e, de outro, que a pessoa que praticou o favor fique menos poderosa e, portanto, menos merecedora de gratidão. A outra forma, também largamente usada, é encontrar desfavores igualmente importantes e capazes de, aparentemente, eliminar o favor recebido. Em sua forma mais completa, essa solução leva o ingrato a se tornar inimigo de seu protetor.

No entanto, a mais sutil das ingratidões é fazer um favor para o protetor. A sutileza dessa solução está no fato de que, ao *devolver* o favor recebido, o ingrato se livra da necessidade de agradecer; ao mesmo tempo, por ser capaz de também fazer um favor, o ingrato mostra que se tornou igualmente poderoso.

Para concluir, a ingratidão não aparece apenas em dois casos: quando o beneficiado é muito inferior a quem o beneficia, ou quando a relação entre ambos é recíproca, caso em que não se pode mencionar a gratidão. No primeiro caso, o favor é um título para quem o recebe; no segundo, a gratidão não faz parte de nossas expectativas ou esperanças. Ao contrário, a imagem popular do "primo rico" apresenta o tipo perfeito daquele que pode ser vítima da ingratidão. Não está distante, pois o parentesco o aproxima do primo pobre; ao mesmo tempo, seu poder, de qualquer espécie, lhe confere uma posição que impede uma relação recíproca ou de igualdade entre ambos.

Em contrapartida, esse caso extremo também mostra como, afinal de contas, a ingratidão é apenas um elemento a mais nas razões da inferioridade do *primo pobre*. Por mais que lamente a ingratidão, o primo rico é incapaz de invejar o primo pobre; saber que não inveja e não é ingrato contribui, por isso mesmo, para justificar, a seus olhos, o destino que lhe coube.

Ficção, biografia e autobiografia[1]

Toda biografia é trabalho de interpretação e, portanto, de imaginação criadora. Por isso, nenhuma biografia é definitiva, e sempre será possível refazê-la, com base em dados basicamente iguais, pois todo biógrafo faz viver o biografado, mais ou menos como o ficcionista faz viver as personagens de sua imaginação. No caso da autobiografia, o processo não parece muito diverso, apesar da ilusão de maior verdade: ninguém diz tudo a respeito de si mesmo, e a verossimilhança e o sentido de uma vida dependem de critérios que não são dados, diretamente, pela ação.

Em contrapartida, seria ilusório pensar que o psicólogo ou o psicanalista pudessem dar um conhecimento mais profundo ou mais seguro de uma biografia. Talvez os critérios científicos sejam ainda muito limitados para dar a visão global e satisfatória de uma vida; ou talvez a razão estivesse com Nietzsche, quando ele afirmava que podemos ser completos ao descrever e explicar

---

1   *O Estado de S. Paulo*, "Suplemento Literário", 3 e 10 de fevereiro de 1962, p.4 e 3, respectivamente.

a personagem, porque inventamos tudo a seu respeito. A verdade total seria, assim, obtida com a total fantasia. Seja como for, a ficção parece mais completa que a biografia puramente narrativa, assim como a caricatura parece mais reveladora do que o retrato.

Essa aparente contradição poderia ser explicada pela psicanálise; a ficção é reveladora porque se aproxima do sonho, dessa região intermediária entre o dizer e o esconder. Podemos interpretar o sonho, mas, ao fazê-lo, destruímos seu encantamento e seu conteúdo artístico. O desejo que se revela e o símbolo que procura escondê-lo, criam um domínio de verdade superior ao do mundo real. Ao pretender reduzir a vida aos acontecimentos, dela retiramos o sentido mais amplo e mais humano, e apenas por ele podemos compreendê-la. A confirmação disso pode ser dada pelos *sonhos experimentais:* a imaginação de vigília é incapaz de criar o ambiente e a simbologia do sonho, pois revela diretamente o desejo, e este, em sua crueza, nos diz muito pouco a respeito do sonhador. Ao disfarçar, no sonho, é que o sonhador se revela integralmente, pois não dá apenas o desejo, rasteiro e comum a todos, mas também um universo desconcertante e maravilhoso, criação individual e intransferível.

O ficcionista pareceria, de acordo com esse critério, o indivíduo capaz de trazer, para o domínio público, a elaboração onírica, qualquer que seja seu elemento inicial ou estimulador. O fato de Stendhal *retirar* Julien Sorel de uma notícia de jornal não lhe daria autenticidade; esta decorre da recriação de Stendhal, capaz de preencher os vazios da vida humana e dar-lhe o sentido que não tinha no mundo real, isto é, na notícia. O processo de Antoine Berthet, publicado na *Gazette des Tribunaux* (onde Stendhal foi buscar os elementos iniciais para *O vermelho e o negro),* nada nos revela e é, do ponto de vista artístico e humano, irrelevante. Em outras palavras, a vida de Julien Sorel, inventada por Stendhal, é mais real que a de Antoine Berthet, pois somos capazes de sentir e entender a personagem, mas não a pessoa. Sem dúvida, Sorel é, em grande parte, Stendhal, mas isso também se pode dizer do Octave, de *Armance*, a respeito de quem nos esclarecemos por *Souvenirs d'égotisme* [Memórias do egoísmo]. Ao inventar, o criador revela-se, e essa revelação seria impossível se fosse tentada no domínio consciente, dentro de estreitos limites da lógica e da racionalidade, pois o criador resistiria à devassa de seu mundo interior. Se se quiser uma frase feita para sintetizar a situação, basta lembrar Oscar Wilde: "o homem quase nada nos diz quando fala em seu nome; deem-lhe uma máscara, e ele dirá a verdade".

Em seu trabalho diário, o psicólogo e há muito compreendeu essas afirmações. Quando se pede à pessoa para inventar uma história, diante de uma figura do teste de percepção temática, supomos a possibilidade de entendê-la pelo herói imaginado; ao descrevê-lo, a pessoa conta mais a respeito de si mesma do que se narrasse sua própria história.

Vistas sob outro aspecto, no entanto, essas afirmações são inadequadas. Os sonhos, assim como os devaneios ou a ficção artisticamente válida, revelam uma parte de nós mesmos, mas não apresentam toda a complexidade do homem que sonha e vive na realidade diurna. Stendhal era mais – embora também menos – do que cada uma de suas personagens; Machado de Assis era menos – mas também mais – do que Bentinho, Capitu, Brás Cubas, Virgília ou o Alienista. O homem capaz de perceber as sutilezas de "uns braços" era também o medalhão da Academia.

Em outras palavras, a personalidade do autor nem sempre coincide com as personagens, e não podemos passar livremente de um domínio para o outro. A personagem é uma criatura só explicável por intermédio de seu criador, mas a relação entre ambos não é uniforme nem direta. Se autor e obra não são antagônicos, são, muitas vezes, complementares. A vigília e o sonho, a ficção e a realidade se complementam, embora raramente se identifiquem. Quando ocorre a identificação – isto é, quando a vigília e o sonho tendem a confundir-se –, desaparece a tensão básica, fundamental para a ficção, em qualquer de seus níveis.

A pureza e a religiosidade de "O Príncipe Feliz" complementam o Oscar Wilde superficial e cínico dos salões, ou o condenado pela justiça inglesa; o Verlaine dos versos religiosos é a outra face do Verlaine bêbedo e depravado. Aparentemente, só os santos compreendem todo o encanto do pecado, e só os pecadores são capazes de revelar a santidade.

A ilusão do biógrafo é, muitas vezes, a de supor uma unidade acima das contradições, como se houvesse a possibilidade de escolher, entre duas faces de uma moeda, uma verdadeira e outra falsa. Na realidade, as duas são verdadeiras e devem ser aceitas em sua aparente incoerência, pois somente assim se completam. Embora isso não seja sempre verdade, é frequente que, na ficção, o artista revele um aspecto que não expressa diretamente em sua vida diária. O aspecto "mau" da natureza humana é apresentado, na literatura brasileira, por Machado de Assis, homem aparentemente divorciado dessa camada de "impureza"; os românticos, quase todos boêmios, exprimem o domínio da fidelidade e da pureza.

O biógrafo está em uma situação bem diversa da enfrentada pelo ficcionista. Este, na maioria das vezes, cria as situações capazes de revelar seu herói; se não o faz, diremos que a personagem não é válida, ou não é artisticamente verossímil. O leitor pode pedir contas ao romancista, mas o biógrafo, como o psicólogo, não pede contas às circunstâncias, aos absurdos do cotidiano, ou aos erros de compreensão e afeto. Por isso, ao contrário do que ocorre com o ficcionista, o psicólogo e o biógrafo, em sua fidelidade à vida vivida, podem não ver o sentido de uma existência e nada acrescentar a nosso conhecimento do universo dos homens.

A situação na autobiografia não é diversa da existente na biografia, pois o mundo interior não é a melhor perspectiva para apreciar o que somos. Nele nos refugiamos, às vezes, para fugir da imagem que os outros formaram de nós; outras vezes, aí procuramos o príncipe encantado, capaz de nos redimir a nossos olhos; ou, então, desejamos explicar a vida por nós mesmos, como se pudéssemos dominar nossa incoerência e os absurdos do mundo externo. Dessas observações resulta uma situação aparentemente insolúvel: não podemos conhecer o homem pela ficção, pois ela representa, muitas vezes, aquilo que desejaria ser ou fazer, não o que conseguiu realizar na vida diária. Pode ocorrer, ao contrário, que a ficção apresente os piores aspectos do criador, isto é, constitua seu universo reprimido na vigília. Finalmente, em outros casos, a aparente ficção é uma transposição quase direta da experiência pessoal. De qualquer maneira, seria impossível pensar em uma regra válida para todos, e, quando muito, podemos apenas analisar a dinâmica dos exemplos individuais.

Para o crítico, há situações privilegiadas, quando o romancista também escreve sua autobiografia e, assim, nos dá perspectiva para cotejar a fantasia com a experiência vivida. Quando isso ocorre, temos possibilidade de estudar, documentadamente, o processo criador na literatura. É esse, em planos evidentemente diversos, o caso de Simone de Beauvoir, de Graciliano Ramos, de José Lins do Rego. Depois das obras de ficção, esses escritores nos deram também suas memórias, e podemos, até certo ponto, observar a transposição de sua experiência para a obra de ficção. Todavia é preciso, desde logo, limitar o valor desses casos, pois o fato de alguns ficcionistas procurarem a forma autobiográfica de expressão nos mostra uma peculiaridade de seu processo criador, e não podemos generalizá-lo para os outros. E talvez a observação de Antonio Candido, a propósito de Graciliano Ramos, seja válida para muitos outros ficcionistas: os que se refugiam na autobiografia são os menos capazes de criar fora de sua experiência vivida. Assim, seria impossível imaginar uma autobiografia de Machado de Assis; se a escrevesse, nela se revelaria muito menos que na ficção. E não deixa de ser sintomático que, em *Memorial de Aires*, em geral considerado quase autobiográfico, tenha apresentado uma visão superficial da vida afetiva das personagens. No entanto, é perfeitamente possível imaginar as memórias de

Sartre, embora ele possa não cumprir a promessa e jamais publicá-las. Por meio de *A força da idade*, de Simone de Beauvoir, vemos como as experiências de Sartre foram utilizadas, às vezes quase diretamente, em seus livros de ficção.

Se quisermos tentar uma generalização, podemos dizer que, para alguns, a confissão só é possível por figuras imaginadas, em que o autor projeta suas experiências e sua maneira de ver o mundo, ou, ao contrário, em que revela o que não quis ou não pôde ser; para outros, a confissão é direta e se faz, mais cedo ou mais tarde, pelas memórias. Mas ainda aqui há diferenças muito grandes, pois a confissão direta pode ser frustrada, perdendo-se na superficialidade ou na gratuidade.

* * *

Talvez ainda não possamos conhecer, satisfatoriamente, as relações entre ficção, biografia e autobiografia; no entanto, tais relações são inevitáveis quando encontramos um psicanalista capaz de escrever uma biografia e, depois, sua autobiografia. Esse foi o caso de Ernest Jones: entre 1953 e 1957 publicou os três volumes da maior e melhor biografia de Freud (*Vida e obra de Sigmund Freud*) e, ao morrer, em 1958, deixou o manuscrito de uma parte de sua autobiografia, que, com delicioso humor, denominara *Free associations* [Associações livres], lançado em 1959.

Convém começar pela história desses dois trabalhos. O filho de E. Jones nos conta que este começara, em 1944, a escrever sua autobiografia, e depois desistira de fazê-lo, preferindo empreender, antes, o trabalho da biografia de Freud. Aparentemente, as razões apresentadas para isso são satisfatórias: segundo Jones, a história de sua vida não teria sentido fora do movimento psicanalítico, e este seria incompreensível sem a biografia de Freud. Ora, a vida de Freud havia sido escrita muitas vezes, mas ninguém tivera a intenção ou a possibilidade de escrevê-la mediante um número relativamente grande de documentos pessoais, assim como de depoimentos dos que o conheceram mais de perto. Além disso, seria impossível escrever uma biografia de Freud sem conhecimento não só do homem, mas, sobretudo, do conjunto de sua obra, e isso só seria possível para um de seus colaboradores diretos.

Na realidade, esse é um caso em que a racionalização encontra as melhores desculpas para disfarçar os motivos verdadeiros. Jones foi, efetivamente, incapaz de escrever sua autobiografia, ou, pelo menos, de escrevê-la de forma satisfatória para ele; se não fosse assim, seria incompreensível que não encontrasse tempo para retomar esse trabalho antes de terminar a biografia de Freud. Poder-se-ia pensar, também, que sua modéstia o levasse a apagar-se diante do mestre e amigo, mas a autobiografia revela, ao contrário, um forte componente narcisista em sua personalidade. Além disso, embora pretendesse escrever a respeito do movimento psicanalítico em sua autobiografia, toda essa parte de sua vida foi apresentada na biografia de Freud, o que tornava supérflua sua repetição no livro de memórias. Finalmente, há um pormenor a ser lembrado: ao terminar a biografia de Freud, Jones deixara crescer uma barba semelhante à do fundador da psicanálise. Foi tão longe o processo de identificação que um dos últimos retratos do casal Jones é quase igual a um dos últimos retratos do casal Freud. Esses aspectos parecem indicar um curioso processo na relação entre a biografia de Freud e a autobiografia de Jones, e talvez valha a pena tentar uma explicação, pois podemos ser levados a compreender, de maneira um pouco mais satisfatória, a relação entre o autor e seus heróis, seja na biografia, na autobiografia, seja na ficção.

O primeiro fato a ser lembrado é a diferença entre as personalidades de Freud e de Jones. Inicialmente, há uma diferença intelectual muito grande entre eles: Freud é o gênio criador, com todas as suas grandezas e deficiências; Jones é o espírito crítico e, se a expressão não parece forçada, o gênio expositivo. Freud avançava aos saltos e, uma vez disposto a trilhar um caminho, eliminava todas as provas contrárias, ou melhor, tornava-se incapaz de vê-las. Era o indivíduo capaz de lançar hipóteses ousadas, deixando aos outros a tarefa de comprová-las rigorosamente. Jones, ao contrário, era o indivíduo paciente, capaz de reunir as provas para uma hipótese já apresentada. Seu trabalho mais notável, além da biografia de Freud, talvez seja a pequena monografia sobre Hamlet, na qual examina todas as hipóteses até então (1910) existentes para explicar a personagem de Shakespeare e, finalmente, comprova o acerto de uma passagem de *A interpretação dos sonhos* de Freud. Essa diferença aparece, também, em outros aspectos da personalidade. Freud, tolerante em muitas coisas, era intolerante quanto aos opositores científicos e, na realidade, não chegava sequer a ouvi-los corretamente. Além disso, era desorganizado quanto à edição de seus livros, quanto à citação de suas fontes (e Jones pôde demonstrar que as citações variavam de acordo com suas relações pessoais com os autores); Jones, ao contrário, tem o gênio da organização e da diplomacia, e eram essas, talvez, as qualidades que Freud mais admirava no amigo. Elas lhe permitiram tirar Freud e a família das mãos dos nazistas, assim como dirigir por tantos anos a Associação Internacional de Psicanálise, além de ser o responsável pelas edições dos psicanalistas. Não se trata, certamente, de valorizar um ou outro aspecto, pois seria talvez impossível viver em um mundo povoado exclusivamente por Freuds.

Aparentemente, no entanto, Jones passou a valorizar mais as qualidades de Freud e, por isso, chegou a identificar-se com ele. Mas isso não basta para explicar por que conseguiu escrever uma biografia muito mais significativa do que sua autobiografia. A explicação mais ingênua para o desnível entre os dois trabalhos, assim como pelo interesse tão desigual que Jones revelou por eles, seria imaginar que a vida de Freud era, efetivamente, mais rica e permitiria uma biografia mais profunda ou esclarecedora. Todavia essa explicação, se entendida nesses termos, é enganadora. O fato de Freud ser autor de uma obra monumental não significa que sua vida fosse, necessariamente, reveladora; podia ocorrer justamente o contrário, se acreditarmos em Oscar Wilde, quando nos diz que os intelectuais mais interessantes são os fracassados, pois os outros colocam, em suas obras, os aspectos significativos de sua personalidade.

As dificuldades para interpretar a vida de Freud só podem ser entendidas se recordarmos alguns de seus aspectos mais salientes. Em primeiro lugar, Freud mantinha, a respeito de sua vida íntima, uma reserva quase inviolável e pretendia ser conhecido, exclusivamente, por suas realizações científicas. Embora tenha utilizado fatos pessoais para ilustrar suas teorias, sempre se arrependeu de o ter feito e, em todo caso, procurou disfarçar os exemplos, a fim de torná-los irreconhecíveis. Outra dificuldade decorre do fato de, em duas oportunidades, ter destruído seus papéis. A tarefa de Jones consistia em ver a relação entre a vida de Freud e a criação da psicanálise, e nisso reside o grande mérito de seu trabalho. Na interpretação mais comum, a formulação da psicanálise teria resultado da confluência de várias tendências intelectuais – entre as quais se mencionam as de Schopenhauer e Charcot – e de dificuldades técnicas na aplicação da hipnose em pacientes de classe média ou alta. A interpretação de Jones, ao contrário, mostra a relação entre a constelação familiar de Freud e a apresentação das hipóteses psicanalíticas. Essa análise dá, evidentemente, outra dimensão à vida intelectual de Freud, pois compreendemos os obstáculos afetivos para a criação de uma das interpretações mais penetrantes, embora também mais pessimistas, do ser humano. Afinal, se a sociedade vitoriana mantinha um privilegiado caldo de cultura para o florescimento dos conflitos descobertos por Freud, era também um sistema suficientemente fechado, capaz de impedir seu desmascaramento. Em contraposição, como é fácil observar, descobrir essas motivações pessoais e íntimas equivalia à destruição da face mais olímpica do fundador da psicanálise, exatamente aquela que, como filho de sua época, procurou transmitir. Por isso, uma biografia significativa de Freud exigia uma análise impiedosa, capaz de revelar seus aspectos mais mesquinhos e mais ciosamente guardados.

Se essa interpretação é correta, torna-se mais fácil entender por que Jones interrompeu sua autobiografia para escrever a vida de Freud e, depois, não conseguiu revelar-se no livro de memórias. Deve ter sentido, ao começar a autobiografia, a impossibilidade de uma revelação significativa, se não empreendesse a análise dos aspectos mais desagradáveis para a imagem do próprio eu. Ao escrever a biografia de Freud, passou a identificar-se com ele e a ver, nas experiências do amigo, uma forma de revelar-se. Duas coisas indicam a existência desse processo. Na biografia de Freud, conseguiu perceber os conflitos da criança com os pais e os irmãos; na autobiografia, apresenta uma visão superficial e otimista de sua infância. Ao fazer a biografia de Freud, pôde ver, no adulto, as marcas de todas as experiências infantis, aqui incluídas, evidentemente, as sexuais; em seu livro de memórias, explicitamente afasta essas lembranças, julgando-as despidas de qualquer interesse para o leitor.

Esse jogo entre a biografia e a autobiografia permite compreender por que alguns não se revelam nas memórias. Sua resistência à análise das experiências pessoais não lhes permite compreender, em sua vida, os aspectos significativos do desenvolvimento humano. Ao escrever uma biografia, ou ao fazer obras de ficção, veem, na personagem, o que se recusam a ver em seu mundo interior.

Finalmente, seria possível perguntar por que, apesar dessa resistência, tais autores decidem escrever a autobiografia. A resposta parece óbvia. Precisamente porque têm resistência muito violenta à devassa de seu mundo íntimo, precisam confirmar, por intermédio dos outros, a falsa imagem que construíram de si mesmos. Jones precisava mostrar, na autobiografia, suas melhores qualidades: sua tolerância, seu espírito humanitário, sua dedicação aos amigos. Todavia, como não é capaz de ver o processo pelo qual essas qualidades se organizam em sua personalidade, não consegue dar a imagem significativa de uma vida humana.

Hamlet visto por Freud[1]

Não é por acidente que tantos psicólogos procuram interpretar ou compreender Shakespeare, pois, em suas personagens, encontramos, propostos em dimensões trágicas, quase todos os numerosos sofrimentos e quase todas as formas de angústia de que sofre o homem.

No caso de Freud, houve mais do que isso. Sabemos hoje, pela biografia escrita por Ernest Jones,[2] que a Inglaterra parecia, ao jovem Freud – rapaz pobre, perturbado e confuso –, quase uma terra prometida, onde poderia tentar sorte melhor. Por um desses acasos que sequer a psicanálise pode explicar, Freud morreria na Inglaterra, para onde o levou Jones, diante das ameaças nazistas; lá vivem seus filhos, e na língua inglesa encontramos a maior parte da bibliografia psicanalítica. Essa afinidade pressentida pode ser explicada, em parte, pelo fato de um irmão de Freud

---

1 *Ocidente*. Lisboa, v. LXVII (317):129-31, set. 1964.
2 *The life and work of Sigmund Freud*. Nova York: Basic Books, 1953, 1955, 1957 (3v.).

ter emigrado para a Inglaterra e aí ter encontrado melhores oportunidades do que o restante da família. A outra parte da explicação deve ser procurada na ambivalência de Freud com relação à Viena do fim do século XIX: nunca foi reconhecido pela cidade em que passou quase toda a vida e teria razão ao responder, a uma autoridade, que sua fama "não ultrapassava" as fronteiras do Império Austro-Húngaro, mas "começava nessas fronteiras".

Não admira, por isso, que tivesse tão grande interesse pela literatura inglesa e, em alguns períodos, lesse apenas nessa língua. Seu interesse por Shakespeare deve ter começado muito cedo, pois suas cartas trazem constantes referências às tragédias shakespearianas; pode-se supor que tivesse memorizado várias passagens, pois são citadas em suas cartas à noiva e aos amigos. Além disso, segundo nos conta Jones, Freud interessou-se também pela biografia de Shakespeare; aparentemente, houve um período em que chegou a manifestar-se sobre o problema da autoria das peças de Shakespeare, embora não tivesse informação suficiente e fosse influenciado por um crítico de segunda ou terceira categoria.

É surpreendente, por isso mesmo, que não tenha sido levado a tentar outras análises das peças de Shakespeare e, a rigor, nesse terreno, apresentou apenas a celebrada interpretação do caráter de Hamlet. Como se procurará mostrar depois, há um motivo muito nítido para essa aparente contradição; agora, convém recordar sua análise de *Hamlet* e as críticas que merece.

A análise de *Hamlet* ocorre na obra que Freud considerava seu livro mais importante, isto é, *A interpretação dos sonhos* (1900). Esse trabalho assinala, de fato, o momento da descoberta da psicanálise. Por um lado, é nesse momento que Freud percebe que o estudo da neurose e seu interesse pelos sonhos não eram, como anteriormente supunha,[3] dois caminhos divergentes; ao contrá-

---

[3] Ver, como prova disso, sua correspondência com Fliess: *The origins of psycho-analysis: letters to Wilhelm Fliess, drafts and notes: 1887-1902*. Nova York: Basic Books, 1954.

rio, a interpretação dos sonhos esclarece as neuroses. Por outro, é também nesse momento que lança a ideia da sexualidade infantil, que até esse momento não aceitara; durante grande parte da correspondência com Fliess, ainda acreditava que a neurose pudesse ser provocada por violência sexual sofrida pela criança, ao passo que, no momento em que escreve *A interpretação dos sonhos*, já admitia a hipótese do conflito edipiano como núcleo fundamental da formação da neurose.

Se acompanharmos o pensamento de Freud, nesse livro, veremos que ele ainda não parece muito seguro da universalidade do conflito edipiano, isto é, ainda não sabe se tal conflito é característico apenas dos neuróticos, ou se também ocorre nas pessoas normais. Assim, a interpretação de *Édipo rei*, de Sófocles, e de *Hamlet*, de Shakespeare, tem importância muito grande em sua teoria, pois seria a confirmação da universalidade do conflito. Por isso, depois de lembrar os casos clínicos em que a hostilidade com relação ao pai representa a base do conflito neurótico, diz Freud:

> mas não acredito que os neuróticos sejam capazes de criar algo inteiramente novo e peculiar. É muito mais provável – e isso se confirma por observações incidentais de crianças normais – que, em sua atitude amorosa ou hostil com relação aos pais, os neuróticos apenas nos revelem, aumentado, algo que ocorre de maneira menos marcada e menos intensa na maioria das crianças. A Antiguidade nos deu lendas que confirmam essa crença, e a validade profunda e universal das antigas lendas só é explicável por uma validade igualmente universal da mencionada hipótese da sexualidade infantil.

A lenda analisada é a do Rei Édipo e, a respeito de sua aceitação universal, diz Freud: "deve haver, em nós, uma voz preparada para reconhecer o poder inevitável do destino em *Édipo*... E, na realidade, há, na história do Rei Édipo, um motivo que explica o veredicto dessa voz interior. Seu destino nos comove apenas porque poderia ter sido o nosso..."

No caso de Hamlet, diz Freud

> outra das grandes tragédias poéticas – o *Hamlet*, de Shakespeare – está enraizada no mesmo solo do *Édipo rei*. No entanto, a grande diferença na vida psíquica dos dois distantes períodos da civilização e o progresso, durante esse período de tempo, da repressão na vida emocional da humanidade, se manifesta no tratamento diverso do mesmo conteúdo. Em *Édipo rei*, o desejo fundamental da fantasia da criança se revela e realiza, tal como ocorre nos sonhos; em *Hamlet*, permanece reprimido, e – tal como descobrimos os fatos significativos na neurose – verificamos sua existência apenas pelos efeitos inibidores que provoca.

Com base nisso, Freud supõe que o problema básico da peça seja a hesitação de Hamlet em cumprir a tarefa de vingança que lhe é pedida, e essa hesitação se deve ao fato de que não consegue "vingar-se do homem que matou seu pai e assumiu o lugar deste junto a sua mãe – o homem que lhe mostra, realizados, os seus desejos infantis".

Aqui, convém deixar de lado a análise de *Édipo rei* e enfocar as hipóteses apresentadas para a interpretação de *Hamlet*. A primeira refere-se ao desenvolvimento linear da civilização. Até certo ponto, essa hipótese não é original e pode ser identificada, sobretudo, nos filósofos da Ilustração, que imaginavam um progresso constante da humanidade. A originalidade de Freud consiste em supor que esse progresso contínuo seja explicável por uma crescente repressão dos instintos biológicos, sobretudo do impulso sexual. A hipótese é curiosa, e depois será ampliada por Freud – sobretudo em *Totem e tabu* –, e constitui a base de sua sociologia e de sua filosofia da história. O homem humaniza-se à medida que se afasta de sua origem biológica e atinge seu controle; ao mesmo tempo, esse crescente domínio, uma vez que é antinatural, aproxima o homem da neurose. Essa concepção explica, evidentemente, o irremediável pessimismo de Freud, pois a neurose é o preço que devemos pagar pela civilização. Nem seria preciso dizer, atualmente poucos aceitariam essa hipótese, e talvez não fosse errado dizer que, nesse caso, Freud foi iludido pela Europa vitoriana, pois, apenas nessa época, a repressão e o extremo pudor nos levariam a pensar que a maior civilização coincidiria com o ponto máximo de repressão do sexo, processo que deveria acentuar-se cada vez mais. Ao contrário, se acompanharmos a literatura do século XX, veremos que ela redescobre a expressão do erotismo como tema estético; fora da literatura, não será difícil observar, também, que afastamos grande parte da hipocrisia vitoriana, seja na educação, seja nas roupas ou na linguagem.

A segunda hipótese, mais ligada ao problema literário de *Hamlet*, refere-se ao caráter da personagem principal da peça. Como se viu na citação de Freud, este imagina que a tragédia gira em torno da vingança e dos motivos que impedem sua efetivação por Hamlet. De um ponto de vista estritamente psicológico, a explicação de Freud, se não é correta, é certamente plausível: ao identificar-se com o tio, não tem coragem de vingar seu pai. Como Jones demonstraria minuciosamente mais tarde,[4] a interpretação de um Hamlet fixado à figura materna é perfeitamente adequada ao texto de Shakespeare; resta ver se, do ponto de vista literário, a interpretação freudiana acrescenta alguma coisa à nossa compreensão dessa peça.

Em um extremo, seria possível pensar na crítica de T. S. Eliot.[5] Longe de considerar *Hamlet* uma obra-prima, Eliot admite que a peça é "quase certamente um fracasso artístico"; para ele, *Hamlet* é a *Mona Lisa* da literatura, e o equívoco dos críticos reside em confundir perplexidade com interesse artístico. Embora não

---

4 JONES, Ernest. *Oedipus and Hamlet*, New York: Doubleday. Anchor, 1949.
5 ELIOT, T. S. "Hamlet (1919) and a postscript (1933)", *Selected Prose*, Aylesbury Penguin Faber and Faber, 1955.

mencione Freud ou Jones, seu comentário parece dirigido à interpretação psicanalítica de *Hamlet*:

> como obra de arte, a obra de arte não pode ser interpretada; nada existe para ser interpretado; podemos apenas criticá-la de acordo com padrões, comparando-a a outras obras de arte; e, para a "interpretação", a tarefa principal é a apresentação de fatos históricos que o leitor talvez não conheça.

Ora, o ponto de partida de Freud é exatamente a ideia de que a obra de arte precisa ser "interpretada", isto é, o leitor precisaria descobrir a intenção, consciente ou inconsciente, do autor; sem essa descoberta, Freud diz que não era capaz de sentir integralmente uma obra de arte.

É possível que nenhum dos extremos seja adequado para a análise de Hamlet. De um lado, a posição de Eliot acaba por ser contraditória, pois os fatos históricos que deseja apresentar – isto é, as peças anteriores de que Shakespeare partiu, as dificuldades de composição, e assim por diante – talvez conduzam, inevitavelmente, a uma "interpretação". A rigor, não importa discutir se ela é histórica ou psicológica, pois talvez as duas perspectivas acabem por cruzar-se a meio do caminho. Isso não significa, evidentemente, que a perspectiva sugerida por Eliot seja supérflua ou prejudicial, mas apenas que não evita uma "interpretação". De outro, a interpretação de Freud é evidentemente limitada e, como se procurará mostrar agora, apresenta o perigo de empobrecer o sentido da tragédia shakespeariana.

A primeira limitação de Freud consiste em fazer que a peça seja vista como expressão de um conflito infantil. Se a explicação esclarece a personalidade de Hamlet, é evidente que também destrói ou reduz o nível de seu conflito. A grandeza de Hamlet não reside no fato de ter uma fixação materna, ou de não conseguir vingar-se do tio, mas no fato de apresentar, com intensa dramaticidade, uma peculiar interpretação do mundo e dos homens.

Quando, em um de seus monólogos mais conhecidos – *"to be or not to be..."* –, cuja intensidade parece resistir à sua transformação em lugar-comum, Hamlet discute o sentido da vida e da morte, define uma posição humana diante do mundo. O que, para o espectador, individualiza Hamlet é essa definição, e não sua origem em um conflito infantil. Tanto isso é verdade que, embora Freud nos diga que *Édipo rei* e *Hamlet* apresentem o mesmo conflito, o espectador não os confunde. Diante de sua desgraça, Édipo não vacila: deseja saber toda a verdade, deseja castigar o culpado e conduz essa intenção até o fim, ainda que disso resulte sua autopunição. Mesmo depois de cego e vencido, Édipo conserva a mesma violência, o mesmo orgulho. Hamlet, ao contrário, vacila sempre e parece incapaz não apenas de vingar-se do tio, mas também de decidir seu próprio destino.

Portanto não parece errado dizer que a interpretação de Freud apresenta – como ele próprio reconhecia – apenas um nível de análise, que, embora significativa, tende a deformar o sentido mais amplo da grande obra de arte; esse falseamento se deve ao fato de Freud procurar, nos conflitos universais, a explicação para a obra de arte, ao passo que esta se caracteriza pela singularidade.

Anos mais tarde, no artigo sobre "O poeta e o devaneio", Freud parece ter reconhecido esse problema. Ao analisar a criação da obra literária, Freud deixa de lado a grande literatura e procura explicar a criação dos romances populares. Embora não o diga explicitamente, parece ter reconhecido que sua teoria não tinha recursos para interpretar a literatura mais artística ou significativa. Talvez nesse reconhecimento, jamais apresentado diretamente, esteja a chave para compreender por que, apesar de sua admiração por Shakespeare, não se tenha dedicado à análise das outras tragédias. Outra possibilidade de explicação seria supor que os conflitos nas peças de Shakespeare são de tal forma explícitos e apresentados com tal acuidade psicológica, que o psicólogo nada precisa explicar, mas apenas aprender.

Romantismo e nacionalismo[1]

Se pretendemos descrever a maneira de o brasileiro ver a si mesmo e a seu país, podemos esquematizar quatro etapas diferentes nessa história ideológica. Na primeira, que pode ser encontrada na literatura colonial, nossos escritores voltam-se para as belezas naturais do país, raramente para características do *brasileiro*, como povo ou indivíduo. Na segunda – que constitui o tema deste artigo – os escritores românticos voltam-se para características do país e, ao mesmo tempo, do homem brasileiro. Essa etapa teve seu ponto final na obra de Afonso Celso, *Por que me ufano de meu país*. A terceira etapa vai, grosseiramente, de 1902 – ano da publicação de *Os sertões*, de Euclides da Cunha – até o início da década de 1950. Esse período pode ser entendido como fase de pessimismo, de denúncia das más características do brasileiro, com base em supostas verificações sociológicas, históricas, geográficas. Essa é a fase da obra de Raimundo Nina Rodrigues, Oliveira Viana, Paulo Prado, Afonso Arinos de Melo Franco e Gilberto

---

1 *Anais do Museu Paulista*. São Paulo, v.XIX, p.127-35, 1965.

Freyre, entre outros. Nessa fase, procura-se uma explicação psicológica para as diferenças entre o Brasil e os outros países, sobretudo os Estados Unidos. Parece claro que essa ideologia pessimista traduz um preconceito de classe, uma forma de justificar o abandono e a miséria das classes mais pobres. Finalmente, na última etapa, que coincide, fundamentalmente, com o período desenvolvimentista de nossa vida econômica e política, há uma volta às teses românticas do século XIX. Evidentemente, essa volta apresenta não apenas outra motivação, mas argumentos também diversos. Ao passo que, como se verá logo adiante, o nacionalismo romântico caracteriza-se pela busca da independência política, o nacionalismo da década de 1950 e início da de 1960 é uma afirmação da necessidade de independência econômica. Apesar disso, coincide com o nacionalismo romântico, uma vez que é afirmação de valores positivos do Brasil e dos brasileiros. Está claro, também, que essas fases indicam as tendências predominantes em cada uma, pois em todas é possível encontrar manifestações contrárias. Aqui, os dois últimos períodos não serão analisados, e o período colonial será mencionado apenas como fase antecipatória.

O período colonial

A literatura colonial volta-se quase exclusivamente para a descrição das belezas e das virtudes naturais do país. Era quase inevitável que isso acontecesse. Em primeiro lugar, porque essa literatura se desenvolve no período do classicismo, e essa tendência literária tendia à expressão de sentimentos universais. Em segundo, porque, durante todo o período colonial, a sociedade brasileira não teria, ainda, a estabilidade de características que pudesse cristalizar-se em expressões literárias.

Por isso, na literatura colonial encontramos, com grande frequência, a celebração de nossas belezas naturais, nossa vegetação, nossos animais. E assim, embora timidamente, com Bento Teixeira (fins do século XVI e início do XVII), em sua *Prosopopeia*; é o que ocorre, mais nitidamente, com Manuel Botelho de Oliveira (1637-1711), em sua descrição da Ilha de Maré. A comparação com Portugal já se anuncia:

> Tenho explicado as fruitas e legumes, / Que dão a Portugal muitos ciúmes; / Tenho recopilado / O que o Brasil contém para invejado, / E para preferir a toda a terra, / Em si perfeitos quatro A A encerra.

Depois de árvores, ares e águas frias, celebra "O quarto A no açúcar deleitoso, / Que é do mundo o regalo mais mimoso". ("A Ilha de Maré – Termo desta Cidade da Bahia".)

Mais ou menos a mesma coisa se vê em Manuel de Santa Maria Itaparica, ao descrever a Ilha de Itaparica.

* * *

No mesmo período, no entanto, podemos encontrar, nos versos satíricos de Gregório de Matos (1633-1696), algumas caracterizações de tipos sociais. Em "Aos principais da Bahia chamados os Caramurus", pergunta: "Há coisa como ver um Paiaiá, / Mui prezado de ser Caramuru, / Descendente de sangue de tatu, / Cujo torpe idioma é cobé pá?". Ou, em Aos Caramurus da Bahia", procura desmoralizar os descendentes de indígenas:

> Um calção de pindoba a meia zorra; / Camisa de urucu; mantéu de arara; / Em lugar de cotó, arco e taquara; / Penacho de guarás, em vez de gorra (...) Não sei onde acabou ou em que guerra: / Só sei que deste Adão de Massapé / Procedem os fidalgos desta terra.

Se em Gregório de Matos encontramos a caracterização, ainda que caricatural, de tipos sociais, em Domingos Caldas Barbosa

(1738-1800) encontramos o que poderia ser apresentado como primeira caracterização psicológica do brasileiro. Em "Doçura de amor", diz: "Cuidarei que o gosto de amor / Sempre o mesmo gosto fosse, / Mas um amor brasileiro / Eu não sei por que é mais doce". Finalmente, sobretudo com Santa Rita Durão (1722[?]--1784), no poema "Caramuru", e com J. Basílio da Gama (1740--1795), em "O Uraguay", encontramos a antecipação do que seria um dos aspectos do nacionalismo romântico, isto é, sua celebração do indígena brasileiro.

A independência e a vida intelectual

O impulso fundamental para o nacionalismo romântico veio da independência política. Como se sabe, em todos os países que conseguiram independência política ou unificação nacional, os ideólogos tiveram um papel muito significativo. Até certo ponto, a situação brasileira não foge à regra, embora a ausência de ensino superior no Brasil tenha sido um obstáculo para a criação de uma elite intelectual. Além disso, a ideologia progressista – ou, se se quiser, a utopia – de fins do século XVIII e início do XIX, isto é, o período imediatamente anterior ao da nossa independência, era nitidamente universalista. Finalmente, como se pode verificar no período anterior ao da Independência, bem como durante a Regência, os movimentos regionais poderiam, com relativa facilidade, ter provocado a divisão política da antiga colônia portuguesa.

Quando se consideram esses dados fundamentais, é mais fácil compreender o conteúdo ideológico de nosso nacionalismo romântico. Já não se tratava de conseguir a independência política, mas de consolidá-la pela criação de elementos característicos e distintivos do país, bem como por um sentimento fundamental de fidelidade à pátria e às suas tradições.

Disso decorre o sentido de missão, que Antonio Candido demonstrou ser uma das motivações básicas de nossos românticos. É o que se observa, por exemplo, no seguinte texto de Gonçalves de Magalhães:

> No começo do século atual, com as mudanças e reformas que tem experimentado o Brasil, novo aspecto apresenta a sua literatura. Uma só ideia absorve todos os pensamentos, uma ideia até então quase desconhecida: é a ideia de pátria; ela domina tudo, e tudo se faz por ela, ou em seu nome. Independência, liberdade, instituições sociais, reformas políticas, todas as criações necessárias em uma nova nação, tais são os objetos que ocupam as inteligências, que atraem a atenção de todos, e os únicos que ao povo interessam. *(Ensaio sobre a história da literatura do Brasil)*[2]

Evidentemente, essas ideias precisavam encontrar formas artisticamente válidas, e por isso é significativa a influência dos escritores europeus. De certo modo, as necessidades dessa criação ideológica são satisfeitas pela literatura romântica europeia – também ela voltada para a busca do exótico, de uma tradição nacional. Essa questão é significativa e merece um comentário um pouco mais extenso. Muito se tem escrito a respeito da aceitação da literatura romântica pelo nosso povo, enquanto os escritores das tendências posteriores permaneceriam mais ou menos marginais em sua terra. A afirmação é positivamente exagerada, sendo suficiente lembrar o largo prestígio de nossos sonetistas parnasianos do começo do século, ou de alguns de nossos romancistas contemporâneos, para verificar que o público brasileiro não tem preferência exclusiva pelos românticos. Apesar disso, a afirmação contém um fundo básico de verdade, verificável nas sucessivas edições de Alencar, Casimiro de Abreu, Castro Alves. Uma parte desse contínuo prestígio reside nesse encontro feliz de fórmulas estéticas já trabalhadas e as condições reais do Brasil na segunda metade do século XIX. A outra parte reside, provavel-

---

[2] *Opúsculos históricos e literários*. 2ª ed. Rio de Janeiro: Garnier, 1865.

mente, no estabelecimento, pelos românticos, de alguns cânones artísticos e afetivos que passaram a constituir nossa herança básica, os valores diante dos quais as outras tendências precisaram definir-se. Sobretudo, os românticos criaram os símbolos fundamentais que sustentaram e sustentam os sentimentos nacionalistas.

Os símbolos românticos

Se a palavra *mito* não estivesse cercada, frequentemente, por um conteúdo pejorativo, seria possível falar em mitos românticos. No entanto, mito indica aquilo que é falso, ou só é verdadeiro para a consciência mistificada ou enganada; por isso, será preferível falar em símbolos, isto é, figuras, imagens e ideias básicas que foram incorporadas à consciência nacional e passaram a representar o país. Está claro que esses símbolos podem transformar-se em mitos, quando, em situação muito diversa, são empregados como recurso de mistificação, isto é, forma de impedir o aparecimento ou o triunfo de outras formas de vida social. Quando surgiram, eram talvez indispensáveis, para a cristalização da ideia de pátria e do sentimento nacionalista.

O mais importante desses símbolos foi o índio. Essa elevação do índio à categoria de símbolo nacional pode ser compreendida como forma de oposição aos portugueses. Como as tradições brasileiras, até a Independência, confundiam-se com as portuguesas, a forma de realizar uma separação decisiva seria encontrar um símbolo de independência e de oposição. Além disso, como não participava da estrutura social da época, era também um símbolo inócuo, uma vez que era uma representação histórica, e não uma bandeira de luta. Só na terceira fase romântica – por exemplo, com Castro Alves – é que o negro passará para o primeiro plano, e ocorrerá uma forma de luta e de reivindicação.

A distância histórica e social em que o índio estava colocado com relação à época era outro elemento importante para a estética romântica. Na realidade, esta procurava valorizar, esteticamente, o exótico e o distante. Aqui, como se vê, há uma coincidência quase perfeita entre os modelos literários europeus e as possibilidades de motivos brasileiros. Em contrapartida, o que nos faltava para criar o ambiente do romantismo europeu – sobretudo uma Idade Média – foi, até certo ponto, transposto para o período colonial. É isso que se observa, bem nitidamente, em *O guarani*, de José de Alencar, em que se sugere, pelo isolamento da grande propriedade rural, o ambiente do castelo medieval. Do ponto de vista econômico, como se sabe, essa associação era plausível, embora talvez não o fosse do ponto de vista social mais amplo.

De qualquer modo, o indianismo chegou a definir – por meio dos versos de Gonçalves Dias e dos romances de Alencar – um símbolo de características positivas, ou de modelo de comportamento ideal. Essa caracterização teve importância, evidentemente, para a formação de uma autoimagem do brasileiro, isto é, um modelo de seu comportamento, oposto ao de estrangeiro. Algumas dessas imagens parecem definitivamente incorporadas à tradição brasileira, até aos lugares-comuns de nossa linguagem. Foi o que ocorreu com a imagem de Iracema, símbolo de beleza; e com a imagem dos índios de Gonçalves Dias: "Não chores, meu filho / Não chores, que a vida / É luta renhida: / Viver é lutar. / A vida é combate, / Que os fracos abate, / Que os fortes, os bravos, / só pode exaltar".

Outro símbolo do nacionalismo romântico – e nisso também continuava a tradição da literatura anterior – foi a natureza brasileira. De acordo com a oposição e o exclusivismo característicos do nacionalismo, a natureza tropical é comparada à natureza do clima temperado. A novidade, nesse caso, quando comparamos o romantismo com a época anterior, é o colorido afetivo de que a natureza é investida. É isso que ocorre, por exemplo, em "Canção do exílio", de Gonçalves Dias, talvez a mais repetida de todas as poesias brasileiras:

Minha terra tem palmeiras, / Onde canta o sabiá; / As aves, que aqui gorjeiam, / Não gorjeiam como lá. / Nosso céu tem mais estrelas, / Nossas várzeas têm mais flores, / Nossos bosques têm mais vida, /Nossa vida mais amores.

A ligação entre natureza e psicologia é o passo seguinte nesse caminho. Partindo da natureza, procuram-se os traços psicológicos correspondentes, os quais caracterizariam o brasileiro. Opõe-se o calor ao frio, a limpidez do céu ao nevoeiro ou ao céu constantemente nublado. Opõem-se as características do brasileiro às do europeu. Essas ideias não apenas contribuem para definir o Brasil e os brasileiros, mas serão aceitas e transmitidas depois como a imagem que a criança brasileira deve admirar e exprimir. Aqui, a natureza passa à categoria de símbolo do país – forma de evocá-lo, compreendê-lo e admirá-lo.

Esse esforço para a identificação nacional ocorre também na linguagem. É no período romântico que aparece, pela primeira vez, a ideia de uma língua nacional, isto é, uma língua brasileira, diferente e independente da portuguesa. Como se sabe, José de Alencar foi o grande defensor dessa língua brasileira, e talvez tenha sido o ponto de partida de um movimento que, proposto em termos bem diferentes, continua até hoje. No período romântico, o esforço para a criação de uma língua nacional revela-se não apenas pela introdução de palavras indígenas, ou expressões consagradas pelo uso brasileiro, mas também pelas construções aceitas pelos brasileiros.

Avaliação do nacionalismo romântico

Seria despropositado tentar julgar o nacionalismo romântico, pois este foi criado para atender a determinadas exigências do momento histórico e da classe dominante da época, bem como aos modelos estéticos do século XIX. Isso não significa que seja impossível avaliar seu saldo positivo – isto é, aquilo que contribuiu para as fases seguintes de nosso desenvolvimento intelectual –, bem como o saldo negativo – isto é, as deformações que impôs à nossa história intelectual.

O saldo positivo foi a constituição de símbolos para a nacionalidade nascente. O sentimento nacional – apesar de exceções evidentes, facilmente enumeráveis – depende da identificação com um território, com uma história, com uma linguagem. Por meio da criação das imagens da natureza brasileira e de modelos de homens heroicos como ascendentes dos brasileiros; mediante a elaboração de nossas peculiaridades linguísticas, os românticos conseguiram impor símbolos até hoje aceitos para a nacionalidade. Sobretudo, conseguiram impor uma imagem positiva da nação brasileira. Se, com Afonso Celso (*Por que me ufano de meu país*), essa imagem positiva chegou a um ponto talvez ridículo, isso pode ser explicado, talvez, pelo fato de, naquele momento (1900), já não corresponder às necessidades concretas do país. Na realidade, como se verá adiante, essa tendência manifestada por Afonso Celso já fora superada, na última fase romântica, pela apresentação de outra temática.

Do ponto de vista negativo, o nacionalismo romântico foi, em muitos aspectos, uma forma de fuga. Em vez de voltar-se para os problemas imediatos do país e do povo, esse nacionalismo procurou o passado, procurou figuras e imagens que, do ponto de vista imediato, seriam neutras, embora não pudessem abranger todo o povo brasileiro. A imagem do índio seria, aqui, um excelente exemplo: sua celebração não representava nenhuma oposição à ordem vigente, sobretudo à escravatura. Evidentemente, essa característica não foi peculiar ao romantismo brasileiro: a busca do passado, qualquer que tenha sido sua motivação estética, tem como resultado o afastamento dos problemas imediatos. Por isso, esse tipo de nacionalismo pode facilmente identificar-

-se com os movimentos políticos de direita, que utilizam os mitos do passado para impedir as modificações no presente.

Essas afirmações podem ser confirmadas quando se pensa que, no modernismo – que retomaria, sob outro ângulo, a temática do nacionalismo romântico –, essa tendência aparece na celebração do Brasil pitoresco e desemboca no "verde-amarelismo", precursor do mais notório de nossos movimentos de direita.

Passagem para uma poesia de cunho social

Com Castro Alves, o nacionalismo romântico encontra, provavelmente, sua expressão mais autêntica e mais completa. Algumas de suas poesias mais belas adquirem dimensão e profundidade exatamente porque contrastam a situação presente com os símbolos estabelecidos pelos poetas anteriores. Em outras palavras, a imagem de um país livre criada pelos poetas contrasta com a situação de escravo; os símbolos da natureza se chocam com a realidade social. É isso que ocorre, por exemplo, em "América":

> Ó pátria, desperta... Não curves a fronte
> Que enxuga-te os prantos o sol do equador.
> Não miras na fímbria do vasto horizonte
> A luz da alvorada de um dia melhor?
>
> Já falta bem pouco. Sacode a cadeia
> Que chamam riquezas... que nódoas te são!
> Não manches a folha de tua epopeia
> No sangue do escravo, no imundo balcão.

É também o que ocorre no conhecido "Navio negreiro", em que a oposição entre os símbolos da pátria e a realidade social atinge seu ponto culminante:

Auriverde pendão de minha terra,
Que a brisa do Brasil beija e balança,
Estandarte que a luz do sol encerra,
E as promessas divinas da esperança...
Tu, que da liberdade após a guerra,
Foste hasteado dos heróis na lança.
Antes te houvessem roto na batalha,
Que servires a um povo de mortalha!...

Fatalidade atroz que a mente esmaga!
Extingue nesta hora o *brigue imundo*
O trilho que Colombo abriu na vaga,
Como um íris no pélago profundo!...
...Mas é infâmia demais... Da etérea plaga
Levantai-vos, heróis do Novo Mundo...
Andrada! arranca este pendão dos ares!
Colombo! fecha a porta de teus mares!

Esses exemplos são suficientes para mostrar que a inovação de Castro Alves consiste em utilizar o nacionalismo – ou, no caso, os símbolos nacionais – com um objetivo presente, isto é, a reivindicação social da segunda metade do século XIX. Aqui, o nacionalismo perde seu caráter conservador e frequentemente retrógrado e adquire um conteúdo realmente coletivo, isto é, que abrange todos os brasileiros.

Em conclusão, o nacionalismo romântico teve significado por criar e estabilizar os símbolos do país, indispensáveis para a existência de uma nação moderna. Esses símbolos foram – e são ainda – usados pelos grupos conservadores como forma de fugir aos desafios apresentados pela realidade social. Em contrapartida, como se pode ver na poesia de Castro Alves, foram usados também para a luta pela renovação e pelas conquistas de grupos oprimidos.

Os românticos e a valsa[1]

Toda invenção social é percebida como potencialmente capaz de destruir a ordem humana existente em determinado lugar ou em certa época. Todos sabem como foi recebida a invenção dos teares mecânicos, quais os medos despertados pelas estradas de ferro ou pelos automóveis. Essa reação quase nunca é insensata (ou totalmente insensata), e é uma forma de impedir a interferência da invenção nos elementos supostamente básicos do grupo. Quando útil, a invenção acaba por ser aceita, seja por "assimilação", seja pela criação de novos padrões, coerentes com a novidade.

Essa regra geral apresenta coloridos ainda mais interessantes quando encontramos "invenções" referentes ao corpo humano. Estas podem estar ligadas à exibição do corpo, ou ao contato físico entre as pessoas. Esse contato é, quase sempre, enquadrado em um ritual mais ou menos severo: o obrigatório aperto de

---

[1] *O Estado de S. Paulo*, "Suplemento Literário", 18.2.1961, p.4.

mão ao cumprimentar cordialmente, a recusa da mão como forma de desafio ou desprezo, o beijo cerimonial, o tapa no rosto como sinal de superioridade ou desagravo, o braço à dama como expressão de gentileza.

A aproximação física entre os sexos está regulada por normas ainda mais severas. Esse contato só não é regulamentado quando as pessoas estão fora de suas categorias sociais; quando estas são enunciadas ou tornadas conscientes, o contato físico volta a revelar seu caráter ritual. Por isso, quando uma inovação cultural modifica tais padrões de proximidade, há uma reação de curiosidade, mas também de prevenção contra a novidade. Uma dessas inovações foi a valsa romântica. Se atualmente seus ritmos e suas intenções parecem-nos despidos de qualquer sentido lascivo, não foi assim na época em que surgiu.

Para compreender as reações à valsa, devemos lembrar que os sexos estavam, na sociedade brasileira do século XIX, separados por uma grande barreira física, e seus contatos eram regulados por um ritual muito mais rígido do que o nosso. A valsa, ao permitir que o casal se aproximasse fisicamente e se isolasse dos outros, representava uma situação quase única na época. Por isso, seus efeitos aparecem muito claramente na literatura romântica, em que a valsa passa a apresentar uma situação de perigo real ou potencial. É na valsa que os amores se declaram, ou é nela que os heróis se apaixonam pelas heroínas. Os exemplos são bem numerosos, mas convém centralizar nossa atenção em José de Alencar e Casimiro de Abreu; ambos, pelo exagero evidente, podem nos dar óculos de aumento para examinar os efeitos da valsa no mundo afetivo dos românticos.

Em *Senhora*, Alencar não apenas descreve uma valsa, mas também tece considerações a respeito de suas consequências para o par. Depois de lembrar a origem da valsa nas "brumas da Alemanha", diz que "talvez sobre essas regiões do gelo, com os doces esplendores da neve, o céu derrame alguma da serenidade e inocência de que fruem os bem-aventurados"; logo adiante, afirma que "em outra latitude (a valsa) deve ser desterrada para os bailes públicos, onde os homens gastos vão buscar as emoções fortes, que o ébrio pede ao álcool". E por quê? Para Alencar,

> as senhoras não gostam da valsa senão pelo prazer de sentirem-se arrebatadas no turbilhão. Há uma delícia, uma voluptuosidade pura e inocente, nessa embriaguez da velocidade. Aos volteios rápidos, a mulher sente nascer-lhe asas, e pensa que voa; rompe-se o casulo de seda, desfralda-se a borboleta. Mas é justamente aí que está o perigo. Esse enlevo inocente da dança entrega a mulher palpitante, inebriada, às tentações do cavalheiro, delicado embora, mas homem, que ela sem querer está provocando com o casto requebro de seu talhe e traspassando com as tépidas emanações de seu corpo.

Esse texto de Alencar, sobretudo sua referência ao "perigo" da valsa, poderia ser ligado a seu gênio arredio aos salões, ou, segundo sugestões de Wanderley Pinho (em *Salões e damas do Segundo Reinado*), a seu fracasso diante de certa jovem. Alencar não conseguiu ser um leão dos bailes, como se dizia na época. Assim, poder-se-ia pensar que, precisamente por desconhecer a vida social, não pudesse descrevê-la de maneira adequada. Embora a discussão, no caso, seja interminável, pode-se sustentar também o oposto: sua interpretação, embora exagerada, contém um fundo de verdade ou de revelação. Alencar via "de fora" o que acontecia nos bailes do Rio de Janeiro; talvez isso lhe desse, mais do que àqueles que viviam a situação, a possibilidade de ter perspectiva para avaliar seus elementos básicos, o mais importante dos quais seria a valsa.

Sua reação, no entanto, é muito semelhante à de Casimiro de Abreu. Também para Casimiro a valsa é uma situação de pecado virtual, ou, pelo menos, de incitação ao pecado. Sobretudo em duas de suas poesias, isso se revela claramente: em "A valsa" e em "O baile". Na primeira:

> Tu, ontem / Na dança / Que cansa / Voavas / Com as faces / Em rosas / Formosas / De vivo / Lascivo / Carmim; / Na valsa / Tão falsa / ... Quem dera / Que sintas / As dores / De amores / Que louco / Senti! / Quem dera / Que sintas! / Não negues / Não mintas... / Eu vi!...

Em "O baile", temos uma descrição ainda mais decisiva: o herói, supostamente infenso a bailes ("... a voz sincera e rude / De quem, prezando a virtude, / Os atavios rejeita"), joga com a oposição entre poesia e valsa. Aqui, poesia significa amor sincero, oposto às falsidades do baile. Na última estrofe, o poeta torna-se mais violento e adverte a donzela:

> Sim, valsa, é doce a alegria, / Mas ai! que eu não veja um dia, / No meio de tantas galas, / Dos prazeres na vertigem, / A tua c'roa de virgem / Rolando no pó das salas!...

Aparentemente, chegamos aqui ao mais completo delírio romântico: a pureza da virgem poderia ser maculada pelo "ritornelo das valsas". Na realidade, o perigo talvez fosse mais real do que pareceria a nossos olhos de hoje; não se esqueça de que Machado fez que Virgília e Brás Cubas se apaixonassem na valsa: "valsamos uma vez e mais outra vez. Um livro perdeu Francesca; cá foi a valsa que nos perdeu".

A julgar pela literatura, a valsa não tardaria a perder esse valor, deixar de ser um movimento de perigo e fascínio; os parnasianos praticamente abandonaram a valsa como tema ou como forma de encantamento, e os simbolistas teriam ainda maiores razões para fazê-lo. Parece surpreendente que isso tenha acontecido no início do século, quando maior foi o prestígio da valsa. E, no entanto, exatamente por isso, se destrói seu valor erótico, assim como seu significado poético, pelo menos na literatura erudita.

Ao reaparecer em nossas letras, a valsa terá adquirido outro sentido, e seu ritmo será, então, romântico por outro motivo.

Já não é o momento de êxtase ou de tentação, mas uma lembrança. Os homens educados afetivamente ao som e à letra da valsa nela encontrarão uma forma de recriação poética. Manuel Bandeira irá compor "Letra para uma valsa romântica", em que se canta a "Mulher diferente / Tão indiferente / Desumana Elisa!".

Já agora, as donzelas não desmaiam ao ritornelo das valsas, nem estas serão momentos de sortilégio; coloridas pela memória, as valsas passam a ser instantes de pureza. Outras invenções tomam o lugar desempenhado pela valsa no momento em que surgiu, e ela passa para o plano do equilíbrio e da segurança.

Lucíola: teoria romântica do amor[1]

Segundo a observação de Jung, o romance psicológico não é o mais interessante para o psicólogo, nem o mais profundo, pois seu conteúdo já foi desvendado pelo autor. Assim, um Pirandello ou um Proust não exigem análise psicológica; ao contrário, os romances ou poemas psicologicamente ingênuos apresentam um material não analisado pelo artista e precisam da interpretação do psicólogo.

Se utilizarmos essa distinção de Jung, não será difícil observar que os escritores contemporâneos procuram ser psicólogos e enfrentam as perplexidades e as contradições de suas personagens; os românticos brasileiros, ao contrário, lidavam com personagens bem definidas, moral e psicologicamente bem organizadas. Se atualmente tais personagens nos parecem falsas, isso se deve à nossa compreensão mais minuciosa do mundo interior, à nossa recusa em aceitar uma separação completa entre bem e

---

1 *O Estado de S. Paulo*, "Suplemento Literário", 4.2.1961, p.4.

mal. No mundo vitoriano (e o Brasil teve, a seu modo, um período vitoriano, pelo menos no Rio de Janeiro), conseguiu-se uma repressão violenta de todas as tendências condenadas. A tragédia tornou-se um conflito exterior ao indivíduo; seu sofrimento decorria de perda de coisas ou de pessoas. Por isso, a reação característica do romântico era a melancolia: saudade da pátria, dos entes queridos, da infância, da amada. A neurose do período foi a histeria, característica do indivíduo ingênuo, isto é, incapaz de perceber suas contradições interiores e suas racionalizações.

O homem contemporâneo rompeu as barreiras da repressão, e nisso foi, evidentemente, ajudado pela malícia freudiana: o bem e o mal, o ódio e o amor nem sempre são antagônicos, e são muitas vezes complementares. Nossa literatura já não exprime a perda das coisas, mas as mutilações do eu. A neurose característica de nossa época é a angústia; ao contrário do que ocorre com o melancólico, o angustiado desconhece a origem de sua tristeza ou de seu desespero.

Isso indica que o romântico brasileiro deve ter sido psicologicamente ingênuo (embora não inocente) e deve ter exposto, com transparência exemplar, seus dramas. Isso permitiu a Mário de Andrade a análise de "Amor e medo", em que a figura central é Álvares de Azevedo. No entanto Alencar e Casimiro de Abreu foram tão ingênuos quanto Álvares de Azevedo, pois seus conflitos aparecem facilmente ao nível da consciência. Em um caso e em outro, encontramos bem delineados os conflitos morais da época. Em Casimiro, o complexo de Édipo (esse drama vitoriano) é um tema básico; em Alencar, temperamento estranho e, a nossos olhos, neurótico, delineiam-se as contradições do amor romântico. Em *Senhora* e em *Lucíola*, sua análise consiste em expor os conflitos inerentes ao mundo social e psicológico do século XIX. Em *Senhora*, o conflito é mais superficial: a contradição se dá entre a valorização da escolha afetiva no matrimônio (padrão que começava a ser aceito) e as conveniências econômicas. Em *Lucíola*, o conflito é mais profundo e revela as duas imagens contraditórias da mulher do século XIX: de um lado, a noiva e esposa; do outro, a amante.

Nesse sentido, embora *Senhora* e *Lucíola* transponham os problemas para um nível de irrealidade e fantasia, conseguem revelar as questões básicas para a vida afetiva da classe mais alta da sociedade dessa época. Em *Senhora*, o romance termina com a conciliação entre o útil e o ideal afetivo; em *Lucíola*, a conciliação entre ideais antagônicos seria impossível, e a heroína morre.

Ao passo que, segundo mostra Van Tieghem, em vários romances europeus da época, o amor verdadeiro é redenção dos piores pecados, no romancista brasileiro isso não ocorre. Por intermédio da heroína, Alencar apresenta sua oposição a Dumas, quando Lúcia nega a autenticidade do amor de Margarida:

> Que diferença haveria entre o amor e o vício? Essa moça não sentia, quando se lançava nos braços do amante, que eram os sobejos da corrupção que lhe oferecia?

A solução de Alencar consistiu em colocar, na mesma mulher, as duas imagens femininas da época: a virgem pura e a cortesã. Essas duas mulheres (Maria e Lúcia), embora reunidas, são pessoas diferentes: Maria é a alma, Lúcia é o corpo.

O jogo entre as duas imagens se faz de maneira extremamente simples. Paulo, um jovem provinciano, chega à Corte e, ainda inexperiente, engana-se com uma linda cortesã (Lúcia) e a considera uma jovem pura. Vem a conhecê-la, e tornam-se amantes. Depois de várias peripécias, Lúcia lhe revela sua história: seu nome verdadeiro era Maria, e tinha sido levada à prostituição em um momento de miséria em sua casa. Já para o fim do romance, ao revelar-se como Maria, a moça recusa-se a qualquer contato físico com o herói.

O primeiro aspecto importante do romance é a identificação de Maria: "Tu me santificaste com o teu primeiro olhar", diz a Paulo. Vale dizer, quando sentiu que era vista como pessoa digna e pura, a heroína teve uma nova identificação de si mesma e pôde abandonar o eu pelo qual os outros a viam. A evolução da personagem depende, até certo ponto, dessa identificação inicial, aparentemente absurda, mas, afinal de contas, verdadeira. E essa análise nos conduz a outra: o rapaz inocente, cuja percepção não se tinha ainda deformado, é capaz de ver mais profundamente do que os outros. Enquanto os que conheciam Lúcia podiam ver apenas sua imagem física e, desta, inferir sua vida mental, Paulo consegue ver imediatamente a alma da jovem.

O núcleo do romance está, no entanto, na descrição das duas personagens femininas; Lúcia é sensual e bela, mas despida de alma; Maria é recatada e pura, e seu amor é exclusivamente espiritual, sem nenhuma ligação com sua vida física. Maria não fez, portanto, apenas um disfarce, ao escolher outro nome para a cortesã que passou a encarnar; Lúcia é, efetivamente, outra pessoa, com sentimentos próprios, opostos aos de Maria. A descrição do amor, feita por ambas, não deixa margem a dúvidas. Para Lúcia:

> para que amar? O que há de real e de melhor na vida é o prazer, e este dispensa o coração. O prazer que se dá e recebe é calmo e doce, sem inquietação e sem receios.

Para Maria:

> se soubesses que gozo supremo é para mim beijar-te neste momento! Agora que o corpo já está morto e a carne álgida não sente a dor nem o prazer, é a minha alma só que te beija.

A divisão, na realidade, se faz entre alma e corpo: "Veja! A lama deste tanque é o meu corpo: enquanto a deixam no fundo e em repouso, a água está pura e límpida!". A primeira interpretação para essa separação tão nítida entre as duas personagens seria supor que Alencar teve a intuição da possibilidade de dissociação da personalidade. A autodescrição da heroína dá, por vezes, essa impressão:

aquele esquecimento profundo, aquela alheação absoluta do espírito, que eu sentira da primeira vez, continuou sempre. Era a tal ponto que não me lembrava de coisa alguma; fazia-se como uma interrupção, um vácuo em minha vida. No momento em que uma palavra me chamava ao meu papel, insensivelmente, pela força do hábito, eu me esquivava, separava-me de mim mesma, e fugia deixando no meu lugar outra mulher, a cortesã sem pudor e sem consciência, que eu desprezava, como uma coisa sórdida e abjeta.

Entretanto a separação entre Lúcia e Maria não se dá no nível psicológico, mas no físico: Maria é o conjunto de sentimentos, Lúcia um agregado de reações sensuais. Essa observação exige outro nível de análise e nos leva a afastar a ideia de que Alencar pensasse na existência de personalidades múltiplas (o que, na literatura brasileira, só iria ocorrer mais tarde com Gastão Cruls).

Em *Lucíola*, o tema era particularmente dramático para o romântico, pois apresentava uma contradição fundamental entre os pressupostos de sua vida afetiva. A mulher digna de amor era a pura e virgem; as outras poderiam, apenas, ser objeto de desejo, mas também de profundo desprezo. Para o romântico, não existia meio-termo entre o bem e o mal, entre pureza e pecado. Para responder ao desafio desse tema, Alencar faz a justaposição de duas mulheres independentes, uma feita exclusivamente de corpo, a outra de alma. Portanto o autor não conseguiu unir corpo e alma da mulher amada, pois os dois aspectos deveriam permanecer isolados; tanto é verdade que nunca seriam percebidos na mesma pessoa. Da mulher pura, verdadeiramente amada, nunca se esperava paixão violenta, procurada na amante; nesta, seria impossível encontrar sentimentos semelhantes aos esperados da mulher legítima.

Essa separação, talvez existente antes do século XIX (e D. Francisco Manuel pudera escrever: "aquele amor cego fique para as damas, e para as mulheres o amor com vista"), nunca foi tão completa como durante o romantismo brasileiro. Há várias razões para explicar essa acentuação da tendência anterior. Em primeiro lugar, o amor passa a ser valorizado como não o fora até então. Em segundo, a maior proximidade entre os sexos, embora cercada ainda de todos os tabus da sociedade colonial, permitiria o aparecimento do amor entre jovens. Finalmente, a experiência sexual do homem, com mulheres escravas ou de condição social muito inferior, tenderia a colorir toda sua vida afetiva posterior.

A posição do homem no esquema afetivo do romantismo é peculiar e apresenta algumas das contradições inevitáveis na vida social do período. Paulo, o herói do romance de Alencar, parece inteiramente isento de culpa, não respondendo pelos pecados de que participa. O "duplo padrão de moralidade" talvez nunca tenha sido tão nítido; o que, para a mulher, constitui um pecado inominável, para o homem seria uma experiência aceita e valorizada.

Essa teoria do amor romântico, tão nitidamente apresentada em *Lucíola,* teria consequências muito claras para homens e mulheres. Para estas, o matrimônio seria afetivamente insatisfatório, e a permanente frustração encontraria uma fuga no romance de folhetim, que representava, portanto, uma necessidade no sistema de repressões da época. A situação do homem era, sem dúvida, mais cômoda, pois o ambiente social permitiria a busca de relações afetivas mais satisfatórias, sem que por isso devesse renunciar ao respeito da família e da sociedade. Para ele, o castigo seria de outra ordem: viveria atormentado pela ideia de que sua mulher também pudesse traí-lo. Para o romântico, o pior de todos os castigos.

Justine: o amor como indiscrição[1]

Nuttin talvez esteja certo, ao afirmar que grande parte da psicologia contemporânea revela uma curiosidade doentia, um desejo patológico de penetrar a intimidade do outro. Pode-se perguntar, evidentemente, se nós, os homens de hoje, podemos não ser assim, não ter esse gosto da indiscrição. Existem, certamente, os que não revelam tal tendência, mas, na realidade, não evitam uma tentativa de explicação psicológica. Ocorre, apenas, que caem em uma explicação mecânica e estereotipada, e veem o comportamento como resultante de alguns motivos primários, sempre os mesmos, e assim justificam sua necessidade de tratar as pessoas como se fossem coisas ou peças em um jogo de xadrez.

A psicologia é, portanto, a marca de nossa época, sintoma de homens que perderam a possibilidade de explicação sobrenatural para as diferenças entre os indivíduos. Embora tenhamos criado, também, as categorias sociológicas e históricas, estas se mostram

---

1 *O Estado de S. Paulo*, "Suplemento Literário", 17 e 25 de agosto de 1962, p.3 e 4, respectivamente.

insuficientes para a compreensão da variabilidade: o burguês, o proletário, o burocrata, o intelectual são abstrações, satisfatórias talvez para as lutas políticas ou para a compreensão dos fenômenos sociais, mas não nos dão a chave para entender o vizinho, a namorada, os filhos, os amigos e inimigos. Suas categorias sociais e sua participação nos conflitos econômicos não nos permitem entender sua autonomia. Muitas vezes, desejamos conhecê-los, ou desejamos revelar-nos a eles.

Mas é no amor que essa característica se revela em toda a sua plenitude. O amor deixou de ser, como o fora para os românticos, o domínio do desejado ou do imaginado, para transformar-se em um momento de confidência ou descoberta. Pode-se pensar, à primeira vista, que nada exista de novo nessa forma de amar: afinal, o amor parece ter sido, sempre, uma curiosa dialética entre esconder e mostrar. Apesar desse elemento permanente, há uma novidade fundamental: do amor já não se espera, apenas, uma revelação física, mas uma verdadeira descoberta de originalidade, pela apresentação do mundo interior. Para o romântico, havia apenas uma forma verdadeira de amor, e a multiplicidade amorosa poderia revelar, quando muito, equívocos insatisfatórios. Para o homem contemporâneo, as diferentes formas de amor são igualmente válidas, e são, por isso mesmo, incomparáveis. A imagem do amor romântico era a mulher inteiramente conhecida, junto à qual se projetava o futuro comum. A imagem mais adequada do amor contemporâneo é a da mulher estrangeira, encontrada em uma cidade estranha. O amor é, agora, um ato de revelação: a mulher é um mundo novo a ser conhecido. O futuro comum, quase nunca proposto, é o menos importante; é possível amar mediante passados estranhos, em um presente inevitavelmente diverso no par, pois a individualidade é irredutível às palavras e aos gestos.

Essa imagem do amor tem sido sugerida muitas vezes, mas coube a Lawrence Durrell desenvolvê-la inteiramente em seu *O quarteto de Alexandria* (*Justine*, *Balthazar*, *Mountolive* e *Clea*, publicados entre 1957 e 1960). Embora os quatro romances apresentem interesse para a compreensão do tema – e Durrell pretende ter escrito o romance do amor moderno –, é possível propor uma análise por meio de *Justine*, em que se apresenta uma das perspectivas da história, e aparecem as linhas fundamentais da trama. *Balthazar* é, em grande parte, a correção da história descrita em *Justine*, pois uma das personagens interfere na visão apresentada pelo herói, no manuscrito do primeiro romance. *Mountolive* abandona o plano subjetivo dos dois primeiros romances e, em uma narrativa em terceira pessoa, localiza o romance de *Justine* em um panorama muito mais amplo. *Clea*, o último do quarteto, apresenta a continuação da história e nos mostra Alexandria durante a Segunda Grande Guerra.

A localização do romance em Alexandria não é fortuita: na velha cidade egípcia cruzam-se as lutas políticas contemporâneas, as heranças do mundo helenístico, as esperanças das minorias oprimidas, os conflitos de culturas diferentes ou antagônicas, a ausência de padrões definidos para o comportamento das pessoas.

Sobretudo essa cidade é "A cidade" de C. P. Cavafy:

> A cidade é uma caixa... E não existe navio / Para levar-te de ti mesmo. Ah! Não vês / Que assim como arruinaste a tua vida / Neste ponto do chão, destruíste o seu valor / Por toda a parte agora – em toda a terra?

Cavafy, o "velho poeta" de Alexandria, já traçara alguns dos delineamentos afetivos da cidade; por isso, sua imagem e seus versos podem dar uma das chaves para a compreensão do enredo ou dos enredos da história: a luta entre a vida real e sua expressão artística; a permanência da memória, alimentada pela dor; o sexo como momento de solidão, "pois o amor é apenas uma espécie de linguagem da pele, e o sexo é somente uma terminologia".

* * *

Na cidade estranha, os estrangeiros encontram-se, como se apenas aí, tentando fugir de seu passado, pudessem descobrir a si mesmos.

Quando o livro se inicia, Darley, o herói narrador, vive em uma ilha isolada do Mediterrâneo; sua companheira é uma criança, filha de Melissa e Nessim. Então, o herói já se tornara "um desses pobres escriturários da consciência moral, um cidadão de Alexandria". Vista a distância, a cidade se tornara "a capital da memória".

> os acontecimentos distantes, transformados pela memória, adquirem um brilho polido, porque são vistos isoladamente, divorciados dos pormenores do antes e do depois, das fibras e dos envoltórios do tempo. Também os atores sofrem uma transformação; como corpos pesados, mergulham lenta e cada vez mais profundamente no oceano da memória, encontrando, em cada nível, uma nova fixação, uma nova avaliação no coração humano.

Por isso, Darley não se ilude quanto à verdade do que viveu, ou do que lhe parece ter vivido em Alexandria; também não se ilude quanto às personagens, pois uma delas tinha escrito que

> as pessoas reais podem existir somente na imaginação de artista, uma imaginação suficientemente forte para contê-las e dar-lhes forma. A vida, como matéria-prima, é vivida apenas *in potentia*, até que o artista a apresente em sua obra.

Mesmo então, não escapa às deformações e aos equívocos; ao buscar seus manuscritos, verifica que alguns foram utilizados na cozinha, que outros foram destruídos pela menina:

> esta forma de censura me agrada, pois tem a indiferença do mundo natural com relação às construções da arte – uma indiferença de que começo a participar. Afinal, de que serve uma bela

metáfora para Melissa, se ela está profundamente enterrada, como qualquer múmia, na areia superficial e tépida do estuário negro?

* * *

Como o momento da composição é posterior aos acontecimentos narrados, a tarefa do narrador, assim como do leitor, não é esperar o desfecho da história, mas apenas compreendê-lo. Como cada uma das personagens poderia contar sua versão pessoal da história, o leitor estaria diante de uma retificação infindável e teria a ilusão de estar cada vez mais próximo da verdade. O recurso da retificação permite a Durrell fugir das convenções do romance, pois este, em suas mãos, deixa de ser uma história aparentemente completa, isto é, totalmente inventada pelo autor, para aproximar-se de uma realidade muito mais variada que qualquer ficção possível. Ou, com razoável ironia, o romancista poderia dizer exatamente o contrário: as personagens "reais" acabariam por esquecer os acontecimentos, e só o memorialista estaria em condições de inventar uma vida que, na realidade, não viveram, ou viveram sem sabê-lo.

Se não conseguimos penetrar a verdade de cada uma das personagens, podemos entrevê-la por seus encontros, sobretudo pelos triângulos formados, em que, queiram ou não, acabam por revelar-se. Para eles se volta o memorialista, como se contivessem um caminho para decifrar os segredos dos acontecimentos e a perversidade do destino.

Inicialmente, Darley vivera com Melissa, em um momento em que esta devia, ainda, terminar seu romance com Cohen; logo depois, Darley se apaixona por Justine e passa a amar as duas ao mesmo tempo; Justine, casada com Nessim, depois de divorciar-se de Arnauti – que, a seu respeito, escrevera o livro "Moeurs" –, além do romance com Darley, tem também um romance com Pursewarden e vive, em grande parte, em função do romance inicial e fantástico, com Capodístria (Da Capo); Nessim, embora continue a amar Justine, tem também um rápido romance com Melissa; esta foi, depois, amada por Pursewarden. Como se vê, a história fundamental de Durrell poderia, facilmente, deslizar para a pornografia, ou transformar-se em uma orgia tragicômica. Alguns críticos – entre os quais, Gilbert Phelps – aí viram, efetivamente, uma quase obsessão com o sexo; e a comédia, na forma de ironia ou de farsa, é, sem dúvida, um dos dotes de Durrell. No entanto, talvez seja mais justo tentar ler o romance que o autor pretendeu escrever e buscar, nessa história, sua forma de expressão.

O romance pode ser lido como a sucessão dos triângulos em que se envolvem as personagens: Darley, Melissa e Cohen; Darley, Melissa e Justine; Darley, Justine e Nessim; Darley, Melissa e Nessim; Justine, Nessim e Pursewarden. Há, além desses, os triângulos não contemporâneos, mas explicitamente analisados; Justine, Darley e Arnauti; Justine, Arnauti e Capodístria. Os romances anteriores de Darley e Melissa, embora supostamente importantes para sua vida, não são analisados.

No primeiro dos triângulos – Darley, Melissa e Cohen – desenvolve-se, de início, o sentimento de ódio, e, aparentemente, Cohen e Darley desejavam destruir-se. Depois de alguns meses, no entanto, "parecia desenvolver-se, entre nós, um estranho sentimento de intimidade. Nós nos cumprimentávamos e sorríamos um ao outro, quando nos encontrávamos". Não chegavam a conversar, pois sentiam que, entre eles, havia apenas um assunto: Melissa. Esta abandonara Cohen, para viver com Darley; se Cohen continua a seguir Melissa, isso deveria ser explicado, pensava Darley, por um desejo de vingança. Tempos depois, Cohen está agonizante no hospital e deseja ver Melissa; como esta se recusa a visitá-lo, Darley se oferece para ir em seu lugar. É então que se desenvolve a verdadeira intimidade entre os dois rivais, pela confissão de Cohen. Melissa desejara casar-se com ele, mas,

> então, não sabia quanto a amava; eu [Darley] devia mostrar-lhe isso. E, inversamente, como ocorreu que Melissa jamais falasse

em casamento, jamais me revelasse a profundidade de sua fraqueza e de sua exaustão, como o fizera a ele? Isso feria profundamente. Minha vaidade era atingida pela ideia de ela lhe ter mostrado um aspecto de sua natureza que, no entanto, escondera de mim.

Mas não apenas Melissa se revela por intermédio do amante:

> eu não podia deixar de ver quanto havia nesse homem, e que Melissa podia ter descoberto para amar. Por que estranho acaso tinha ela deixado de ver a pessoa real? Longe de ser um objeto de desprezo (como sempre o considerei), ele parecia, agora, um perigoso rival, cujos poderes eu tinha ignorado; fui invadido por um sentimento tão ignóbil, que me envergonho de escrevê-lo. Fiquei contente porque Melissa não tinha vindo vê-lo morrer; se o visse agora, tal como eu via, poderia, repentinamente, redescobri-lo. E, por um desses paradoxos com que se encanta o amor, senti mais ciúme dele durante sua agonia do que durante toda a sua vida. De certo modo, reconheci nele, na ressonância de sua voz, ao pronunciar o nome de Melissa, uma maturidade que eu não tinha; ele havia superado o seu amor por ela, sem prejudicá-lo ou feri-lo, e deixara que amadurecesse, como todo amor deveria fazê-lo, numa amizade absorvente e despersonalizada. Longe de temer a morte e importunar Melissa para que o consolasse, desejava apenas oferecer-lhe, do inesgotável tesouro de sua agonia, um último presente.

Essa cena no hospital é um dos pontos decisivos do romance e um dos momentos em que a ambivalência dos sentimentos permite as mais profundas revelações. Em grande parte, a Melissa amada por Cohen não é a mesma pela qual se apaixonara Darley; em contrapartida, seria impossível conhecer o verdadeiro Cohen, a não ser no momento em que, como mensageiro de Melissa, pudesse contemplá-lo tal como ele desejaria ser contemplado pela mulher que o abandonara.

Como será fácil observar, no entanto, o episódio não explora todas as possibilidades da ambivalência do amor e do ciúme. Em muitos aspectos, o triângulo Darley-Melissa-Cohen é o mais vulgar; a inovação do romancista consistiu em explicitar suas potencialidades e revelar suas possibilidades de conhecimento. Nos outros triângulos, Durrell joga com as perspectivas das várias personagens e, então, pode traduzir as virtualidades do amor como forma de indiscrição ou curiosidade.

O triângulo Darley-Melissa-Cohen, descrito em *Justine*, está entre as relações humanas mais padronizadas. Entre dois homens que amam a mesma mulher, ou entre duas mulheres que amam o mesmo homem, não há apenas uma relação de ódio ou rivalidade. Basta descer um pouco no nível da consciência para perceber que, ao lado desses sentimentos negativos, existe também um sentimento mais complexo que, em casos extremos, se transforma em uma ternura dificilmente traduzível. Esse sentimento positivo decorre do efeito de irradiação afetiva em torno da pessoa amada: tendemos a gostar de quem gosta das pessoas de que gostamos. Essa reação, como sabem os bajuladores, é quase inevitável nos seres humanos.

No caso do amor, essa tendência primitiva tende a ser recalcada, e precisamos de grande isenção para adivinhá-la nas regiões obscuras de nosso inconsciente. Além disso, talvez a relação positiva, diante do rival, resulte, também, da ambivalência afetiva. Na literatura, essa ambivalência foi explorada por Dostoiévski, em *O eterno marido*, e por Tolstói, em *Anna Karenina*. No primeiro caso, o marido traído procura o rival, e a ambiguidade da relação não escapa a Dostoiévski, pois fala em "amor por ódio", e diz que esse é o amor mais violento. No segundo, Kitty descobre, antes de Vronsky e Anna Karenina, que os dois últimos começam a amar-se. Essa possibilidade de conhecimento decorre, em grande parte, do fato de Kitty não só amar Vronsky, mas também ter desenvolvido uma admiração sem limite por Anna Karenina.

A comparação com essas descrições permite ver mais claramente a inovação de Durrel. Já na relação entre Melissa, Cohen e Darley, Durrell aprofunda a análise e traz, ao nível de sentimento consciente, o que, em Dostoiévski e Tolstói, permanecia na obscuridade. No entanto, é no romance entre Darley e Justine que essa revelação apresenta todas, ou quase todas, as suas virtualidades.

Inicialmente, Darley e Justine são apenas confidentes, interessados em comparar suas experiências. Aos poucos, Darley descobre que ele e Justine tinham, frequentemente, as mesmas ideias. Assim, ouve Justine dizer algo que, naquele momento, ele mesmo pensava:

> essa intimidade não deve ir além, pois, em nossas imaginações, já esgotamos todas as suas possibilidades; descobriríamos, finalmente, depois das cores escuramente combinadas da sensualidade, uma amizade tão profunda, que estaríamos ligados para sempre.

Mas vão além. Nas palavras de Justine, tinham ainda alguma coisa para aprender um com o outro.

O romance com Justine é que permite a Darley "ver Melissa tal como esta era realmente, e reconhecer meu amor por ela". Isso não impede que, ao viver simultaneamente os dois romances, Darley se afaste cada vez mais de Melissa e só depois de sua morte venha a reconhecer que o problema ainda não solucionado em sua vida seja o de Melissa, e não o de Justine. Seja como for, é no romance com Justine que se manifestam as virtualidades do amor como indiscrição:

> sei que, para nós, o ato físico do amor era apenas uma pequena parte do quadro total, projetado por uma intimidade mental que proliferava e se ramificava, diariamente, à nossa volta. Como falávamos... Ao falar, insensivelmente nos aproximávamos cada vez mais um do outro, até que nossas mãos se juntassem, ou até

que estivéssemos quase abraçados, não pela usual sensualidade que atormenta os amantes, mas como se o contato físico pudesse diminuir a dor da autoanálise.

Essa pesquisa não deve chamar-se amor, e aqui se encontra outro dos preconceitos antirromânticos de nossa época: "fomos obrigados a substituir o amor por uma ternura mental, mais sábia e mais cruel, que acentuava a solidão, em vez de eliminá-la". Mais adiante, Darley dirá: "alguma coisa que não era amor – como poderia sê-lo? – mas uma espécie de posse mental, em que os liames de uma sensualidade apaixonada desempenhavam a menor parte".

Uma vez que o amor deixa de ser um gesto de esperança ou de futuro comum, essa pesquisa da própria vida interior, da vida interior da amada, não pode ter limites e passa a ser, também, uma investigação do passado, do presente.

No caso de Justine, Darley tem a visão oferecida por Nessim e Arnauti, e, indiretamente, por Capodístria e Pursewarden. Aparentemente, Nessim tem não só um conhecimento de Justine, mas também a noção de sua relação com os outros:

> você sabe, existem formas de grandeza que, quando não aplicadas na arte ou na religião, destroem a vida cotidiana. O talento de Justine foi mal aplicado, ao dirigir-se para o amor ... Não posso dizer que não fizesse mal a alguns. No entanto tornou produtivos aqueles a quem mais feriu. Expulsava as pessoas de seus antigos eus.

Mais ainda, a relação de Darley com Justine tem sempre a sombra de Nessim, não apenas por ser seu marido, mas, sobretudo, por ser amigo de Darley. Desde o início do romance, a amizade de Darley por Justine não é maior do que a que sente por Nessim. Dessa maneira, o amor por Justine o aproxima, em vez de distanciá-lo, de Nessim.

Para que se completasse o ciclo, bastaria que Nessim e Melissa viessem a apaixonar-se um pelo outro, e é isso que ocorre (não se deve esquecer que a menina, companheira de Darley no início da recordação, é filha de Melissa e Nessim).

Nessim tomou as mãos de Melissa entre as suas ... e começou a interrogá-la com tal avidez a meu [Darley] respeito, que se poderia pensar, facilmente, que eu, e não Justine, era a sua paixão. Nós sempre nos apaixonamos pela pessoa escolhida por quem amamos ... Nessim, ao começar a investigar Melissa, como uma extensão de Justine, delineou perfeitamente a situação humana. Melissa buscaria, nele, as qualidades que, segundo ela imaginava, eu devia ter encontrado em sua mulher. Nós quatro, indissoluvelmente reunidos, éramos os complementos irreconhecidos uns dos outros.

A situação também não engana a Nessim; suas cartas para Melissa começam, sempre, por uma justificação de Justine, como se pretendesse defendê-la, não de Melissa, mas de suas próprias criticas e dúvidas:

assim como minha experiência de Justine tinha, para mim, iluminado e reavaliado Melissa, também ele, ao olhar para os olhos cinzentos de Melissa, aí viu nascer uma nova e insuspeitada Justine ... Alarmava-se, ao pensar que, agora, seria possível odiar Justine. Reconheceu, então, que o ódio é apenas amor irrealizado,

Na realidade, por intermédio de Balthazar, veremos que a visão de Darley era muito parcial. Para ele, a grande mágoa de Nessim teria sido ver que, pela primeira vez, Justine tinha não uma aventura, mas um amor verdadeiro. Em *Balthazar*, o amor real de Justine é Pursewarden; até certo ponto, Justine volta-se para Darley, quando não consegue o amor de Pursewarden, e, deste, Nessim teria ciúme verdadeiro.

Além da interpretação dada por Nessim, Darley obtém a visão de Arnauti, primeiro marido de Justine. Nos dois casos, Darley consegue os depoimentos: Nessim lhe entrega seus diários, e Arnauti escreveu, a respeito de Justine, o romance "Moeurs", onde descreve a história de seu amor por ela. Arnauti, como Darley, não desejava amar; também ele se julgava demasiadamente marcado por suas experiências:

> descobri, horrorizado, que não podia viver sem ela. Fiz pequenas viagens, para me afastar. Mas, sem Justine, achava a vida cheia de um tédio absorvente, inteiramente insuportável. Eu estava amando. Essa simples ideia me dava um desespero inexplicável e provocava repulsa. Parecia que, inconscientemente, compreendia que, em Justine, eu encontrava meu gênio do mal.

O horror de Arnauti atinge seu ponto máximo quando, depois de casados, descobre que ele era apenas um substituto para uma experiência infantil de Justine:

> mas, mesmo aqui, eu era suficientemente objetivo para observar que, como uma mulher fora de meu alcance, embora em meus braços, ela se tornou dez vezes mais desejável, mais necessária.

Como Justine não consegue recordar o nome do responsável por essa experiência inicial, ela e Arnauti acabam por percorrer a Europa e seus especialistas, em uma extraordinária paródia do tratamento psicanalítico. Afinal, Justine não consegue, ou finge não conseguir, recordar o nome, mas Arnauti recebe o consolo do psicólogo:

> afinal, que nomes importantes damos às coisas! A ninfomania talvez seja, se você quiser, outra forma de virgindade; talvez Justine nunca tenha realmente amado. Talvez algum dia ainda

encontre um homem, diante do qual todas essas quimeras se dissolverão, novamente, em inocência.

Às vezes, Darley tenta avaliar o resultado desses jogos de curiosidade; nem sempre suas avaliações são coerentes, mas as duas seguintes parecem resumir suas tentativas de explicação:

> Justine me amava porque eu lhe apresentava algo indestrutível – uma pessoa já formada, que não poderia ser quebrada. Era perseguida pela ideia de que, mesmo ao amá-la, ao mesmo tempo eu desejava apenas morrer! ... E Melissa? Evidentemente, ela não tinha a intuição de Justine, quanto ao meu caso. Melissa sabia, apenas, que eu a apoiava no terreno em que era mais fraca – nas suas relações com o mundo. Ela valorizava todos os sinais de minha fraqueza humana – hábitos desordenados, incapacidade em questões de dinheiro, e assim por diante. Amava as minhas fraquezas porque, nelas, sentia sua utilidade para mim; Justine afastava tudo isso como indigno de seu interesse.

* * *

Afinal, que pretendia Durrell, ao traçar os perfis de Justine e Melissa? A primeira possibilidade de resposta seria imaginar que sua intenção, consciente ou inconsciente, teria sido apresentar, por meio de Justine e Melissa, dois arquétipos da mulher, entendidos ao modo de Jung. Justine seria a deusa pagã, destruidora de homens; Melissa, ao contrário, seria o arquétipo da mulher piedosa, capaz de sofrer e sacrificar-se. Evidentemente, essa interpretação não pode ser posta de lado, pois, em grande parte, é facilmente justificada pelo texto de Durrell. Além disso, a essas duas figuras, seria possível acrescentar, por outros romances de *O quarteto de Alexandria*, as outras imagens arquetípicas da mulher: Leila seria o arquétipo correspondente à mãe sedutora, já representada, por exemplo, por Jocasta, mãe de Édipo, na tragédia grega; Lisa, irmã de Pursewarden, seria a encarnação do amor incestuoso. Se essa interpretação fosse verdadeira, esses arquétipos seriam apenas encarnações de velhas imagens gravadas na memória dos homens. Em contrapartida, essa interpretação permitiria explicar por que, apesar de toda a elaboração literária, as personagens de Durrell parecem pouco reais e por que suas palavras parecem em desacordo com seu contexto psicológico. Esse aspecto, apresentado como deficiência de seus romances, seria consequência de sua intuição dos arquétipos femininos. Poder-se-ia ir um pouco além e mostrar que também Jocasta, na peça de Sófocles, é, de um ponto de vista "quantitativo", uma personagem secundária, pois seu sentido deve ser apreendido por meio de Édipo.

Restaria o caso de Clea, aparentemente inadequada para uma representação arquetípica. Ainda aqui seria possível tentar uma justificativa, e dizer que, apenas depois de vencer ou evitar as imagens arquetípicas, o homem é capaz de chegar a uma relação afetiva harmoniosa. Mas ainda, isso seria válido não apenas para Darley, que superou sua ligação com Justine e Melissa, mas também para Mountolive, uma vez que, só depois de destruir sua relação com Leila, é capaz de encontrar a relação autêntica com Lisa. Isso seria válido também, embora em um sentido inverso, para Pursewarden e Nessim: o primeiro é destruído pelo amor incestuoso, e o segundo, por seu amor por Justine. Os arquétipos femininos seriam, então, os obstáculos a uma relação afetiva autêntica; apenas depois de afastá-los, o homem seria capaz de realizar-se. Se isso fosse verdade, o amor moderno seria, ao contrário do que pensa conscientemente Durrell, a repetição das mais antigas tragédias do homem.

Apesar do encanto dessa interpretação simbólica, é possível verificar o nível mais superficial e consciente do romance. Como se disse antes, Durrell pretendeu descrever o amor moderno; já se disse, também, que esse amor parece caracterizado pela curiosidade psicológica, pelo desejo de penetrar a intimidade do outro.

Restaria ver, agora, o que resulta dessa forma de amar, comparando-a ao amor romântico, mais ou menos estereotipado, que sobreviveu até nosso tempo.

O amor romântico, pelo menos em sua forma literária, apresentava sempre uma união eterna. Quando um amor fracassava, o romântico sempre teria o recurso de considerá-lo falso e continuar em sua busca do verdadeiro. Essa condição fazia que a experiência não se enriquecesse, a não ser em seu aspecto negativo, até chegar ao ponto em que o homem ficasse marcado pela desesperança. Em contrapartida, e talvez pela mesma razão, o amor romântico podia ser muito fértil como expectativa, mas era relativamente pobre quanto a seu conteúdo de experiência vivida pelo casal. A solução literária para esse problema foi narrar o amor perdido ou irrealizado, ou refugiar-se no *happy end*, isto é, na sugestão de um amor que seria vivido depois da história.

O romance de Durrell pretende revelar o processo de destruição do mito romântico; suas personagens tentam, de uma forma ou de outra, evitar a palavra amor. Se não conseguem escapar de seu domínio, são capazes de aceitar o jogo de experiências, pelo qual pretendem fugir à solidão. Como será fácil concluir, a expectativa do amor, que caracterizava o mito romântico, é, então, substituída pela curiosidade psicológica. Mas esse jogo de indiscrições logo revela sua fraqueza, pois é incapaz de criar qualquer objetivo externo ou futuro. Uma vez obtida a transparência afetiva, um já nada mais tem para entregar ou prometer ao outro. E talvez a melhor representação desse resultado seja o diálogo entre Pursewarden e Melissa:

"– Comment vous défendez-vous contre la solitude?
– Monsieur, je suis devenue la solitude même".[2]

---

2 Como vos defendeis da solidão? Senhor, eu sou a própria solidão. (N.E.)

A psicologia social de Os sertões[1]

Muitos procuram, talvez, uma explicação para o culto a Euclides, de que esta cidade é a expressão maior e mais viva. Uma parte dessa explicação se encontra, certamente, naqueles que, em São José do Rio Pardo, conviveram com Euclides e desde logo compreenderam estar na presença de um grande homem; ao contrário de muitos outros, souberam ver essas qualidades menos aparentes que marcam o verdadeiro escritor. Daí o culto singular com que esta cidade reverencia, todos os anos, sua memória. Outra parte dessa explicação deve ser encontrada na morte brutal de Euclides, aos 43 anos. Se a morte é sempre cruel, e se sempre parece absurda a nosso entendimento, a crueldade parece ainda maior quando atinge o jovem, ou a pessoa madura, de quem ainda podemos esperar tanta vida e tantas realizações: flor que o caminhante despedaça no caminho, e a qual nunca chegará a fruto

---

1 Conferência pronunciada em 14.7.1965, durante a Semana Euclidiana, na cidade de São José do Rio Pardo, e publicada em O *Estado de S. Paulo*, "Suplemento Literário", 22.1.1966, p.7.

ou planta. Apesar de nossa racionalidade, obscuramente sentimos nossa participação no mundo vegetal e animal, e esperamos o ciclo completo da vida, da infância à velhice. Por isso, a morte de Euclides parece menos aceitável, e procuramos prolongar sua presença e sua vida, evocando-as para os mais jovens e mantendo o culto de sua memória.

Todavia a explicação fundamental da permanência e da atualidade de Euclides deve ser procurada nas qualidades de sua obra fundamental, na visão que apresenta do Brasil e dos brasileiros, em seu esforço para compreender e explicar nossa história e nossa situação. Como veremos logo adiante, sabemos hoje que grande parte dessa interpretação era imperfeita ou inadequada. Mas veremos também que os erros científicos de Euclides decorrem dos conceitos e dos instrumentos que utilizou para explicar o Brasil. Sua integridade e sua busca da verdade – uma verdade colocada além desses instrumentos e conceitos – garantem sua permanência. Por isso mesmo, a maior injustiça que podemos fazer a Euclides é repetir, cega e arbitrariamente, os conceitos falhos que utilizou, ou de que não soube desfazer-se inteiramente ao verificar sua inadequação à realidade que pôde observar. Criticar Euclides não é, portanto, como diria J. P. Sartre, utilizar a "reconhecida superioridade que têm os cães vivos sobre os leões mortos". Ao contrário, é estudá-lo e tentar compreendê-lo como estudou e tentou compreender a realidade em que viveu. Só podemos homenageá-lo no terreno que sempre escolheu: o da busca da verdade. Quando o fazemos, somos capazes de reconhecer, em Euclides da Cunha, não uma estátua, bela e insensível que cumprimentamos em silêncio, mas uma presença, viva e atuante, uma voz que devemos continuar a ouvir, uma denúncia e um clamor que atingem nosso sentido de pátria, um desafio que precisamos aceitar integralmente, no pensamento e na ação. Só assim podemos homenagear e compreender o homem que foi e o escritor que também foi – cheio de erros e insuficiências, como todos nós –, mas homem e escritor de uma grandeza inconfundível, porque capaz de identificar-se com os outros homens, de neles descobrir a chama de humanidade, ainda quando obscurecida e oculta pela inimizade, pelo ódio e pelo espírito de vingança.

Uma filosofia da história brasileira

Desde o século XVIII os intelectuais europeus buscavam o sentido da história humana. Para entender essa pesquisa é preciso voltar muitos séculos e lembrar o conflito fundamental entre a concepção grega e a concepção cristã da história. Para os gregos, a história seria cíclica: os acontecimentos repetiriam-se em um ciclo posterior e eram já a repetição de ciclos anteriores. Podemos imaginar, um pouco ingenuamente, que essa concepção decorresse da observação das estações, dos movimentos dos astros, dos ciclos da vegetação. Embora não seja difícil aproximar essa concepção de mitos muito antigos, convém recordar também que, em uma de suas últimas versões – em Aristóteles –, a ideia de ciclos parece supor um progresso, em que cada novo ciclo parte do ponto a que chegou o ciclo anterior.

A essa concepção, os cristãos opõem a interpretação messiânica: o destino da humanidade foi descrito pela revelação de Cristo: criados por um Deus onipotente e onisciente, temos uma história prefixada, cujo final será a segunda vinda de Cristo, quando a ressurreição dos mortos assinalará o fim da imperfeição e da mortalidade dos homens, daí em diante capazes de realmente ingressar na eternidade, que é a negação mesma da história. Não importa, aqui, discutir se essa foi ou não a versão original do messianismo cristão. Alguns especialistas dizem, atualmente, que os apóstolos pensavam na ressurreição imediata de Cristo, o que assinalaria a salvação da humanidade. Só depois, quando não houve a ressurreição de Cristo, é que esta se transferiu para um futuro longínquo, que assinalaria o fim dos sofrimentos humanos. De qualquer forma, na vida intelectual europeia, foi essa versão que teve influência: durante alguns séculos, a concepção cristã da história individual e coletiva parece ter sofrido poucas objeções. Fazia parte de uma concepção do mundo e dava sentido à vida humana.

Embora seja possível pensar em antecessores, os intelectuais do século XVIII são os primeiros a ignorar essa concepção messiânica e a procurar um sentido humano, e não divino, para a história da humanidade. É suficiente lembrar o *Cândido*, de Voltaire, para ver como os intelectuais da época passaram a ridicularizar a suposição de acontecimentos predeterminados, capazes de dar sentido à vida humana e garantir, no refrão do doutor Pangloss, que tudo vai "no melhor dos mundos possíveis".

À concepção cristã da história, os filósofos da Ilustração opõem uma filosofia da história que poderia ser entendida pelo pensamento humano e controlada pela ação do homem.

Essa linha de pensamento se dividiu em várias ramificações, frequentemente antagônicas, e nem sempre do mesmo valor ou da mesma amplitude. A motivação fundamental para essas teorias deve ser procurada nas profundas transformações por que passa a Europa nos séculos XVIII e XIX. Há, de um lado, os primeiros êxitos tecnológicos, que anunciam, ainda timidamente, as possibilidades de transformação da vida humana pelo domínio da natureza. De outro, as formas políticas e econômicas consagradas pelo tempo e, às vezes, até pela religião passaram a ser entendidas como processos provisórios e sempre mutáveis da vida social. É suficiente lembrar as filosofias da história de Hegel, Comte e Marx para compreender não só a multiplicidade e o antagonismo dessas teorias, mas também a amplitude das interpretações propostas. Podemos concordar, ou não, com essas filosofias da história; podemos, até, supor que tenham sido resultantes das condições peculiares do século XIX europeu. Não podemos ignorá-las nem ignorar sua grandeza.

Na segunda metade do século XIX, no entanto, surge nos principais países europeus uma subfilosofia da história, que podemos qualificar como a ideologia do imperialismo. Se a expansão geográfica dos séculos XV e XVI se fizera, pelo menos formalmente, sob a bandeira da religião, esta já não era aceita pelos conquistadores do século XIX. Além disso, essa conquista implicava uma inevitável contradição ideológica: se, em seu país, defendiam a liberdade nacional e individual, não poderiam justificar, ao mesmo tempo, a escravização e o domínio das regiões coloniais.

Nesse ponto, a teoria do evolucionismo de Darwin e Lamarck oferece aos ideólogos europeus a fórmula preciosa que poderia eliminar essa contradição inevitável. Na realidade, ao transpor, para a história humana, a teoria do evolucionismo biológico, os ideólogos do racismo tinham uma justificativa para que houvesse povos dominadores e povos dominados. Até a luta, por mais desigual, entre esses povos, podia ser vista como um espetáculo inevitável, semelhante aos combates que, em épocas pré-históricas, tinham eliminado as espécies mais fracas e garantido a sobrevivência das mais capazes.

Atualmente, é fácil refutar ou desmentir essas teorias, pois muitos povos, no século XIX considerados constituídos por raças inferiores – como chineses, japoneses e alguns povos africanos –, já tiveram a possibilidade de demonstrar que, em condições de maior liberdade, e desde que tenham possibilidade de trabalhar e construir, são tão capazes quanto os europeus.

No começo do século XX, a situação era muito diversa. Podia-se dizer, como Castro Alves: "A Europa é sempre Europa, a gloriosa...".

Desde a guerra franco-alemã de 1870, a Europa conseguira um período de relativa paz interna; as guerras eram longínquas, faziam parte da "carga do homem branco": catequizar e civilizar os nativos de várias regiões. Os europeus estavam certos de que representavam o ápice da civilização, o ponto ideal para que deveriam caminhar todos os outros países. Imaginava-se – e esta era uma suposição comum a praticamente todas as filosofias da história – que a humanidade caminhava em progresso linear, cujo ponto de chegada seria a sociedade vitoriana.

Tais pressupostos são indispensáveis para uma compreensão adequada de *Os sertões*. Logo em sua "Nota preliminar", Euclides enuncia o que teria sido o objetivo fundamental do livro:

> intentamos esboçar, palidamente embora, ante o olhar dos futuros historiadores, os traços atuais mais expressivos das subraças sertanejas do Brasil. E fazemo-lo porque a sua instabilidade de complexos de fatores múltiplos e diversamente combinados, aliada às vicissitudes históricas e deplorável situação mental em que jazem, as tornam talvez efêmeras, destinadas a próximo desaparecimento ante as exigências crescentes da civilização e a concorrência material intensiva das correntes migratórias que começam a invadir profundamente a nossa terra ... Retardatários hoje, amanhã se extinguirão de todo.

Mais adiante, ele cita Gumplowicz quando este predizia "o esmagamento inevitável das raças fracas pelas raças fortes".

Essas suposições – como se pode verificar pelo que ocorreu com as teorias de Oliveira Viana e R. Nina Rodrigues – deviam levar a uma teoria racista e mostrar que a solução para a vida brasileira estaria no esmagamento das raças dominadas, ou em sua utilização nos trabalhos mais grosseiros e menos criadores. A teoria racista chega, assim, a seu extremo trágico: os dominados passam a ver-se com os olhos dos dominadores e a odiar, em si mesmos, a inferioridade que os mais fortes lhes atribuem.

Depois, veremos que Euclides salvou-se dessa ideologia por sua intuição, por sua capacidade de ver, antes dos conceitos, a realidade objetiva. Antes disso, convém analisar a interpretação que Euclides procura dar da história brasileira, isto é, aquilo que se poderia denominar, embora com certa imprecisão, sua filosofia da história do Brasil.

Embora seja sempre perigoso tentar descobrir os processos pelos quais o autor chega a criar uma obra, parece plausível imaginar o seguinte esquema. Inicialmente – ao escrever os primeiros artigos sobre Canudos (14 de março e 17 de julho de 1897) –, seu interesse volta-se para os aspectos geográficos da campanha militar e a suposta propaganda monarquista entre os jagunços. Nesse momento, como nos telegramas que, como jornalista, manda da Bahia, fala o Euclides republicano histórico. Ao conhecer melhor o drama de Canudos, já não pode considerá-lo foco de subversão, alimentado por monarquistas descontentes. Ao desmentir o que os jornais de São Paulo e do Rio de Janeiro anunciavam como verdade indiscutível, precisa encontrar outra explicação, e é então que procura a perspectiva e os conceitos básicos que lhe permitam compreender Canudos e Antônio Conselheiro.

Em certos aspectos, os historiadores brasileiros tinham preparado o caminho para Euclides e, nesse sentido, será suficiente lembrar a obra de Sílvio Romero para observar que, em fins do século XIX, os intelectuais procuravam explicar, com os conceitos dos autores europeus da época, as peculiaridades de nosso desenvolvimento histórico. Nesse sentido, Euclides entrosa-se diretamente na linhagem da literatura brasileira. O que o singulariza é a amplitude do ensaio, bem como a tentativa de uma explicação coerente para as várias regiões. Para isso, utiliza, fundamentalmente, os conceitos de meio geográfico e raça. Assim se explica que *Os sertões* iniciem-se pela apresentação do grande panorama da primeira parte – "A terra" para depois passar a "O homem". Como em um lance teatral, apresenta o cenário, as personagens e, finalmente, "A luta".

Agora, é fácil compreender a perplexidade de Euclides diante dos conceitos que encontrou na ciência de seu tempo: uma ciência que supunha relação entre o clima e a civilização, mas também entre esta e as raças colocadas em um território. Convém acompanhar Euclides nessa tentativa de utilização dos conceitos.

A primeira dificuldade aparece no conceito de raça: como os teóricos europeus aceitavam que a civilização dependia da raça, o que aconteceria a um povo que não a tivesse, a um povo de mestiços?

Diz Euclides: "o brasileiro, tipo abstrato que se procura ... só pode surgir de um entrelaçamento consideravelmente complexo" (p.68). E, mais adiante:

> Não temos unidade de raça. Não a teremos, talvez, nunca. Predestinamo-nos à formação de uma raça histórica em futuro remoto, se o permitir dilatado tempo de vida nacional autônoma. Invertemos, nesse aspecto, a ordem natural dos fatos. A nossa evolução biológica reclama a garantia da evolução social. Estamos condenados à civilização. Ou progredimos, ou desaparecemos. A afirmativa é segura. (p.70)

Observe-se, aqui, que Euclides percebe que, a rigor, a teoria, que aceitava, era insuficiente para explicar a realidade brasileira. Por isso diz que "invertemos a ordem natural dos fatos"; é que a teoria da época supunha a identidade entre raça (conceito biológico) e nação (conceito social). Como isso, obviamente, não ocorria no Brasil, Euclides transfere o problema para o futuro e supõe que a autonomia nacional permitiria cruzamentos sucessivos e, destes, surgiria a raça brasileira.

Mas essa suposição precisava, ainda que válida, ser complementada pela suposição referente ao clima. A dificuldade da teoria, quando aplicada ao Brasil, resulta da diversidade do clima. Diz Euclides:

> Daí o erro em que incidem os que generalizam, estudando a nossa filosofia própria, a ação exclusiva de um clima tropical. Esta se exercita, sem dúvida, originando patologia *sui generis*, em quase toda a faixa marítima do norte e em grande parte dos Estados que lhe correspondem, até ao Mato Grosso. O calor úmido das paragens amazonenses, por exemplo, deprime e exaure. Modela organizações tolhiças, em que toda a atividade cede ao permanente desequilíbrio entre as energias impulsivas das funções periféricas fortemente excitadas e a apatia das funções cen-

trais: inteligências marasmáticas, adormidas sob o explodir das paixões; inervações periclitantes, em que pese a acuidade dos sentidos, e mal reparadas ou refeitas pelo sangue empobrecido nas hematoses incompletas ... Daí todas as idiossincrasias de uma tisiologia excepcional: o pulmão que se reduz, pela deficiência da função, e é substituído, na eliminação obrigatória do carbono, pelo fígado, sobre o qual desce pesadamente a sobrecarga da vida: organizações combalidas pela alternativa persistente de exaltações impulsivas e apatias enervadoras, sem a vibratilidade, sem o tônus muscular enérgico dos temperamentos robustos e sanguíneos. A seleção natural, em tal meio, opera-se à custa de compromissos graves com as funções centrais, do cérebro, em uma progressão inversa prejudicialíssima entre o desenvolvimento intelectual e o físico, firmando de modo inexorável a vitória das expansões instintivas e visando ao ideal de uma adaptação que tem, como consequências únicas, a máxima energia orgânica, a mínima fortaleza moral. A aclimação traduz uma evolução regressiva. O tipo deperece até a extinção total. Como o inglês em Barbados, na Tasmânia ou na Austrália, o português no Amazonas, se foge ao cruzamento, no fim de poucas gerações, tem alterados os caracteres físicos pelos sóis e pela eliminação incompleta do carbono, ao temperamento, que se debilita despido das qualidades primitivas. A raça inferior, o selvagem bronco, domina-o; aliado ao meio vence-o, esmaga-o, anula-o na concorrência formidável ao impaludismo, ao hepatismo, às pirexias esgotantes, às canículas abrasadoras e aos alagadiços maleitosos.

No entanto, Euclides indica que, em grande parte do Brasil central e em todo o sul, isso não ocorre. Além disso, mesmo nos sertões nordestinos, os ventos tendem a corrigir o clima tropical. Por isso, explica, pelo clima, a diferença entre o Norte e o Sul do Brasil. Não só o clima, no entanto. Euclides reconhece que, por todo o Brasil, houve o cruzamento de três raças – o branco, o negro e o índio – e que "o mestiço traço de união entre as raças, breve existência individual em que se comprimem esforços seculares – é, quase sempre, um desequilibrado". Foville compara-os, de modo geral, aos histéricos:

> Mas o desequilíbrio nervoso, em tal caso, é incurável: não há terapêutica para este embater de tendências antagonistas, de raças repentinamente aproximadas, fundidas num organismo isolado.

Como explicar, então, que, na frase antológica de Euclides, o sertanejo seja, antes de tudo, um forte?

Aqui, encontramos o primeiro conflito, ou a primeira grande contradição entre a ciência do século XIX e a realidade objetiva. É evidente que a observação do sertanejo não permitiria dizer que a mestiçagem tenha produzido homens fracos. Para solucionar o conflito, Euclides lança mão de duas hipóteses. De acordo com a primeira, o sertanejo do norte, isolado no sertão, ter-se-ia constituído em uma raça ou, pelo menos, no embrião de uma raça. Seria descendente de troncos paulistas – ou bandeirantes – e teria conservado as características superiores destes últimos. Diz Euclides:

> E não nos demasiamos em arrojada hipótese, admitindo que este tipo extraordinário do paulista, surgindo e decaindo logo no sul, numa degeneração completa ao ponto de declinar no próprio território que lhe deu o nome, ali renascesse e, sem os perigos das migrações e do cruzamento, se conservasse prolongando, intacta, ao nosso tempo, a índole varonil e aventureira dos avós.

A segunda hipótese, que complementa a primeira, diz que, no litoral, as dificuldades fundamentais do mestiço decorrem do fato de ser obrigado a viver em uma civilização para a qual não está biologicamente preparado. Diz Euclides:

> A índole incoerente, desigual e revolta do mestiço, como que denota um íntimo e intenso esforço de eliminação dos atribu-

tos que lhe impedem a vida num meio mais adiantado e complexo. Reflete – em círculo diminuto – esse combate surdo e formidável, que é a própria luta pela vida das raças, luta comovedora e eterna caracterizada pelo belo axioma de Gumplowicz como a força motriz da história.

Nesse caso, a observação é provavelmente correta, embora Euclides não tivesse conceitos adequados para explicar a realidade que tão bem soube descrever. O psicólogo e o sociólogo atuais diriam que, nas cidades, o mestiço é um marginal, e as características que apresenta – incoerência, desequilíbrio e revolta – se explicam por essa situação na sociedade. Sabemos atualmente que é a marginalidade – isto é, a posição entre duas culturas ou a não aceitação pela cultura dominante – que explica as características do mestiço, e não o conflito biológico das raças. Tanto isso é verdade que mesmo indivíduos da mesma raça do grupo dominante, quando deste se separam, por religião ou padrões diferentes, ou simples preconceito do grupo dominante, revelam as mesmas características psicológicas encontradas nos mestiços. As características que Euclides descreve no mestiço do litoral são as mesmas apresentadas pelo negro norte-americano ou pelo imigrante italiano nos Estados Unidos.

Os mestiços que se isolam no sertão não são racialmente diferentes, não enfrentam os mesmos conflitos e, por isso, surgem com características psicológicas distintivas.

Repita-se: a descrição parece adequada, mas Euclides não tem, na ciência da época, conceitos que permitam explicar a realidade observada. Por isso é obrigado a juntar mais fantasia às fantasias racistas de seu tempo.

Mas não é só esse aspecto que separa Euclides das teorias racistas. Já em sua "Nota preliminar", é fácil verificar que não consegue manter a "objetividade" exigida pelos autores que lhe deram os conceitos da psicologia da época:

A campanha de Canudos tem por isto a significação inegável de um primeiro assalto, em luta talvez longa. Nem enfraquece o asserto o termo-la realizado nós, filhos do mesmo solo, porque, etnologicamente indefinidos, sem tradições nacionais uniformes, vivendo parasitariamente à beira do Atlântico dos princípios civilizadores elaborados na Europa, e armados pela indústria alemã tivemos na ação um papel singular de mercenários inconscientes. Além disto, mal unidos àqueles extraordinários patrícios pelo solo em parte desconhecido, deles de todo nos separa uma coordenada histórica – o tempo.

Aquela campanha lembra um fluxo para o passado.

E foi, na significação integral da palavra, um crime.

Denunciemo-lo.

Esse trecho enuncia, perfeitamente, a contradição e o conflito que constituem o cerne e a grandeza do livro. Se aceitasse integralmente a citação, escrita na mesma página, em que Gumplowicz prevê o esmagamento das raças fracas, Canudos não poderia ser um crime; seria, quando muito, um aspecto doloroso de processo historicamente inevitável. O conflito, no pensamento de Euclides, resulta, como se verá logo adiante, da observação da luta entre as forças militares do governo e os jagunços de Canudos, e na qual não se poderia dizer que estas últimas fossem piores que aquelas. Por isso, depois de estudar a história de Canudos e tentar a explicação do conflito, Euclides já não acreditará em uma conspiração contra a República. Reconhece que Antônio Conselheiro pregava contra essa forma de governo porque, diz Euclides, "o jagunço é tão inapto para apreender a forma republicana como a monárquico-constitucional". Depois da campanha, explicará o conflito como resultado do abismo entre o litoral, com seus reflexos de vida civilizada, e a população abandonada do interior. Diz Euclides:

> Iludidos por uma civilização de empréstimo; respingando, em fúria cega de copistas, tudo o que de melhor existe nos códigos

orgânicos de outras nações, tomamos ... mais fundo o contraste entre o nosso modo de viver e o daqueles rudes patrícios mais estrangeiros nesta terra do que os imigrantes da Europa. Porque não no-los separa o mar, separam-no-los três séculos ...

Aí está a essência da filosofia da história brasileira, vista por Euclides: uma separação completa entre o litoral e o sertão, a dicotomia entre os dois Brasis, de que meio século mais tarde falaria Jacques Lambert.

Canudos seria, assim, um encontro dos dois Brasis, até então divorciados no tempo e no espaço, e apenas formalmente unidos como nação.

A explicação do messianismo

Para o psicólogo, e para o sociólogo, a descrição da influência de Antônio Conselheiro é das páginas mais lúcidas e surpreendentes de Euclides, embora, também aqui, a explicação, dados os conceitos que emprega, seja seu aspecto frágil.

Euclides apresenta o conflito entre famílias e, depois, a infelicidade pessoal de Antônio Conselheiro. É fácil compreender que, por qualquer razão, Antônio Conselheiro se tenha tornado um paranoico. O surpreendente é que suas palavras sejam aceitas, que possa ter exercido influência em parte tão considerável da população sertaneja. Será, no dizer de Euclides, o grande homem pelo avesso:

> Paranoico indiferente, este dizer, talvez, mesmo não lhe possa ser ajustado, inteiro. A regressão ideativa que patenteou, caracterizando-lhe o temperamento vesânico é, certo, um caso notável de degenerescência intelectual, mas não o isolou – incompreendido, desequilibrado, retrógrado, rebelde – no meio em que agiu.

Ao contrário, este fortaleceu-o. Era o profeta, o emissário das alturas, transfigurado por ilapso estupendo, mas adstrito a todas as contingências humanas, passível do sofrimento e da morte, e tendo uma função exclusiva: apontar aos pecadores o caminho da salvação.

E mais adiante:

> O fator sociológico, que cultivara a psicose mística do indivíduo, limitou-a sem a comprimir, numa harmonia salvadora. De sorte que o espírito predisposto para a rebeldia franca contra a ordem natural, cedeu à única reação de que era possível. Cristalizou num ambiente propício de erros e superstições comuns.

Tais trechos revelam que Euclides compreendeu perfeitamente o processo de interação entre Antônio Conselheiro e o grupo que o ouvia. Mais ainda, compreendeu que, se esse comportamento aparecesse em um grupo social diferente, não obteria repercussão e provocaria a verdadeira paranoia de Antônio Conselheiro. E são, certamente, das mais belas páginas de Euclides, e de toda a nossa literatura, aquelas que descrevem Canudos – a "Jerusalém de taipa" –, em suas noites de reza mística, em sua confusão de raças, em sua esperança de um fim próximo que viria salvar a todos.

No entanto, ao tentar explicar o fenômeno do messianismo, Euclides é vítima, outra vez, dos preconceitos positivistas de seu tempo, que julgavam a história caminho linear do místico para o racional. Nessa interpretação da evolução do espírito humano, a religião – pelo menos se apresentada em seu aspecto mais claro de revelação direta de um messias – só poderia ser uma volta ao passado, à mentalidade primitiva. Por isso, diz Euclides:

> Todas as crenças ingênuas, do fetichismo bárbaro às aberrações católicas, todas as tendências impulsivas das raças infe-

riores, livremente exercitadas na indisciplina da vida sertaneja, se condensaram no seu misticismo feroz e extravagante.

Por isso, pôde escrever também que Antônio Conselheiro era uma anticlinal das camadas profundas da nossa estratificação étnica. Na realidade, ainda em *Os sertões,* há a indicação de que não são apenas as raças "mais primitivas" que apresentam esses fenômenos de messianismo, pois Euclides chega a indicar movimentos recentes em países europeus; no entanto, por seus postulados teóricos, prefere fazer as comparações com movimentos antigos, salientando o arcaísmo do movimento de Canudos.

Como se vê, essa concepção do messianismo se entrosa perfeitamente com conceitos euclidianos a respeito da evolução da humanidade, pois o movimento messiânico seria mais uma prova do estágio diferente das raças. Ainda aqui, uma experiência histórica mais ampla e melhor conhecimento dos movimentos messiânicos permitem que o psicólogo e o sociólogo atuais deem outra interpretação do processo. O messianismo tende a aparecer entre grupos colocados em situação desesperadora, isto é, que não podem encontrar uma solução realista para seus problemas. Embora, em qualquer situação, encontremos indivíduos paranoicos, a pregação destes não é aceita nos grupos satisfatoriamente ajustados; ao contrário, nos grupos desajustados, o paranoico pode ser aceito e, por mais incoerentes que sejam suas palavras, o grupo aí descobrirá a mensagem de salvação. Por isso, o messianismo, em suas formas quase ou totalmente paranoicas, pode apresentar-se como religioso ou político, de acordo com o predomínio dos valores religiosos ou políticos. Nem se pense que o messianismo precise estar, necessariamente, ligado aos grupos mais desprotegidos de uma população. Também os grupos privilegiados, quando se sentem ameaçados pela ascensão dos grupos dominados, podem procurar, em um messias, as palavras que deem esperança de sobrevivência. É isso que explica o fascismo contemporâneo, com todas as suas deformações da realidade, com seu apego a todas as fórmulas de mistificação – a mais irônica das quais é falar em nome da democracia, que destrói, e do povo, que teme.

O destino das ideias de Euclides

a) A ideologia

Se vemos Euclides na perspectiva histórica, no conjunto dos ideólogos que procuraram descrever nossa vida coletiva, apreender nossas características psicológicas, veremos que *Os sertões* assinalam uma transformação radical. Até certo ponto, seria possível dizer que os românticos tendem a apresentar uma visão otimista do povo brasileiro e do Brasil. Duas tendências da época permitiam essa interpretação. De um lado, o romantismo europeu tendia a valorizar o que então se chamava a *cor local*, o exotismo. De outro, o fato de o Brasil ser uma nação jovem, recém-saída do regime colonial, permitia pensar que o tempo poderia remediar as possíveis deficiências do Brasil e dos brasileiros.

Tal tendência encontra sua expressão final, e um pouco decadente, na obra de Afonso Celso, *Por que me ufano de meu país*. Nesse livro, são compendiadas todas as virtudes do brasileiro e todas as riquezas do país. Embora o livro tenha sido transformado, depois, sobretudo pelos modernistas, em objeto de ridículo quase inevitável, e embora fosse efetivamente ingênuo, seu papel em nosso desenvolvimento ideológico não deve ser desprezado. Representa, sem dúvida, uma das tendências fundamentais para a autointerpretação do brasileiro e, em certos níveis de nossa vida política e intelectual – ou, quem sabe, subintelectual –, continua a servir de modelo e inspiração.

Quando lembramos que o livro de Afonso Celso foi publicado em 1900, e o livro de Euclides em 1902, podemos avaliar a radical transformação de perspectiva, suposta em *Os sertões*. Em primeiro lugar, o livro de Euclides da Cunha supõe não um Brasil unitário, mas uma separação completa entre o litoral e o sertão. Em segundo, se Euclides está longe de ser pessimista, está longe também de ser um otimista a qualquer preço; pretende, entre esses dois extremos, fazer um diagnóstico da situação do país, com base no qual fosse possível tomar medidas concretas. Um exemplo disso pode ser encontrado no programa que procura traçar para a solução da tragédia das secas. Aí se observa nitidamente que Euclides, longe de ser um determinista – no sentido em que os geógrafos do século XIX empregavam o termo –, acredita na possibilidade de transformar a natureza e, portanto, a vida humana em determinado ambiente. Apesar disso, é evidente que os postulados racistas poderiam conduzir a uma interpretação pessimista do Brasil.

Se acompanharmos o movimento ideológico brasileiro, no período de 1902 até aproximadamente 1950, veremos que se caracteriza por um pessimismo insuperável, pela descrença em qualquer solução autêntica para o que, na expressão de um desses ideólogos, constituía "o problema brasileiro". Esse é o período não apenas de uma descrição de nossas características, mas da procura de uma explicação para nossa suposta inferioridade. A relação desses ideólogos é longa: Oliveira Viana, Raimundo Nina Rodrigues, Alberto Torres, Paulo Prado, Afonso Arinos de Melo Franco, Gilberto Freyre e vários outros. Se quisermos classificar politicamente esses ideólogos, não teremos muita dúvida em classificá-los como pensadores da direita, isto é, homens que afirmam a inevitabilidade de uma ordem social retrógrada e a qual se supõe insuperável.

Ao falar de Euclides, é quase inevitável perguntar se seria justo classificá-lo como uma dessas primeiras vozes da reação. Ainda que seja difícil classificar, com termos atuais, uma teoria apresentada há mais de setenta anos, parece correto dizer que, embora aceitasse uma teoria nitidamente reacionária, Euclides identificou-se não com os grupos dominantes, mas com o grupo vencido em Canudos.

A influência ideológica de Euclides não se verifica apenas nesse nível mais amplo da interpretação de nossas características psicológicas. *Os sertões* iniciam um processo de autoconhecimento e, sobretudo, do conhecimento dos movimentos messiânicos do Brasil, bem como do conhecimento de aspectos quase totalmente ignorados da vida das populações rústicas do país. Quando, vinte e tantos anos depois, Lourenço Filho empreende a descrição do Juazeiro de Padre Cícero, somos capazes de ver *Os sertões* como um de seus pontos de apoio. Isso não decorre, de forma alguma, a ausência de originalidade de Lourenço Filho, mas do fato de Euclides ter conseguido a transcrição intelectual de certos aspectos básicos da situação; depois dele, não podemos descrever certas regiões do Brasil, ou certos aspectos da vida brasileira, sem considerar as intuições de Euclides. As imagens que conservamos da região da seca, do vaqueiro e do misticismo sertanejo estão impregnadas do gênio de Euclides.

Em nenhum outro aspecto, no entanto, isso é mais nítido do que na literatura.

b) A literatura

Chegamos, aqui, a uma aparente contradição na influência de Euclides. Sua intenção era, evidentemente, fazer um livro científico; alguns de seus críticos, na época do aparecimento de *Os sertões*, apontaram seu cientificismo como limitação de seu valor literário. Por isso, parece um pouco surpreendente dizer, sessenta e tantos anos depois, que sua influência foi literária. Mas literária, aqui, não significa influência estilística, embora esta também tenha tido sua época, pois Euclides foi um dos cultores do falar difícil, que fez as delícias de nossos literatos do começo do século.

Sua influência mais significativa refere-se à concepção do homem, à revelação de certos aspectos da psicologia do homem rústico – de seu misticismo, de seu despojamento, de sua lealdade, de sua coragem, de sua frugalidade, de seu desapego à vida. Para entender esse aspecto da influência de Euclides podemos imaginar *Os sertões* como livro científico, ou como livro estritamente científico. A primeira parte seria um trabalho de geologia e geografia; a segunda seria uma descrição antropológica e psicológica do nordestino; a terceira, uma descrição histórica da luta entre as tropas do governo e os jagunços de Antônio Conselheiro. Supondo-se que um só homem escrevesse esse livro, supondo-se que fosse bem escrito e extraordinariamente lúcido, ainda assim seria hoje, se não esquecido, lembrado apenas por meia dúzia de especialistas. Sua influência teria desaparecido poucos anos depois de sua primeira edição. E podemos dar exemplos de livros mais ou menos da mesma época que tiveram esse destino. Quem, atualmente, a não ser um historiador de ideias, esperaria encontrar alguma coisa nos livros de antropologia de Nina Rodrigues?

É que, no caso de Euclides, como no de toda literatura significativa, encontramos uma interpretação do homem que é, a rigor, irredutível a uma descrição científica que pudesse esgotá-la. Podemos, evidentemente, fazer a análise científica psicológica, sociológica, antropológica e histórica de *Os sertões*. Depois da análise, depois da demonstração das insuficiências conceituais da obra de Euclides, encontramos um núcleo de concepção do homem que não é e não pode ser atingido por essa análise. É essa concepção, que traz a marca de Euclides, que garante sua permanência, e não poderá ser transposta para outros conceitos. Estes podem esclarecer a obra de Euclides, mas não substituí-la. Essa irredutibilidade aos conceitos e esse subjetivismo garantem a perenidade da obra de arte.

Está claro que essa interpretação não elimina outras interpretações, nem possíveis ampliações das imagens que Euclides nos deixou. É possível ver Canudos por dentro como o fez Paulo Dantas; é possível reinterpretar o messianismo místico, como o fez Antônio Calado; é possível escrever a história de um jagunço pactário, como o fez Guimarães Rosa.

Grande sertão: veredas[1]

É lugar-comum dizer-se que toda obra de arte pode ser interpretada segundo perspectivas diferentes, nenhuma das quais completa, embora muitas sejam válidas. No entanto, ao analisar *Grande sertão: veredas*, de Guimarães Rosa, esse lugar-comum deve estar presente, se não desejamos ser vítimas da limitação de uma perspectiva e falsear a obra. Em contrapartida, um conhecimento mais amplo depende de sucessivas análises parciais, capazes de esclarecer os meandros da narrativa e salientar os diferentes planos em que se desenrola. O recurso do leitor é procurar, como Cavalcanti Proença, "trilhas no grande sertão".

Bem sabemos que as trilhas aí são perigosas; talvez não nos permitam sair do grande sertão ou, o que é pior, talvez não nos permitam penetrá-lo. Como toda obra de arte autêntica, *Grande sertão* é uma forma de ver o mundo e o homem; por isso, seus temas se irradiam por todas as esferas da vida e em todas deixam sua

---

1 *O Estado de S. Paulo*, "Suplemento Literário", 15 e 22 de julho de 1961, p.3 e 3, respectivamente.

marca. Essa dificuldade, no caso, se torna ainda maior, pois o romancista sai de cena e nos coloca em contato direto com a personagem. Assim, faltam os pontos de referência – exteriores ao drama – que nos permitam localizá-lo na realidade circundante. Para se ter ideia do que isso representa, basta imaginar se Dostoiévski escrevesse *O idiota* na primeira pessoa e nos desse apenas o romance do príncipe e sua visão do mundo, sem localizá-lo em uma realidade que sempre podemos invocar.

Grande sertão é, portanto, em toda plenitude, o mundo do herói. O mundo de Riobaldo. O leitor poderia desejar ter o grande sertão de Diadorim, ver o universo de compadre Quelemém, ou o cangaço interpretado por Zé Bebelo; desejaria, talvez, entender Joca Ramiro, penetrar o mistério do amor de Nhorinhá. Como o universo é sempre visto por Riobaldo, essas outras perspectivas nos são interditas. Mas, à medida que apreendemos o romance, essa aparente irrealidade e essa aparente ausência de pontos de referência contribuem para dar vida ao grande sertão. Se as outras personagens são apenas pontos de intersecção, isso se deve ao fato de que, nelas, o drama não se aprofundou; como não têm consciência de seu papel, não chegaram a adquirir estatura de personagens integrais. Vistas de outro ângulo, todas carregam os germes de um drama, e de cada uma delas poderiam partir os fios para tecer as malhas da história do sertão. Zé Bebelo carrega a potencialidade de uma luta política, assim como de uma insuperável distância entre a autoimagem e a capacidade de realização. Diadorim, vítima de uma promessa, aceita o destino, sem coragem para opor-se à força do sobrenatural.

Nossa tarefa, portanto, parece centralizar-se em Riobaldo e procurar o sentido de sua pergunta: o demônio existe?

Podemos, então, tentar saber o que singulariza o jagunço Riobaldo e faz que se torne o centro da história. Em primeiro lugar, e no nível mais amplo de análise, Riobaldo adquire a plenitude de pessoa por atingir a consciência de si mesmo e do mundo em que vive. O encontro com o interlocutor (aparentemente um viajante mais culto que, no entanto, como veremos depois, poderia ser um confessor ou um psicanalista) oferece a oportunidade para a confissão. Como o interlocutor – que, nisso, se aproxima de certos psicoterapeutas – não interfere na longa narrativa, Riobaldo deve encontrar soluções para seus problemas e sua inquietação, e deve fazê-lo apenas com os recursos do meio em que vive. Às noções muito tênues de um catolicismo difuso reúnem-se as crenças mais amplas da cultura caipira, as rezas dos protestantes e os ensinamentos do espiritismo. Tais noções religiosas são aprofundadas no nível da experiência da vida, e aqui aparece a perplexidade do homem que procura traduzi-las para uma formulação intelectual ("nessas altas ideias navego mal", dirá Riobaldo).

A tentativa de resposta encaminha Riobaldo para um exame não só da natureza e dos homens que conheceu, mas, sobretudo, de sua vida. Tal exame, percebe-se logo, não é conduzido ao acaso, mas feito em torno das manifestações do bem e do mal, de Deus e do demônio. Essa dualidade revela-se em um mundo inquieto e contraditório, ora dominado pelo equilíbrio e pela recompensa, ora por uma insuperável ambiguidade. Mais significativo ainda, a natureza e o homem, à medida que participam dessa dualidade, se tornam isomórficos. Não existe um homem a lutar contra a natureza, mas uma interpenetração de homem e ambiente, pois o bem e o mal se encontram em tudo e em todos:

> bem, o diabo regula seu estado preto, nas criaturas, nas mulheres, nos homens. Até: nas crianças – eu digo. Pois não é ditado: "menino – trem do diabo?" E nos usos, nas plantas, nas águas, na terra, no vento ...

E logo adiante:

> Deus é paciência. O contrário é o diabo. Se gasteja. O senhor rela faca em faca – e afia – que se raspam. Até as pedras do fundo,

uma dá na outra, vão-se arredondinhando lisas, que o riachinho rola. Por enquanto, que eu penso, tudo quanto há, neste mundo, é porque se merece e carece.

A mesma ambiguidade domina os homens:

Querer o bem com demais força, de incerto jeito, pode já estar sendo se querendo o mal, por principiar; ... é e não é. O senhor ache e não ache. Tudo é e não é ... Quase todo mais grave criminoso feroz sempre é muito bom marido, bom filho, bom pai e é bom amigo-de-seus-amigos!

A tal contradição não escapa o herói: "eu podia ser: padre-sacerdote, se não chefe de jagunços; para outras coisas não fui parido". Mas é em Diadorim que a contradição e a ambiguidade se revelam inteiramente; o jagunço destemido, que todos conheciam como Reinaldo, é, na realidade, Maria Deodorina, condenada, por promessa, ao "dever de guerrear e nunca ter medo, e mais para o muito amar, sem gozo de amor...". Diadorim, delicadeza e afeto no grande sertão, é também a fonte de um ódio incansável. E se o nome de Maria Deodorina tem, em sua composição, a designação de Deus (Deo), o nome de Diadorim tem uma das designações do demônio. Essa virtualidade de Diadorim não escapa a Riobaldo: "quem sabe, a gente criatura ainda é tão ruim, tão, que Deus só pode às vezes manobrar com os homens é mandando por intermédio do diá?". Logo adiante, diz o herói: "Deamar, deamo. Relembro Diadorim. Minha mulher que não me ouça. Moço: toda saudade é uma espécie de velhice". Se de Maria Deodorina podemos extrair o nome de Deus, Riobaldo extrai, de Diadorim, diá e deamar. Se o amor de Otacília é o amor de Deus, Riobaldo insinua que o amor de Diadorim poderia ser o amor do diabo; isso não impede que, depois do pacto, Diadorim se preocupe com as crueldades de Riobaldo, com o "compito" de sua alma, e mande recados pedindo rezas para ele.

Na verdade, essas contradições parecem obedecer a uma finalidade, e o jagunço Riobaldo, ajudado pelo espiritismo do compadre Quelemém, julga ter encontrado uma região de tranquilidade, onde a ambiguidade se explica por um dos mais poderosos e antigos princípios do pensamento humano: o do equilíbrio final de todas as coisas. No entanto, a aceitação desse princípio não se faz de maneira definitiva, e o herói volta, insensivelmente, a ser assaltado pelas mesmas dúvidas. Embora estas continuem até o fim do livro ("o diabo não há! É o que eu digo, se for ...") e se prolonguem para o "depois da história", não eliminam as possibilidades de interpretação.

* * *

No plano do sobrenatural, o sentido da história nos é dado por Diadorim; ele seria, nessa linha de interpretação, a personagem central, a figura humana capaz de conduzir o destino de Riobaldo. Quando este, menino ainda, encontra Diadorim, já se inicia o "irremediável extenso da vida"; depois, quando Riobaldo abandona Zé Bebelo, é ainda Diadorim que o leva de volta para a jagunçagem; morto Joca Ramiro, Diadorim obriga Riobaldo a permanecer na mesma vida, até a morte de Ricardão e Hermógenes (que "nasceu formado tigre e assassim"), conhecido como pactário, e é morto por ele. O fim de Diadorim elimina o jagunço em Riobaldo, e só então ele pode voltar e casar-se com Otacília. Nesse plano de interpretação, o pacto com o demônio é apenas episódio de uma história muito mais ampla, que Riobaldo não está em condições de interpretar; se continua opaca para ele, é porque seu sentido está fora do alcance de sua inteligência e de sua fé, apesar de todos os exames e de todas as rezas. Diadorim é um instrumento de redenção; falha como tal, por se fazer por meio do ódio. Por isso, Riobaldo não entende a mensagem de Diadorim: como pensar que o instrumento de Deus viesse disfarçado como demônio?

No entanto, se esse plano nos permite estabelecer uma trilha no grande sertão, é insatisfatório, pois reduz Riobaldo, personagem que tem consciência de si mesma e do drama que vive, a um joguete nas mãos de forças estranhas e incompreensíveis. Certamente, em alguns períodos, Riobaldo parece assim entender a sua história: "Ah! Esse ... tristonho levado, que foi – que era um pobre menino do destino". Apesar disso, sua personalidade tem uma dinâmica interna que deve ser examinada, pois talvez nos revele uma face insuspeitada de seu drama.

* * *

Vista a partir do nível consciente de Riobaldo, sua história é uma longa tentativa de fugir ao medo: "cada hora, de cada dia, a gente aprende uma qualidade nova de medo". Este não é apenas reação individual a algumas situações, mas parece abranger todas as manifestações de vida: "ah, medo tenho não é de ver morte, mas de ver nascimento. Medo mistério".

Ao encontrar Diadorim menino, Riobaldo surpreende-se com sua tranquila coragem; além disso, como já ficou indicado, uma das "obrigações" de Diadorim é nunca ter medo. Em todo o período da vida de jagunços, Diadorim é a encarnação da coragem, ao passo que Riobaldo é o símbolo do medo. Por isso, uma das finalidades do pacto com o demônio é afastar a possibilidade de medo (embora não seja a única).

Algumas vezes, a análise do medo se faz no nível consciente, e Riobaldo é capaz de explicá-lo: "e, enquanto houver no mundo um vivente medroso, um menino tremor, todos perigam – o contagioso". Em outro nível, o medo poderia explicar grande parte da vida do herói. Poder-se-ia pensar que a busca do perigo e a atividade do jagunço sejam formações de reação e traduzam exatamente o inverso de suas inclinações mais autênticas. Riobaldo tenta convencer-se da possibilidade de enfrentar o perigo e dominar o medo.

O leitor observa, no entanto, a existência de outro nível no medo de Riobaldo: é um medo indefinido e se manifesta em situações que, normalmente, não o provocariam. Em resumo, ele não tem medo; tem angústia, embora essa palavra não ocorra em seu vocabulário. Sua característica mais notável é aproximar-se do que às vezes se denomina "angústia existencial", isto é, a que se manifesta diante da morte, do nascimento, do amor, da finalidade da vida. Essa angústia aparece quando o homem reflete a respeito de sua situação no mundo e se encontra diante do que Viktor Frankl denomina o "vazio existencial". Por não conseguir separar o bem do mal, Riobaldo não consegue encontrar uma explicação para o homem e para a natureza. E sua longa exposição adquire grandeza à medida que, pela angústia, ilumina os diferentes aspectos da vida.

Apesar disso, se a caracterização do sentimento básico de Riobaldo pode esclarecer a respeito de sua visão do mundo, deixa intacta sua preocupação com a figura do demônio. Como explicar a cena do pacto e como compreender seu comportamento depois dela? Como explicar que Riobaldo, depois de concluir (ou julgar ter concluído) o pacto com o demônio, se transforme no Urutu--branco e assuma a chefia do bando?

Se fazemos tais perguntas, sentimos a necessidade de outro nível de interpretação, e precisamos tentar a análise de seus conflitos inconscientes (o que Riobaldo denomina seus "avessos"). Em resumo, precisamos ler *Grande sertão: veredas* como a sessão psicanalítica de Riobaldo, em que o interlocutor, isto é, o leitor, deve ser o psicanalista.

* * *

A possibilidade de ler *Grande sertão: veredas* como a longa (e talvez interminável) sessão psicanalítica de Riobaldo está indicada na estrutura do romance. Em certos limites, é possível dizer que todo romance escrito na primeira pessoa se aproxima da confissão, seja do autor, seja do herói. No entanto a maioria de tais romances supõe uma situação completa e terminada, em que a nossa interferência ou nossa interpretação podem ser muito limitadas. Se quisermos exemplos extremos, basta pensar em *Memórias póstumas de Brás Cubas*, em que o herói já está morto, ou em *Dom Casmurro*, em que o herói já viveu e interpretou a parte mais significativa de sua vida. À primeira vista, Riobaldo também já ultrapassou as situações mais trágicas de sua existência; mas essa impressão é superficial. O herói pede um intérprete, pede alguém que o compreenda e esclareça. Mais ainda, o romance só adquire sentido diante do interlocutor quase silencioso, que não interfere nas interpretações nem na fabulação de Riobaldo. Além disso, a narrativa tem muito de "associação livre" e está longe de apresentar uma sequência temporal ou lógica. Há uma constante mudança de planos temporais, e o mais recente pode ser evocado antes do mais remoto, de acordo com o valor afetivo, e não de acordo com a sucessão histórica. A única concessão do romancista, quanto a esse aspecto, se refere ao sexo de Diadorim, mantido em segredo até o final da narrativa.

A posição do interlocutor e sua importância não escapam a Riobaldo:

> mas o senhor é homem sobrevindo, sensato, fiel como papel, o senhor me ouve, pensa e repensa, e rediz, então me ajuda. Assim, é como conto. Antes conto as coisas que formaram passado para mim com mais pertença. Vou lhe falar. Lhe falo do sertão. Do que não sei. Um grande sertão! Não sei. Ninguém ainda não sabe.

Seria difícil encontrar melhor descrição ingênua do psicanalista, ou da necessidade que Riobaldo sente de alguém que o compreenda e ajude a desvendar o mundo interior. Em contrapartida, se aceitamos a possibilidade de interpretar o romance de Guimarães Rosa como a sessão psicanalítica de Riobaldo, aprendemos outra dimensão para a história. Essa dimensão, diga-se logo, não invalida nem suprime as outras.

* * *

A sessão psicanalítica propõe, desde o início, a existência do demônio, problema que não é novo para o psicanalista. Já em

1923, em um estudo a respeito de "uma neurose de posse demoníaca no século XVII", Freud procurava demonstrar que a figura do demônio é a representação dos aspectos negativos do pai, vistos pela criança. Seguindo descrições encontradas em um convento, Freud pôde reconstituir a história do pintor Haizmann, que procurou a Igreja a fim de livrar-se de dois pactos com o demônio, pelos quais lhe entregava a alma. Apesar do auxílio recebido dos frades do convento, o pintor continuou a sofrer alucinações, o que levou Freud a identificar seu caso como neurose de forma – mas, claro, não de origem – religiosa. Depois de perder o pai, o pintor entrara em uma crise de melancolia e procurara livrar-se dela mediante pactos que, curiosamente, têm apenas obrigações para Haizmann, a maior das quais seria entregar a alma ao demônio.

Aqui, podemos deixar de lado os aspectos mais técnicos do estudo de Freud, assim como as sugestões que apresenta para uma análise do problema de Fausto, e tentar apenas a transposição do princípio ao caso de Riobaldo. Inicialmente, a interpretação de Freud pareceria absurda, pois o jagunço diz não ter conhecido seu pai ("que eu não tive pai; quer dizer isso, pois nem eu nunca soube autorizado o nome dele"). Logo depois, no entanto, nos dá uma indicação de um dos sentimentos básicos de sua personalidade:

> para trás, não há paz. O senhor sabe: a coisa mais alonjada de minha primeira meninice, que eu acho na memória, foi o ódio, que eu tive, de um homem chamado Gramacedo ...

Embora essa lembrança apareça, significativamente, de maneira furtiva, insinua que Gramacedo teria sido um dos "protetores" de sua mãe. Essa relação negativa com uma pessoa colocada na posição de pai aparece com a recordação da mãe, e, deve-se notar, aí não falta a menção de Deus e do demônio. A mesma relação negativa se repete depois, quando, órfão de mãe, vai morar com Selorico Mendes, seu padrinho, e, aparentemente, seu pai. Não gosta de Selorico, embora, o que é sintomático, o medo de Riobaldo o aproxime do padrinho e, ao recordar, observe: "quando velho, ele penou remorso por mim; eu, velho, a curtir arrependimento por ele. Acho que nós dois éramos mesmo pertencentes".

Se o sentimento de culpa diante de Selorico aparece conscientemente, tal não ocorre com o ligado a Gramacedo (e esse nome aparece, salvo erro, apenas uma vez em toda a narrativa), e o sentimento inconsciente de culpa deve estar na origem do medo constante de Riobaldo. Como já ficou indicado, o medo do herói tem caráter angustiante, e ele assim o explica:

> acho que eu não tinha conciso medo dos perigos: o que eu descosturava era medo de errar – de ir cair na boca dos perigos por minha culpa. Hoje sei: medo meditado – foi isto. Medo de errar. Sempre tive.

A reação negativa à figura paterna (que se inicia com o ódio a Gramacedo) aparece muito nitidamente, também, em sua relação com a autoridade: "queria eu lá viver perto de chefes? Careço é de pousar longe das pessoas de mando, mesmo de muita gente conhecida".

Grande parte de sua história desenvolve-se em torno do problema do domínio de uma pessoa por outra, e não é difícil ver, nos vários chefes que aparecem, representações da figura paterna: Zé Bebelo, Hermógenes, Joca Ramiro, Medeiro Vaz, compadre Quelemém, João Goanhá, Ricardão. Quanto a esse aspecto, as personagens mais importantes são, certamente, Zé Bebelo e Hermógenes; em outro nível de interpretação, Joca Ramiro seria a figura central, oposta a Hermógenes, pois ambos parecem fugir ao domínio da ambiguidade, fundamental na visão que Riobaldo tem do mundo.

Hermógenes aparece logo como figura negativa, mas seu conteúdo paternal é indiscutível: "aquele Hermógenes me fazia agradados, demo que ele gostava de mim". Para conquistar o afeto de Riobaldo, Hermógenes vai muito longe: não só aplaude sua habilidade no tiro, mas também lhe dá presentes e proteção durante o combate. Apesar disso, Riobaldo alimenta, contra ele, um ódio insuportável e a todo momento pensa em matá-lo. Se não o faz, é porque acima deles existe uma figura paterna positiva, Joca Ramiro. Depois que este é assassinado por Ricardão e Hermógenes, Riobaldo está à vontade para persegui-los e matá-los. Para isso, abriga-se sob outras figuras paternas: a de Medeiro Vaz e, depois, a de Zé Bebelo. Como se verá adiante, só tem coragem de assumir a chefia do bando depois do pacto com o demônio, e precisamente por isso.

A relação entre Riobaldo e Zé Bebelo é, como a relação entre a criança e o pai, marcada pela ambiguidade (o psicanalista diria ambivalência). Vale dizer, se Joca Ramiro e Medeiro Vaz são sempre aceitos, embora a distância, Zé Bebelo é admirado e amado, mas também rejeitado e odiado. Se a relação inicial entre ambos é positiva, Riobaldo foge de Zé Bebelo e passa a combatê-lo. Faz guerra ao antigo protetor, mas se põe em sua defesa duas vezes: na primeira, quando impede que Zé Bebelo seja morto em combate; na segunda, quando faz sua defesa pública no julgamento propiciado por Joca Ramiro. A relação entre eles, nesse momento, não escapa ao herói: "porque Zé Bebelo, na hora, naquela ocasião, estava sendo maior do que pessoa. Eu gostava dele do jeito que agora gosto de compadre Quelemém; gostava por entender no ar. Por isso, o julgamento tinha dado paz à minha ideia – por dizer bem: meu coração". A partida de Zé Bebelo "tirava meu poder de pensar com a ideia em ordem", e Riobaldo só encontrará rumo quando, depois da morte de Medeiro Vaz, voltar a ser comandado por Zé Bebelo.

Sob Zé Bebelo, o herói encontra um período de relativa paz. Isso não impede o aparecimento da ambivalência da relação com a figura paterna: durante o cerco na fazenda, Riobaldo imagina que poderia ser traído pelo chefe. Aparentemente, nessa ocasião, Riobaldo "projeta", em Zé Bebelo, seus impulsos de agressividade (exatamente como a criança o faz com relação ao pai). Aí, pela primeira vez, imagina a possibilidade de opor-se a Zé Bebelo. Depois, quando os jagunços ficam imobilizados, Riobaldo tem a crise de melancolia da qual resultará a cena do pacto com o demônio: "o senhor não pode estabelecer em sua ideia a minha tristeza quinhoã. Até os pássaros, consoante os lugares, vão sendo muito diferentes. Ou são os tempos, travessia da gente?". Tal como o pintor Haizmann, analisado por Freud, Riobaldo sente, então, sua incapacidade e seu fracasso na vida; se não tem alucinações, confessa que tem "sonhos muito duros". Na invocação do demônio, o herói põe à mostra o caráter ambíguo de sua relação com a figura paterna: pede "Deus ou o demo". Na realidade, não sabe o que pedir, embora saiba muito bem o que deve entregar ao demônio: "Acabar com o Hermógenes! Reduzir aquele homem! ... – e isso figurei mais por precisar de firmar o espírito – formalidade de alguma razão". O que Riobaldo desejava era "ser mais forte do que o Ele; do que o pavor d'Ele – e lamber o chão e aceitar minhas ordens". A ideia de pedir ao demônio o poder de eliminar Hermógenes é suficientemente curiosa para merecer um pouco de atenção: se este era pactário, como pedir ao demônio o poder de eliminá-lo? Aparentemente, Riobaldo tinha colocado, em Hermógenes, a figura do pai, e somente ao receber uma força paterna poderia enfrentar o que tinha criado.

O demônio não apareceu: "só outro silêncio. O senhor sabe o que silêncio é? É a gente mesmo, demais". Apesar disso, "eu supri que ele tinha me ouvido ... Lembrei dum rio que viesse adentro a casa de meu pai. Vi as asas. Arquei o puxo do poder meu, naquele átimo". Esse pequeno trecho é extremamente revelador. Em primeiro lugar, indica que Riobaldo percebia estar sozinho e diante de si mesmo; depois, a referência à casa do pai (que confessa não ter conhecido) mostra a natureza de seu conflito; finalmente, o fato de sentir-se capaz e poderoso mostra qual o sentido real do pacto.

As consequências deste não tardam: Riobaldo deixa de sonhar, e: "vendo que aos poucos eu entrava numa alegria estrita, contente com o viver, mas apressadamente". A reação dos outros também é clara, pois todos estranham o fim da melancolia de Riobaldo. Dentro em pouco, será capaz de enfrentar Zé Bebelo e assumir a chefia do bando, transformado em Urutu-branco. E, vale a pena observar, é Zé Bebelo quem dá esse nome a Riobaldo, o que mostra mais uma vez sua posição paternal.

O restante da história pode ser interpretado como a realização do homem que aceitou uma figura paterna – a do demônio – e procura pautar sua vida segundo os padrões dessa figura. É certo que nem sempre o Urutu-branco será capaz de fazê-lo e será obrigado a oscilar entre o padrão de bondade e o de crueldade.

A vitória sobre Hermógenes pode dar a Riobaldo a confirmação do pacto: se uma parte deste se cumpriu, a outra (isto é, a entrega da alma ao demônio) deve cumprir-se também. Daí em diante, será atormentado pelo sentimento de culpa e procurará livrar-se dele por rezas e uma vida pacata.

Antes de encontrar o interlocutor suposto em *Grande sertão*, Riobaldo tem uma longa conversa com o compadre Quelemém, com quem estabelece uma relação semelhante à que tivera com Zé Bebelo. De Quelemém obtém a confirmação de que não poderia ter vendido a alma, mas não obtém tranquilidade. Por isso, conta tudo ao interlocutor.

* * *

Depois da narrativa, aqui interpretada como sessão psicanalítica, será possível perguntar se Riobaldo pôde, por meio dela, curar-se. Talvez não. Riobaldo reconhece, ao terminar, que "existe é homem humano" e, portanto, que o mal e o bem estão em nós. Isso não deve ter impedido o sentimento de culpa com relação às diferentes figuras paternas (a mais importante das quais é talvez Gramacedo, por ser a primeira), e ele deve ter continuado a atormentar-se com o sentimento inconsciente de ter cometido o maior de todos os pecados: o crime de Édipo.

A ficção de Guimarães Rosa[1]

A ficção de Guimarães Rosa nunca se restringiu totalmente à aplicação psicológica, isto é, àquela em que o comportamento e a vida interior das personagens se explicam por uma dinâmica própria. Para marcar bem essa diferença, seria suficiente lembrar Capitu e Brás Cubas. Em ambos os casos, a arte de Machado consiste em desenvolver ou revelar as virtualidades da personagem, apresentada desde a infância. Para Brás Cubas, Machado chega quase a ensaiar uma teoria educacional, indicando as várias influências domésticas a que está sujeito; na descrição de Capitu, o narrador fecha o romance com a ligação entre Capitu-mulher e Capitu-menina.

Em Guimarães Rosa, desaparece essa unidade da personalidade, pelo menos se entendida como desenvolvimento histórico, pois em vão procuraremos, nas pessoas que povoam seus contos ou seu romance, uma descrição que se desdobre no tempo.

---

[1] *O Estado de S. Paulo*, "Suplemento Literário", 25.8.1963, p.1; 31.8.1963, p.2; 7.9.1963, p.3; 14.9.1963, p.4.

Em parte, sua forma de descrição decorre do fato de escolher o conto, pois aqui, quase sempre, a importância do acontecimento relega a personagem para um segundo plano. No entanto, na ficção de Guimarães Rosa, essa não é a razão mais importante para o abandono da explicação psicológica; para prová-lo, é suficiente pensar em Riobaldo – personagem central de *Grande sertão: veredas* –, do qual não encontramos uma explicação na história de vida. Embora Riobaldo mencione, de passagem, alguns acontecimentos da infância, sua história tem continuidade a partir da adolescência. A contraprova pode ser encontrada em *Campo geral*, onde se descreve a infância de Miguilim, mas sua história termina no início da adolescência, embora seja depois retomada, secundariamente, em "Buriti".

Se o comportamento e o mundo interior das personagens não se explicam por sua história de vida, sempre caberá perguntar de onde vêm as forças que as impulsionam tão violentamente. Como se verá agora, a ficção de Guimarães Rosa não apresenta uma resposta uniforme a essa pergunta, mas isso não elimina a existência de grandes linhas gerais, discerníveis em várias fases de sua obra.

Em primeiro lugar, aparece o predomínio do *acaso*, entendido como acontecimento imprevisível e de cuja estranheza decorre a intensidade dramática. De modo geral, os contos de *Sagarana* podem ser interpretados de acordo com esse esquema, onde não se pode perceber uma linha de explicação. O acaso, assim entendido, constitui uma interferência imprevisível, independentemente das ações humanas e capaz de, a qualquer momento, transformar a sequência do comportamento. O conto exemplar dessa concepção é, provavelmente, "O burrinho pedrês". Aqui, todas as preocupações e cuidados são, de repente, destruídos por uma enchente, onde o vaqueiro casualmente encontra a cauda do burrinho e também consegue atingir a outra margem, enquanto seus companheiros são arrastados pelo rio. O final do conto – em sua aparente frieza – mostra bem o conteúdo da tragédia. Depois da morte de oito vaqueiros, Francolim fica atirado, mas salvo, à margem do rio, enquanto Badu, inconsciente do que acabara de ocorrer, dorme e chega ainda bêbedo à sede da fazenda. E o burrinho pedrês

> endireitou para a coberta. Farejou o cocho. Achou milho. Comeu. Então, rebolcou-se, com as espojadelas obrigatórias, dançando de patas no ar e esfregando as costas no chão. Comeu mais. Depois procurou um lugar qualquer, e se acomodou para dormir, entre a vaca mocha e a vaca malhada, que ruminavam quase sem bulha, na escuridão.

Ainda em *Sagarana*, outros contos podem ser filiados à mesma explicação: esse é o caso de "Duelo", em que, depois de evitar, por astúcia, a morte quase inevitável, o herói a encontra, de maneira inesperada, por puro acaso; é também o caso de "Minha gente", onde a intuição desvenda o futuro, contra todas as aparências.

O acontecimento inexplicável, resultante de simples acaso, é, às vezes, substituído por uma visão mais ampla ou mais completa, em que a sequência de fatos e reações passa a ter sentido. O exemplo mais nítido dessa tendência é, provavelmente, "A hora e a vez de Augusto Matraga". Esse conto anuncia, até certo ponto, formas de descrição e explicação que se tornarão cada vez mais importantes na literatura de Guimarães Rosa.

Depois de uma vida de maldades, Augusto Matraga é castigado por seus capangas, e a mulher e a filha vão viver com outro homem. Então,

> as dores melhoraram. E, aí, Nhô Augusto se lembrou da mulher e da filha. Sem raiva, sem sofrimento, mesmo, só com uma falta de ar enorme, sufocando. Respirava aos arrancos, e teve até medo, porque não podia ter tento nessa desordem toda, e era

como se o corpo não fosse mais seu. Até que pôde chorar, e chorou muito, um choro solto, sem vergonha nenhuma, de menino ao abandono.

Por meio de preces e trabalho, Augusto Matraga procura ganhar o céu, redimindo-se de seus pecados anteriores. Um dia, tem a intuição de que sua hora chegara. Essa intuição o arrasta para uma luta com o cangaceiro Joãozinho Bem-Bem, na qual encontra "sua hora e vez". Aparentemente, ao defender um velho inocente, Augusto Matraga encontra a oportunidade de sua redenção.

Além disso, esse conto prenuncia outros temas – alguns retomados em *Grande sertão*, ao passo que outros passam para o primeiro plano em *Corpo de baile* ou *Primeiras estórias*. Não é difícil observar que a luta entre Augusto Matraga e Joãozinho Bem-Bem prenuncia a luta final entre Hermógenes e Diadorim, em *Grande sertão*; a ideia de equilíbrio entre forças do bem e do mal, que laceram o indivíduo, não é apenas tema fundamental de *Grande sertão*, mas também de contos posteriores.

Todavia essas aproximações – embora corretas – não devem deixar de lado uma diferença fundamental: em *Sagarana*, o narrador parece um pouco distante dos acontecimentos, como se a interpretação sobrenatural, sugerida ou explicitamente indicada, resultasse exclusivamente da imaginação gratuita. Ainda no conto "A hora e a vez de Augusto Matraga", o narrador indica que a história é inventada, e, em "Duelo" e "São Marcos", a narrativa, em vários momentos, adquire conteúdo humorístico. Nos livros seguintes, não apenas há um aprofundamento do sentido sobrenatural da vida humana; aos poucos, as estranhas forças que dominam o homem procuram tornar-se independentes e tendem à personalização. Essa tendência já é muito nítida em *Grande sertão*, onde as personagens adquirem conteúdo nitidamente simbólico, e acaba por transfigurar quase todos os contos de *Primeiras estórias*. Agora, em vez de manifestar-se pelo conflito individual, o mundo sobrenatural se revela diretamente – seja pela alienação, seja pela materialização na figura humana, ou em uma personagem mais de lenda que de realidade.

Desse ponto de vista, o último livro de Guimarães Rosa pode ser interpretado como condensação e purificação de tendências apenas anunciadas anteriormente. Em "Soroco, sua mãe, sua filha", a alienação, de início apresentada como tal, acaba por tomar conta de todos. Depois, de repente, todos começaram a acompanhar Soroco: "a gente estava levando agora o Soroco para a casa dele, de verdade. A gente, com ele, ia até aonde que ia aquela cantiga". Se o caso de Soroco pode parecer momentâneo, isso não acontece em "A terceira margem do rio". Aqui, a aparente alucinação reveste um sentido muito mais amplo. O pai, sem nenhuma explicação, passa a viver em uma canoa e assim permanece, sem que ninguém consiga sequer conversar com ele. Passado muito tempo, o filho propõe:

> Pai, o senhor está velho, já fez o seu tanto ... Agora, o senhor vem, não carece mais ... O senhor vem, e eu, agora mesmo, quando que seja, a ambas vontades, eu tomo o seu lugar, do senhor, na canoa!

Mas, quando o pai se aproxima, o filho foge, "porquanto ele me pareceu vir da parte do além". O final do conto dá bem a marca de um conteúdo simbólico, pois o narrador, depois de contar a fuga, pede:

> Mas, então, ao menos, que, no artigo da morte, peguem em mim, e me depositem numa canoinha de nada, nessa água, que não para, de longas beiras: e eu, rio abaixo, rio a fora, rio a dentro – o rio.

Não seria difícil ver, nesse conto, a tentativa de apresentar a inevitável sequência da vida humana.

Dois outros contos de *Primeiras estórias* – "A menina de lá" e "Um moço muito branco" – apresentam diretamente o sobrenatural. Na ficção de Guimarães Rosa, essas duas aparições são significativas, pois, abandonando o plano do mau e do demoníaco – tema central de *Grande sertão* –, lançam a representação da bondade e do divino.

Em "A menina de lá", a santidade e o milagre revelam-se em uma menina quieta, "inábil como uma flor". Apesar de parecer ser "tanto tolinha", todos sabem que ninguém a dominaria, pois até o "respeito que tinha por Mãe e Pai parecia mais uma engraçada espécie de tolerância". Aos poucos, descobrem que Nhinhinha é capaz de fazer milagres: "O que ela queria, que falava, súbito acontecia. Só que queria muito pouco, e sempre as coisas levianas e descuidadas, o que não põe nem quita". Seu último milagre é desejar "um caixãozinho cor-de-rosa, com enfeites verdes brilhantes".

A mesma serenidade e o mesmo poder de milagres encontram-se em "Um moço muito branco", aparecido depois de cataclismos que abalaram o interior de Minas:

> perdida a completa memória de si, sua pessoa, além do uso da fala. Esse moço, pois, para ele sendo igual matéria o futuro que o passado? Nada ouvindo, não respondia, nem que não nem que sim; o que era coisa de compaixão e lamentosa. Nem fizesse por entender, isto é, entendia, às vezes, ao contrário, os gestos. Dado que uma graça já devia de ter, não se lhe podia pôr outro nome, não adivinhado, nem se soubesse de que geração fosse – o filho de nenhum homem.

E, sereno como surgiu, também se foi; "com a primeira luz do sol, o moço se fora, tidas asas". Nem sempre o milagre se revela – como em "A menina de lá" e "Um moço muito branco" – por uma beleza serena: "A benfazeja" representa outra forma de milagre, realizado pela miséria e pelo crime: "a mulher tinha de matar, tinha de cumprir por suas mãos o necessário bem de todos". Depois de matar o marido – Munbungo, "célebre-cruel e iníquo, muito criminoso, homem de gostar do sabor de sangue, monstro de perversias" – passa a conduzir o filho dele, Retrupé. Quando este morre também, a benfazeja, ao partir,

> avistou aquele um cachorro morto ... o foi levando: se para livrar o logradouro e lugar de sua pestilência perigosa, se para piedade de dar-lhe cova em terra, se para com ele ter com quem ou que se abraçar, na hora de sua grande morte solitária?

* * *

Na ficção de Guimarães Rosa a interferência do sobrenatural não é gratuita; ao contrário, o narrador procura desvendar seu sentido e, às vezes, a personagem busca entender a sequência dos acontecimentos ou a significação do universo.

Essas perguntas parecem conduzir a duas forças elementares, quase sempre em luta: o bem e o mal. Quase sempre, também, a concepção resultante parece ser a da presença inevitável do mal, que se esgota pelo sofrimento, e, depois, pode transformar-se em bondade. Se nos aprofundarmos um pouco mais em nossa análise, veremos que o mal quase sempre se identifica com o ódio, ao passo que o bem se identifica com o amor. Assim compreendida, a originalidade da ficção de Guimarães Rosa consiste em trazer à tona algumas concepções muito antigas na história da humanidade – que poderiam ser denominadas primitivas – e abandonar a explicação do comportamento por impulsos exclusivamente individuais. Ao contrário, estes são apenas consequências do sobrenatural que atua no indivíduo e tendem a arrastá-lo, independentemente de sua vontade. Como se verá agora, essa concepção, aparentemente simples, não é uniforme na ficção de Guimarães Rosa, e parece possível, também aqui, distinguir várias linhas interpretativas – como se sua obra literária fosse uma longa e interminável tentativa de conhecer o homem e o universo.

Se o comportamento, na ficção de Guimarães Rosa, propõe uma escolha entre o bem e o mal, sua personagem mais completa é Riobaldo, pois sua narrativa é, afinal de contas, uma forma de responder às perplexidades de quem procura descobrir – na natureza e no homem – as manifestações do dualismo bem-mal, ódio-amor. Além disso, Riobaldo enuncia, explicitamente, a ideia de que o bem se revela pela quietude e pela aceitação, ao passo que o mal é, quase sempre, resultado da revolta e da luta: "o ruim com o ruim terminam por as espinheiras se quebrar – Deus espera essa gastança. Moço!: Deus é paciência. O contrário, é o diabo. Se gasteja".

No entanto, essa concepção se anuncia já nos primeiros contos de Guimarães Rosa, e vale a pena voltar, por um momento, à história de "O burrinho pedrês". Embora esse conto deva ser interpretado, já se disse, como interferência do acaso, não é difícil aí entrever a ideia de entrega e quietude como formas de salvação. Quando enfrentaram a enchente,

> ainda houve um tumulto de braços doidos, homens e cavalgaduras se debatendo. Alguém gritou. Gritaram, outros. Lá e acolá, devia haver terríveis cabeças humanas apontando da água, como repolhos de um canteiro, como moscas grudadas no papel-de-cola.

O burrinho, ao contrário,

> sem susto a mais, sem hora marcada, soube que ali era o ponto de se entregar, confiado, ao querer da correnteza. Pouco fazia que esta o levasse de viagem, muito para baixo do lugar da travessia. Deixou-se, tomando tragos de ar. Não resistia.

Em "A hora e a vez de Augusto Matraga", um dos sinais de imaturidade do herói, no início da história, revela-se em sua incapacidade de aceitar as derrotas;

> assim, quase qualquer um capiau outro, sem ser Augusto Esteves, naqueles dois contratempos teria percebido a chegada do azar,

da unhaca, e passaria umas rodas sem jogar, fazendo umas férias na vida: viagem, mudança, ou qualquer coisa insossa, para esperar o cumprimento do ditado: cada um tem seus seis meses ...

Ao tentar opor-se à sequência dos acontecimentos, encontra derrotas muito piores que as outras.

A inquietação e a luta resultam, como se pode ver em muitas das personagens, de um ódio inexplicável, que o herói é incapaz de dominar em seu íntimo, e acaba por explodir, ora em violência, ora em angústia, quando as duas expressões não se reúnem, como acontece com Soropita – de "Dão-Lalalão" – ou com Riobaldo.

Uma personagem assim define Soropita:

> doido não é. E é até acomodado, correto. Tem malda, mas não é carranco. O que ele tem é que tem pressa demais – tem paciência nenhuma: não gosta de faca. Cheirou a briga possível, rompeu algum brabo com ar de fazer roda de perigo, e aquilo ele principia logo, não retarda: dá nas armas.

O mundo interior de Soropita é povoado de temores e angústia:

> porque tudo na vida era sem se saber e perigoso, como se pudessem vir pessoas, de repente, pessoas armadas, insultando, acusando de crimes, transtornando. Dormir, mesmo, era perigoso, um poço – dentro dele um que se sujeitava.

Em Soropita não é difícil perceber o ódio – um ódio, na realidade, sem objeto definido e afinal lançado em qualquer um, pois resulta da projeção, no mundo externo, desse interminável suplício do mundo interior. Como se despreza – ou não se aceita pelo que é –, Soropita acaba por ver, nos gestos mais inocentes, as acusações que não consegue fazer a si mesmo. A cena final de "Dão-Lalalão" traduz muito bem esse conflito irremediável. Ao ser saudado por um conhecido, o que Soropita desconfia é:

e de um lanço estendia a mão, ria uma risadona, por deboche, desmedia a envergadura dos braços. O olhar atrevidado. E falou alguma coisa? – falou uma coisa – que não deu para se entender; e que seriam umas injúrias ... O preto estava vendo que ele estava afracado, sem estância para repelir, o preto era um malvado. Soropita comeu o amargo de losna.

A análise isolada de Soropita levaria o leitor a uma interpretação exclusivamente psicológica, pois suas angústias e seus conflitos parecem encapsulados nos estreitos limites do presente e das lembranças quase imediatas. Seus sentimentos e sua imaginação parecem incapazes de abarcar o sentido de seu comportamento ou de seus temores.

Talvez não seja errado considerar Riobaldo como a continuação de Soropita – um Soropita, diga-se logo, capaz de refletir, recordar e antever o futuro, mas ao mesmo tempo capaz de levar o ódio e a angústia às últimas consequências.

No entanto, embora em certos momentos Riobaldo experimente um ódio semelhante ao de Soropita, seu sentimento aparece transfigurado em uma visão do universo. Depois da longa confissão, ao fim do livro, Riobaldo dirá que "existe é homem humano".

Seria ilusório, no entanto, reduzir essa concepção a um domínio exclusivamente psicológico, e talvez seja mais correto pensar nos sentimentos individuais como pontos de aplicação de forças em luta.

Em *Primeiras estórias,* o conto "O espelho" volta ao tema e, por meio dele, poderemos ter uma compreensão mais satisfatória dos conflitos de Soropita e Riobaldo. Nesse caso, será possível reconstruir as várias etapas do autoconhecimento ausentes em Soropita e apenas indicadas em Riobaldo – e assistir à autoanálise do homem que odeia.

> Foi num lavatório de edifício público, por acaso. Eu era moço, comigo contente, vaidoso. Descuidado avistei ... Explico-

-lhe: dois espelhos – um de parede, o outro de porta lateral, aberta em ângulo propício – faziam jogo. E o que enxerguei, por instante, foi uma figura, perfil humano, desagradável ao derradeiro grau, repulsivo senão hediondo. Deu-me náusea, aquele homem, causava-me ódio e susto, eriçamento, espavor. E era – logo descobri ... era eu, mesmo!

Essa revelação faz que o herói passe a procurar-se, a tentar eliminar seus aspectos superficiais. Essa primeira fase o leva a descobrir, em sua imagem, os traços de onça. A seguir, tenta eliminar os traços do animal e os outros, resultantes de estados momentâneos ou hereditários. Ao fazê-lo, sua imagem adquire traços mais elementares, mas então adoece e é obrigado a interromper sua investigação. Meses depois, ao olhar no espelho,

> não vi nada. Só o campo, liso, às vácuas, aberto como o sol, água limpíssima, à dispersão da luz, tapadamente tudo. Eu não tinha formas, rosto? Apalpei-me, em muito. Mas, o invisto. O ficto.

Sua experiência não termina aí:

> pois foi que, mais tarde, anos, ao fim de uma ocasião de sofrimentos grandes, de novo me confrontei – não rosto a rosto. O espelho mostrou-me. Ouça. Por um certo tempo, nada enxerguei. Só então, só depois: o tênue começo de um quanto como a luz, que se nublava, aos poucos tentando em débil cintilação, radiância.

Finalmente – "já amava – já aprendendo, isto seja, a conformidade e a alegria" –, pôde reencontrar um rosto, o de um menino, "de menos-que-menino".

Essa reconstrução permite interpretar – pelo menos em suas linhas gerais – o dinamismo de muitas personagens de Guimarães Rosa, assim como a visão que apresentam do universo. O homem parece dotado de inquietação, e esta resulta de inconsumida maldade. Só o sofrimento pode gastar a maldade e, então, o homem é capaz de amar. Além disso, o amor – ao contrário do ódio – se revela pela aceitação e pela paz. Em qualquer caso, o homem não pode escolher, e seu comportamento tem as características de gestos impulsivos e incontroláveis, como se a vontade humana fosse impotente diante das forças estranhas que a dominam, ora transfiguradas em sentimentos, ora reveladas pela alienação e por símbolos.

Essas características dão às personagens de Guimarães Rosa, ainda quando coloridas pela poesia e pelo humor, uma dimensão trágica inconfundível.

* * *

Se a ficção de Guimarães Rosa apresenta, corno um de seus polos, a oposição ódio–amor, não é difícil observar que algumas personagens parecem fugir, nitidamente, a essa dicotomia ou ambivalência, e são apresentadas de forma positiva, como se fossem incapazes de maldade, ou estivessem protegidas do domínio mais amplo de incoerências, habitado pelos outros. Isso é verdade, até certo ponto, para as crianças e as personagens femininas, mas é verdade, sobretudo, na apresentação das mulheres-damas que aparecem no romance ou nos contos de Guimarães Rosa.

Seria possível dizer que a fonte do mal é sempre o homem, como se apenas neste pudessem surgir o ódio, a vingança, a infidelidade. Há exceções, certamente, como a de Diadorim (Maria Deodorina) de *Grande sertão*, ou a Jiní, da novela "Lélio e Lina". Talvez a compreensão dessas duas personagens permita, por contraste, iluminar o sentido das outras mulheres.

Maria Deodorina "nasceu para o dever de guerrear e nunca ter medo, e mais para muito amar, sem gozo de amor ...". Para isso vive como homem e, mais ainda, ao lado do amor é obrigada a sentir um ódio interminável, o que a transforma em um símbolo da ambiguidade humana. Em outro aspecto, Diadorim parece obrigado a gastar sua masculinidade, exatamente como "o razoável sofrer gasta o diabo dentro da gente". Ou, se se quiser, a maldição de Diadorim consiste em ser capaz de sentir o amor feminino, mas estar proibida de exercer o piedoso ofício do abandono: "e tudo neste mundo podia ser beleza, mas Diadorim escolhia era o ódio".

Jiní, desse ponto de vista, representa o polo oposto de Diadorim: "aquela mulher, só a gente ficar a meia distância dela já era quase faltar-lhe ao respeito". Como Diadorim, representa uma forma de destruição, mas, ao passo que Diadorim destrói pelo ódio implacável, Jiní destrói pelo amor mutável e insatisfeito: "a ver que ela nem era feliz nem magoada, para diante não pensava nem se consumia com o já vivido". Por isso, "um dia, não tem mais Jiní ... – um precisava de se redizer, para sossego".

Em Diadorim, como em Jiní – embora por motivos opostos –, o amor é maldição, fonte de sofrimento e de ódio. Ao contrário, a mulher-dama é sempre um ponto de abrigo, e uma das personagens de "Lélio e Lina" lembra que

> Nosso Senhor, enquanto esteve cá embaixo, fez uma santa. Vigia que essa não foi uma puras-virgens, moças-de-família, nem uma masteira senhora-de-casa, farta-virtude. Ah, aí, aí não: a que soube se fazer, a que Ele reconheceu, foi uma que tinha sido dos bons gostos – Maria Madalena ...

A mulher-dama apresenta, sempre, um momento de fascínio e encantamento. Salvo erro, em nenhum momento a meretriz é condenada; além disso, nunca é apresentada com aparência enganadora, abaixo da qual seria possível descobrir uma pessoa real, melhor ou mais pura. Contra a tradição, a meretriz é valorizada como tal, e as personagens parecem – com apenas uma exceção, a de Lélio – imunes aos conflitos morais e afetivos, em geral ligados à prostituição. À primeira vista, isso parece contrariar alguns dos mais sólidos pressupostos de nossa vida social e afetiva – pelo menos a partir do século XIX – e, por isso mesmo, não será inoportuno tentar compreender esse aspecto da literatura de Guimarães Rosa.

Em *Grande sertão*, uma das figuras centrais da evocação de Riobaldo é Nhorinhá, embora o herói a tenha encontrado apenas uma vez: "ao que, num portal, vi uma mulher moça, vestida de vermelho, se ria. – Ô moço da barba feita – ela falou". Logo adiante, Riobaldo observa: "ah, a mangaba boa só se colhe já caída no chão, de baixo ...". Depois disso, Riobaldo continua a evocar Nhorinhá, e uma de suas fantasias constantes é reencontrá-la:

> segunda vez com Nhorinhá, sabível sei, então minha vida virava por entre outros morros, seguindo para outro desemboque. Sinto que sei. Eu havia de me casar feliz com Nhorinhá, como o belo do azul; vir aquém – de.

Na verdade não se queixa do casamento com Otacília – moça de despejo tão diverso –, mas sabe também que "dói sempre na gente, alguma vez, todo amor achável, que algum dia se desprezou". E não apenas isso: "ah, a flor do amor tem muitos nomes. Nhorinhá prostituta, pimenta branca, boca cheirosa, o bafo de menino pequeno. Confusa é a vida da gente ...".

Apesar de seu valor afetivo, Nhorinhá não é a única na história de Riobaldo, e, a certa altura, o herói expõe sua teoria:

> devo redizer, eu queria delícias de mulher, isto para embelezar horas de vida. Mas eu escolhia – luxo de corpo e cara festiva. O que via com desprezo era moça toda donzela, leiga do São Gonçalo do Amarante, e mulher feiosa, muito mãe de família. Essas, as bisonhas, eu repelia.

Nem lhe escapa a razão de sua preferência:

> Como que o amor geral conserva a mocidade, digo – de Nhorinhá: casada com muitos, e que sempre amanheceu flor ... Bom,

quando há leal, é amor de militriz ... e, gostar exato das pessoas, a gente só gosta, mesmo, puro, é sem se conhecer demais socialmente.

Em outra passagem, sua descrição apresenta um irresistível toque de humorismo. No Verde-Alecrim, conhece duas mulheres-damas – Maria da Luz e Hortência – que "mandavam no lugar, ainda que os moradores restantes fossem santas famílias legais, com suas honestidades". Para Riobaldo, ambas eram ricas, de boas famílias, e

> os moradores serviam a elas, com muita harmonia de ser e todos os préstimos, obsequiando e respeitando – conforme eu mesmo achei bem: um sistema que em toda a parte devia de sempre se usar.

Na verdade, não é fácil interpretar os sentimentos e as opiniões de Riobaldo. Seria um engano imaginar que apresente o duplo padrão de moralidade – tão comum nas sociedades patriarcais –, em que o homem se atribui a liberdade de convívio com prostitutas, ao mesmo tempo que resguarda as mulheres de sua família. Esse engano poderia ser cometido ao pensar que, tão minucioso na descrição de Diadorim e Nhorinhá, Riobaldo prefere silenciar quanto a Otacília, com quem está casado. Mas o herói explica, de passagem, seu acanhamento em falar da mulher, pois isso poderia ser falta de modéstia. A valorização das três personagens femininas independe desse critério tradicional de pureza, e seu amor por Nhorinhá deve ser compreendido de outro modo.

No nível mais superficial, a atração por Nhorinhá, como pelas outras mulheres-damas, depende de sua apresentação e provavelmente do fato de ser mais cuidada do que as outras mulheres que encontra: "na frente da boca, ela quando ria tinha todos os dentes, mostrava em fio. Tão bonita, só". Abaixo dessa aparência, o sentimento de Riobaldo apreende ainda outra realidade: "graças a Deus toda a vida tive estima a toda meretriz, mulheres que são as mais nossas irmãs ...".

Para compreender o sentido mais profundo dessa concepção de mulher-dama, *Grande sertão* é insuficiente, pois apresenta apenas as palavras de Riobaldo, e não podemos perceber o universo de Nhorinhá ou das outras damas. Para chegar a essa percepção, precisamos recorrer a "Dão-Lalalão", de *Corpo de baile*. O desejo de Riobaldo – casar-se com meretriz – é realizado por Soropita, que se casara com Doralda.

Aparentemente, Soropita encontra a tranquilidade e a paz quando está com Doralda. No entanto, não consegue afastar o ciúme e, por um entendimento silencioso, não tentam voltar ao passado. A presença de Dalberto reacende a necessidade de conhecer o passado da mulher, e seu diálogo nos mostra uma Doralda plenamente realizada.

> Tu conheceu os homens, mesmo muitos? – Aos muitos, Bem. Tu agora está com ciúme? ... Tinha os certos, e os rareados, e os que vinham em avulso, e depois a gente nunca via mais ... Nunca fizeram pouco de mim ...

E depois: "E tu gostava de algum deles? – Bem, eu gostava por serem homens, só ... Gostava, uai. Não gostasse, não estava lá ...".

Essa confissão nos mostra por que a mulher-dama – ao contrário do que ocorre na tradição – pode ser apresentada como pessoa feliz e capaz de transmitir felicidade: é que a prostituição não é, para ela, uma deformação ou imposição externa. Ela escolhe uma profissão satisfatória – uma vez que corresponde a seus impulsos mais profundos e autênticos. Evidentemente, isso elimina o aspecto moralmente inaceitável da prostituição contemporânea, isto é, o fato de ser uma forma de exploração econômica. A ficção de Guimarães Rosa conduz-nos, ainda aqui, a um universo primitivo, em que a mulher-dama, longe de ser vista como impura ou depravada, é uma sacerdotisa do amor – a mulher em que, na realidade, o homem encontra o amor em toda a sua pureza e inocência.

No entanto essa não é a única razão para o valor e o sentido da meretriz. Como o mal, na ficção de Guimarães Rosa, resulta da inquietação e da luta, é fácil compreender que a mulher-dama – que se realiza pela entrega, pela aceitação e pela piedade – tem um lugar privilegiado na escala de valores. Além disso, como o ódio corresponde ao mal, ao passo que o amor corresponde ao bem, a mulher, entregue apenas ao amor, acaba por encarnar o sentido mais elevado e profundo da vida humana. Portanto a opinião de Riobaldo, ao dizer que no Verde-Alecrim os moradores serviam às mulheres-damas, e que esse sistema devia ser sempre usado, talvez seja menos irônica do que parece à primeira vista.

* * *

Por certo a reconstrução da infância não é dos temas mais frequentes na ficção de Guimarães Rosa. Mas, ao buscarmos o sentido de suas histórias, não é difícil perceber a presença da infância – ou, melhor, a presença do menino, quase sempre apresentado no momento em que começa a compreender as coisas e seu mundo interior. Além disso, o menino parece significativo para a compreensão das histórias de adultos, pois estes conservam algumas das características da percepção infantil, sobretudo as da percepção fisionômica, isto é, a que apreende as qualidades dramáticas e expressivas das coisas e das pessoas.

Nesse sentido, toda a obra de Guimarães Rosa – com exceção, talvez, de alguns contos de *Sagarana* – pode ser compreendida como resultante da percepção, dos sentimentos e dos conflitos do menino; por isso, convém isolar as passagens em que é personagem central e, por meio delas, iluminar seus contos e seu romance.

Campo geral é, certamente, dos momentos mais puros e mais altos de nossa literatura de ficção; é, também, uma das peças fundamentais para a compreensão da obra de Guimarães Rosa.

No entanto – como frequentemente acontece com as obras-primas – parece incompleta e imperfeita. Aparentemente, a proposição de seu tema ultrapassa as possibilidades de expressão formal; suas personagens, contraditórias e esquivas, desafiam nossas possibilidades de esquematização e racionalidade.

De um ponto de vista formal, a narrativa – embora feita na terceira pessoa – não excede a perspectiva do menino (Miguilim), de aproximadamente oito anos, que é o herói da história. Essa solução formal para a narrativa permite a apreensão da vida interior de Miguilim e, ao mesmo tempo, elimina a necessidade de apresentação de um adulto a evocar a infância – processo que seria inevitável para a narração na primeira pessoa. Finalmente, o fato de a miopia de Miguilim ser revelada apenas nas últimas páginas da novela faz que, nesse instante, a história exija uma reinterpretação e, além disso, indica outra perspectiva para a percepção do menino. Nesse momento – no momento de abandonar o Mutum –, Miguilim pode perceber a beleza da mãe e da paisagem, assim como conhecer o mundo de pormenores que até então lhe escaparam.

Do ponto de vista afetivo, *Campo geral* apreende o conflito mais intenso da infância e talvez da vida humana, isto é, a ambivalência diante dos pais. Se os seguidores de Freud exageraram a significação do complexo de Édipo nas obras literárias e pensaram que deveria estar presente em todas, isso não nos deve levar ao exagero oposto, isto é, não enxergar o drama de Édipo, quando este constitui o núcleo de uma narrativa. Ora, em *Campo geral,* a tragédia edipiana atinge o nível consciente de Miguilim:

> batia, mas Miguilim não chorava. Não chorava, porque estava com um pensamento: quando ele crescesse, matava Pai. Estava pensando de que jeito era que ia matar Pai, e então começou até a rir.

Na realidade, o drama de Miguilim não se refere apenas ao pai e à mãe; ramifica-se não só pelas outras pessoas da família, mas também pelo conhecimento na natureza. De qualquer maneira, a ambivalência acaba por invadir toda sua interpretação das coisas, e Miguilim não consegue, frequentemente, evitar perplexidade. Para compreender suas reações, será necessário tentar descrever, de modo esquemático, sua constelação familiar, pois esta apresenta os dilemas que o menino parece incapaz de solucionar.

A mãe de Miguilim parece ter – durante a novela – dois romances: um com Tio Terêz (irmão do pai de Miguilim) e outro com Luisaltino. O primeiro é, em vários aspectos, o mais importante para Miguilim. Gosta muito mais de Tio Terêz que do pai, mas essa amizade o coloca em um conflito irremediável. Por isso, não é demais imaginar que a situação de Miguilim se assemelha à de Hamlet, que também enfrenta esse conflito, embora menos intenso. Se Hamlet, depois da morte do pai, pode detestar o tio – embora, na interpretação de Freud e Jones, se identifique com ele, por isso, se torne incapaz de vingança –, Miguilim não consegue gostar do pai, e, embora se identifique com o Tio Terêz, não consegue aceitá-lo integralmente. Depois do assassinato de Luisaltino e do suicídio do pai, quando a mãe lhe pergunta

> Se daqui a uns meses sua mãe se casar com o Tio Terêz, Miguilim, isto é do teu gosto? ... Miguilim não se importava, aquilo tudo era bobagens. Todo mundo era meio um pouco bobo.

Esse conflito faz que sua resolução fique, como a de Hamlet, *"sicklied o'er with lhe pale cast of thought"*.

Se não consegue aceitar o pai e não acredita no afeto de sua mãe, o ponto de segurança de Miguilim é o irmão menor, Dito. É com este que se aconselha, e as palavras de Dito parecem dotadas de uma verdade extraordinária, muitas vezes inacessível a seu pensamento:

> mas por que era que o Dito semelhava essa sensatez – ninguém não botava o Dito de castigo, o Dito fazia tudo sabido, e falava

com as pessoas grandes sempre justo, com uma firmeza, o Dito em culpa aí mesmo era que ninguém não pegava ... Mas de noite, no canto da cama, o Dito formava a resposta: – o ruim tem raiva do bom e do ruim. O bom tem pena do ruim e do bom ... Assim está certo.

Por isso, a verdadeira infelicidade de Miguilim é a morte de Dito:

> todos os dias que depois vieram, eram tempo de doer. Miguilim tinha sido arrancado de uma porção de coisas, e estava no mesmo lugar. Quando chegava o poder de chorar, era até bom – enquanto estava chorando, parecia que a alma toda se sacudia, misturando ao vivo todas as lembranças, as mais novas e as muito antigas ... Queria, isso sim, se fosse um milagre possível, que o Dito voltasse, de repente, em carne e osso, que a morte dele não tivesse havido, tudo voltasse como antes...

A morte do Dito é, assim, a presença maior do mistério e da injustiça na vida de Miguilim. Sem o irmão, tudo parece ainda mais difícil; se Dito era querido por todos, Miguilim parece destinado a sofrer a antipatia e os outros lhe revelam apenas maldade. Miguilim, em alguns aspectos pelo menos, anuncia algumas das mais amargas e duras personagens de Guimarães Rosa:

> um dia ele ia crescer, então todos com ele haviam de comer ferro. E mesmo agora não ia ter medo, ah, isso! Mexessem, fosse quem fosse, e mandava todo-o-mundo àquela parte, cantava o nome-da-mãe; e pronto.

Aqui não se está muito longe do ódio de Riobaldo, de Soropita. No entanto Miguilim permite-nos compreender não apenas o ódio, mas também o amor e a poesia, que compõem o aspecto mais suave de outras personagens: a compreensão quase empática dos bichos, a inocente admiração da natureza.

* * *

Se Miguilim é a personagem infantil mais completa da ficção de Guimarães Rosa, o "menino" aparece outras vezes: em "Conversa de bois", de *Sagarana;* em "As margens da alegria", "Nenhum, nenhum", "Pirlimpsiquice", "Os cimos", de *Primeiras estórias.* Em "Conversa de bois", Tiãozinho, menino-guia de carro de bois, aparece quase identificado aos bois. No conto, vão levando, morto, o pai de Tiãozinho; o carreiro, Sosonho, maltrata os bois e o menino:

> teu pai já está morto, tu não pode pôr vida nele outra vez ... Deus que me perdoe de falar nisso, pelo mal dos meus pecados, mas também a gente cansa de ter paciência com um guia assim, que não aprende a trabalhar ... Ôi, seu mocinho, tu agora mesmo cai de nariz na lama! – E Sosonho ri, com estrepito e satisfação.

Por fim, o menino meio adormecido, os bois quase adormecidos, combinam um plano de matar Sosonho e a

> roda esquerda lhe colhera mesmo o pescoço, e a algazarra não deixou que se ouvisse xinga ou praga – assim não se pode saber certo se o carreiro despertou ou não, antes de desencarnar.

A empatia da criança não se revela apenas no trato com os bichos; as qualidades das pessoas e das coisas também tornam-se transparentes aos olhos das crianças, como se a experiência fosse um véu de opacidade que aos poucos envolve o universo real. Ao recordar, em "Nenhum, nenhum", o adulto compreende:

> A moça, imagem. A moça é então que reaparece, linda e recôndita. A lembrança em torno dessa moça raia uma tão mara-

vilhosa luz, *que, se algum dia eu encontrar, aqui, o que está por trás da palavra "paz", ter-me-á sido dado através dela.*

E depois: *"Se eu conseguir recordar, ganharei calma, se conseguir religar--me: adivinhar o verdadeiro e real, já havido".*

Como se disse antes, uma das formas de entender as personagens de Guimarães Rosa é lembrar que, mesmo quando não evocam intencionalmente a infância, esta aparece em sua percepção ou em sua maneira de sentir. A maturidade pode acrescentar experiência e ampliar o conhecimento, mas este será sempre uma forma imperfeita da participação direta no universo – pois esta é um privilégio da criança. Agora, talvez seja possível compreender, em outra perspectiva, a ausência de uma explicação da personagem, por sua história de vida. Nos grandes romancistas do século XIX, a descrição da personagem baseia-se na suposição de um desenvolvimento histórico, por meio de encontros, sucessivos e mais ou menos coerentes, com outras pessoas e novas situações. Esse é o fundamento da verossimilhança, que seria, assim, a norma de verdade psicológica do romance – uma verdade evidentemente racional ou racionalizada, embora nem sempre falsa e muitas vezes reveladora. O fato de Guimarães Rosa não tentar essa verossimilhança não significa, no entanto, ausência de verdade psicológica, mas esta, em vez de ser apresentada pelo contista, deverá ser reconstruída pela intuição do leitor.

Para descrever essa concepção será necessário pensar na teoria da reminiscência de Platão: a verdade não é aprendida, mas recordada. Portanto a volta à infância não é uma tentativa de autoconhecimento, mas sim de conhecimento do universo, pois a criança está mais próxima da verdade. Para usar uma imagem de Platão, seria possível dizer que, na infância, somos capazes de ver diretamente os objetos luminosos. Só depois de adultos os esquecemos e, acorrentados, aceitamos, como verdades, as sombras projetadas no fundo da caverna.

Ofício de tradutor[1]

Convém começar a discussão por uma posição extrema, segundo a qual a tradução é impossível, e analisar seus fundamentos, primeiro para a poesia e depois para a prosa.

Na poesia, pode-se sustentar que o valor estético está nas palavras, em suas qualidades sonoras, e a tradução é, por isso, uma tarefa contraditória nos termos. Como traduzir um sentido, se este se reduz às palavras que o exprimem? Isso faria que a tradução de poesia, ainda que esteticamente válida, fosse inevitavelmente outro objeto, talvez próximo do objeto original, mas nunca idêntico a este. Mais ainda, seria possível dizer que cada palavra, em cada língua, tem conotações e reverberações específicas que as palavras de outras línguas não têm nem podem ter.

Aparentemente, as duas afirmações são corretas e indiscutíveis. Mesmo quando encontramos uma palavra aparentemente simples, *branco*, vemos que *white* e *blanc*, por exemplo, têm valor

---

1 *O Estado de S. Paulo*, "Suplemento Literário", 5.11.1966, p.1; 12.11.1966, p.2; 19.11.1966, p.4 e 26.11.1966, p.3.

sonoro diferente. De forma que, se minha intenção é indicar uma cor, posso traduzir branco por *white* ou *blanc*, mas o valor sonoro de branco seria intraduzível. Além disso, seria possível dizer que, à palavra branco, estão associados vários estados emocionais secundários, intraduzíveis para outra língua. Por exemplo, seria impossível traduzir esta conhecida estrofe de Cruz e Sousa: "Ó formas alvas, brancas, formas claras / De luares, de neves, de neblinas! ... / Ó formas vagas, fluidas, cristalinas ... / Incensos dos turíbulos das asas...".

A dificuldade decorre da aparente impossibilidade de encontrar palavras que indiquem as mesmas coisas e tenham os mesmos sons. Embora tudo isso pareça correto, deixa de lado um aspecto fundamental: esse valor estético foi criado ou revelado por Cruz e Sousa, isto é, não existia antes de seu poema. Para o leitor, é algo que deve também ser recriado, pois o valor estético só adquire existência em um leitor compreensivo, e muitas pessoas que falam português podem não descobrir o valor estético desses versos. Portanto não é muito correto dizer que a poesia está nas palavras; seria mais correto dizer que a poesia revela o valor estético da palavra, do som, ou da combinação de palavras e sons. Tanto isso é verdade, que muitas palavras perdem – provavelmente por seu emprego excessivo – o valor poético que já tiveram ou que foi revelado por alguns poetas. Dois exemplos imediatos podem ser encontrados em *virgem* e *saudade,* tão utilizadas pelos românticos, que praticamente desapareceram do vocabulário poético contemporâneo.

Se isso é verdade, a tradução deixa de ser uma tarefa impossível, para transformar-se na busca de palavras que, do ponto de vista estético, sejam equivalentes em outra língua. Ainda quando a poesia original se caracterize pela musicalidade, parece não haver obstáculo intransponível para a tradução. Convém examinar um exemplo bem conhecido e sugerir o processo característico da tradução. Isso pode ser feito com "Chanson d'automne", de Verlaine. A primeira estrofe: *"Les sanglots longs / Des violons /*

De l'automne / Blessent mon coeur / D'une langueur / Monotone". Agora, três traduções desses versos: "Estes lamentos / Dos violões lentos / Do outono / Enchem minha alma / De uma onda calma / De sono" (Guilherme de Almeida); "Os soluços graves / Dos violinos suaves / Do outono / Ferem a minha alma / Num langor de calma / E sono" (Alphonsus de Guimaraens); "Os longos sons / Dos violões, / Pelo outono, / Me enchem de dor / E de um langor / De abandono" (Onestaldo de Penafort).

Mesmo de forma bem superficial, é fácil verificar que sequer a métrica de Verlaine corresponde exatamente à dos tradutores, pois Verlaine usou versos de quatro e três sílabas, ao passo que G. de Almeida usou quatro e duas, A. de Guimaraens empregou cinco e duas, e apenas O. Penafort utilizou quatro e três. Ainda de modo superficial, observa-se também que muitas palavras de Verlaine não foram traduzidas para o português. Por exemplo, as palavras *coeur* (coração) e *monotone* (monótono) não aparecem nas traduções. Isso poderia, à primeira vista, condenar as três versões, sobretudo porque *monotone* é uma das palavras básicas da estrofe de Verlaine. Mas essa condenação revelaria, apenas, uma total incompreensão do original. *Coeur* não indica, evidentemente, o órgão do corpo, e por isso G. de Almeida e A. de Guimaraens puderam empregar *alma*, exatamente no mesmo sentido em que Verlaine empregou *coeur* – uma parte interior e significativa do indivíduo. *Monotone* não podia ser traduzido por *monótono*; não havia dificuldade de métrica, mas de valor sonoro, dada a relativa dureza das palavras proparoxítonas em português.

A análise das diferenças pode ser continuada, mas o esclarecimento técnico não seria muito maior. O ponto central a ser observado é que as três versões conseguem a transposição da melodia de Verlaine, e, no caso, essa melodia constitui o poema. Em outra análise, seria possível mostrar que é Onestaldo de Penafort quem mais se aproxima da equivalência sonora, não só pelas rimas, como pela métrica.

Mas, se aceitamos que aí estão três traduções válidas do mesmo poema, enfrentamos outra questão, mais interessante e difícil: como um poema pode ser traduzido de várias maneiras?

Uma resposta possível seria dizer que há uma tradução perfeita, assim como que as traduções reais são aproximações mais ou menos corretas, mais ou menos próximas dessa perfeição. Essa resposta parece chocante em nossa época, pois tendemos a valorizar a originalidade da criação, mas deixa de parecer estranha quando observamos que o poeta, e não apenas o tradutor, pode modificar seus versos. Além disso, essa resposta não é apenas forma de evitar o problema, pois é possível mostrar que, em alguns poemas, a tradução é quase imediata, pois a equivalência de som e de sentido permite um paralelismo perfeito. É o que ocorre com "Y después", de F. García Lorca:

> Los laberintos
> que crea el tiempo
> se desvanecen
> (Sólo queda
> el desierto)
> El corazón,
> fuente del deseo
> se desvanece.
> (Sólo queda
> el desierto).
> La ilusión de la aurora
> y los besos,
> se desvanecen
> Sólo queda
> el desierto.
> Un ondulado desierto.
>
> Os labirintos
> que o tempo cria

se desvanecem
(Fica apenas
o deserto.)
O coração,
fonte de desejo,
se desvanece.
(Fica apenas
o deserto.)
A ilusão da aurora
e os beijos
se desvanecem.
Fica apenas
o deserto.
Um ondulado deserto.

Nesse caso, não há problemas técnicos a resolver. O aspecto fundamental do poema – isto é, a introdução do adjetivo *ondulado* na última estrofe, que é a verdadeira revelação do poema, passa integralmente para a tradução.

Aqui é difícil, embora não seja teoricamente impossível, pensar em tradução que pudesse superar a equivalência obtida.

Para contraste, convém examinar a transcrição de um poema de Manuel Bandeira feita por Giovanna Aita:

Andorinha

Andorinha lá fora está dizendo:
"Passei o dia à toa, à toa!...
Andorinha, andorinha, minha cantiga é mais triste!
Passei a vida à toa, à toa ...

Rondinella
La rondinella là fuori sta dicendo:
"Ho passato il giorno senza far niente!"

Rondinella, rondinella, la mia canzone è piú triste!
Ho passato la vita inutilmente ...

Aqui, a transcrição deixa de lado o núcleo do poema: o contraste entre o dia da andorinha e a vida do eu. Como a transcrição usa duas expressões diferentes *(senza far niente* e *inutilmente)* para traduzir o *à toa, à toa* ... do português, o poema se perdeu. Por isso, nesse caso, é difícil verificar que o poema não foi traduzido, ou que é possível aperfeiçoar a tradução, aproximando-a do original. Isso exigiria a obtenção de um contraste equivalente ao que existe no poema de M. Bandeira.

Em resumo, a tradução é possível, embora seja reconhecidamente difícil e, em alguns casos, não seja obtida. Mas só em casos concretos se pode dizer se houve ou não poema equivalente em outra língua. Como se procurará mostrar adiante, alguns desses problemas reaparecem, em outro aspecto, na tradução de prosa.

* * *

Para começar em um passado longínquo, seria possível dizer que, na interpretação bíblica, os homens não atingiram o céu por falta de tradutores, pois, na Torre de Babel, alguns intérpretes competentes poderiam ter realizado o milagre do entendimento universal. Mas não convém ir tão longe, nem é prudente ser tão otimista: não é necessário falar outra língua para ser incompreendido, nem basta conhecer a língua diferente para interpretá-la.

O primeiro equívoco – que vem sendo cometido por psicólogos de boa vontade, mas absurdamente ingênuos – consiste em considerar as palavras sinais, e não símbolos. Se as palavras fossem apenas sinais, haveria uma aprendizagem direta e automatizada de seu sentido. Depois, bastaria aprender os sinais correspondentes em outro sistema – ou outra língua – para sermos capazes de traduzi-los correta e invariavelmente. Por exemplo, o sinal *pare* corresponderia ao sinal *stop*, e assim por diante. Mas as palavras são também símbolos e, para o homem, são quase sempre símbolos: representam ou substituem, de forma vaga ou precisa, praticamente tudo que possamos sentir ou pensar. *Cadeira*, por exemplo, não é para mim um sinal: se o fosse, eu deveria sentar-me cada vez que ouvisse a palavra. É assim, diga-se de passagem, a linguagem dos animais: cada palavra provoca um movimento bem definido de sentar, correr; procurar, levantar. Para mim, cadeira pode ser uma cadeira de balanço na casa de meu avô, onde as crianças curtiam as tristezas das tardes de verão; pode evocar outras tantas cadeiras, em diferentes situações, significativas ou tolas.

As palavras, entendidas como símbolos, apresentam também um problema lógico, que vem sendo discutido desde Platão: na minha experiência, conheço apenas cadeiras, e não a cadeira. Como posso chegar a esse conceito, se as cadeiras que conheço são diferentes entre si, e como posso, diante de uma cadeira que ainda não conhecia, saber que pertence à classe das cadeiras? Esse problema, ainda que muito interessante, é aqui lembrado apenas para indicar que não se pode pensar nas palavras como sinais, nem como símbolos de sentido invariável.

Se as palavras não têm sempre o mesmo sentido, como podem servir para a comunicação entre os homens? Aparentemente, há um sentido bem geral, nas palavras, e é esse sentido que permite a comunicação mais ou menos satisfatória entre os interlocutores. Ainda assim, essa comunicação seria um sistema extraordinariamente deficiente se fosse feita apenas por meio de palavras isoladas, desligadas de um contexto. Este suaviza ou intensifica as palavras e permite sua compreensão mais adequada pelo interlocutor; em outros casos, indica a hipocrisia, a má-fé ou a ironia de quem fala. A palavra *liberdade* pode iluminar o caminho de uma geração, mas pode também ser entendida como prova de má-fé, que a ninguém ilude. A palavra *amor* pode sugerir um *momento* de êxtase, um interesse passageiro ou uma brincadeira. Por isso, os mais prudentes evitam as palavras solenes e grandiosas; por isso também os grandes conversadores são aqueles que nos revelam as sutilezas das palavras, seu efeito musical, sua graça, seu absurdo.

E as palavras não variam apenas em diferentes contextos. Com o passar do tempo, mudam de sentido, deixam de ser usadas e podem até morrer. Quem, hoje, diria, como Casimiro de Abreu, que uma rosa é "pudibunda e bela"? Em certos aspectos, as palavras parecem seres vivos: conhecem o esplendor da juventude, a maturidade serena, os sinais da velhice e da morte. Belas, tornam-se feias; depois de cortejadas, conhecem o desprezo. Quem, hoje, ainda se lembra de *lero-lero?* A expressão deve ter durado uns cinco ou seis anos e, em 1947, foi consagrada por Manuel Bandeira, em "Belo belo": "Mas basta de lero-lero / Vida noves fora zero". Nem isso a salvou da morte.

Parece não haver regras para predizer a duração ou o esquecimento das palavras; nem parece possível inventar, em determinado momento, um vocabulário para representar ou sugerir a realidade que nos parece nova. No entanto, sem que se perceba o processo de criação, as palavras novas invadem nosso vocabulário. Os jovens de repente começam a falar em "vivência" e "conhecimento vivencial"; descobrem que não desejam ser "objetos", mas "sujeitos"; que as ideias não devem ser "coisificadas" ou "reificadas". Ninguém mais fala em "estudo", mas em "pesquisa". E aqui não se trata de ironizar a moda ou os jovens: as palavras novas correspondem a certos temores que rondam de perto as diferentes gerações. Cada uma delas, antes de encontrar seu caminho, ou talvez para encontrá-lo, precisa destruir os mitos da geração mais velha. Para isso, começa por destruir as palavras que os simbolizam ou representam; depois, cria as palavras que, por bem ou mal, traduzem sua posição diante do mundo, sua maior ou menor compreensão das tarefas que enfrenta. Finalmente, extinto esse breve momento de afirmação e esplendor, como encontrar de novo todos os ecos emocionais provocados por essas palavras?

Portanto, na mesma língua, existem problemas sutis de compreensão, quando passamos de uma época para outra. Um leitor despreparado pode englobar todo o lirismo como romantismo, sem perceber as diferenças que existem na expressão e no conteúdo dos sentimentos de várias épocas. Existem diferenças no vocabulário de diferentes classes sociais, e diferenças no conteúdo das mesmas palavras: trabalho tem um sentido para o artista, que se realiza na obra, e outro, muito diverso, para o operário, que enfrenta a monotonia de uma linha de montagem.

* * *

Se é difícil penetrar no sentido mais profundo de nossa língua e nela descobrir sutilezas que só os grandes poetas e prosadores revelam, parece evidente que o processo deve ser ainda mais difícil no caso de uma segunda língua que aprendemos. No entanto, faz parte de nossa tradição intelectual valorizar a leitura "no original", bem como criticar todos os tradutores. Supõe-se sempre, ou quase sempre, que apenas o original pode dar ao leitor todo o conteúdo da obra e que a tradução é sempre um equívoco.

Antes de discutir essas ideias, convém fazer outra pergunta, quase nunca proposta: até que ponto o leitor é capaz de compreender o original? De que maneira mais concreta convém propor a cada um de nós: em quantas línguas somos capazes de ler uma obra literária? Ou, de maneira ainda mais decisiva: até onde vai nossa sensibilidade para as qualidades estéticas de um texto literário em língua estrangeira? Certamente seria preciso distinguir a poesia da prosa e, nesta última, diferentes níveis de dificuldade ou acessibilidade do texto. Em qualquer caso, os que respondem com sinceridade dificilmente diriam que leem francês ou inglês; pouquíssimos diriam que leem também o alemão. Ora, esse conhecimento realmente acima do comum ainda não permite ler no original as obras literárias significativas: seria preciso conhecer também o grego, o russo, o latim. Essa ambição, embora legítima para o erudito, parece impensável para o escritor e o crítico; mais impensável ainda para o leitor comum, ainda que de bom gosto.

Por isso mesmo, a tradução é indispensável, pois é por meio dela que atingimos a grande herança da literatura. Essa afirmação, que deveria ser lugar-comum, parece esquecida por todos.

Admite-se, com imodéstia extraordinária, que qualquer intelectual brasileiro é capaz de ler *Ulysses* ou, quem sabe, *Finnegan's wake* no original. E talvez, em todos nós, provoque certo espanto verificar que Thomas Mann se considerou incapaz de ler essas obras de James Joyce. Quantos, entre nós, teriam a coragem dessa confissão direta?

É bem verdade, dirão os maliciosos, que é fácil confessar ignorância ou limitação quando a gente se chama Thomas Mann. Mas essa confissão pode levar-nos não só à modéstia um pouco maior, mas também à valorização de um trabalho ingrato e incompreendido por todos. Em um país que, em matéria de livros, vive sobretudo de traduções, estas não são discutidas, nem parece haver preocupação em saber quando o tradutor foi feliz ou fracassou. Quem se inicia nessa atividade não sabe, a rigor, o que deve fazer, nem como solucionar as dificuldades imensas que enfrenta. Os comentários às traduções se fazem nas salas das editoras ou nos escritórios dos revisores, supostamente capazes de eliminar os erros mais grosseiros dos tradutores.

E é realmente difícil começar um debate. Valerá a pena criticar, indicar erros, quando se sabe que somos todos pecadores? Mas, não será melhor discutir esses pecados em público, reconhecer que são pecados, impedir que outros cometam os mesmos erros e continuem a dar ao tradutor a fama de descuidado e irresponsável?

Talvez valha a pena começar tudo de novo e perguntar com toda a ingenuidade: é possível traduzir? E perguntar depois: se a tradução é possível, como deve ser feita?

* * *

Para a tradução da prosa, aparentemente não há dificuldades semelhantes às encontradas na tradução da poesia; na prosa, atravessamos as palavras para chegar a seu sentido. Por isso, a questão da equivalência vocabular parece mais difícil no caso da poesia, em a palavra ocupa o primeiro plano.

Também aqui, no entanto, é possível negar a possibilidade de traduzir. Em alguns casos, essa negação pode começar pelo título. Veja-se, por exemplo, o excelente livro de Nevitt Sanford, *The American college*. Será possível traduzir a palavra *college*? Se traduzirmos para *colégio*, cometeremos erro grosseiro, pois *colégio*, no Brasil, é escola de nível médio, enquanto *college* é de nível superior; se a traduzirmos para *universidade*, como fazer a distinção entre *college e university*? Isso levou alguns tradutores a empregarem a palavra no original. O primeiro erro dessa solução reside no fato de que a palavra *college*, quando empregada com referência à universidade inglesa, indica instituição muito diversa da encontrada nos Estados Unidos. O tradutor acabou de dizer que *college* é intraduzível, e logo adiante encontra a mesma palavra com sentido diferente, também intraduzível. O segundo erro é que esse raciocínio, se coerente, torna qualquer tradução impossível. A *university* norte-americana não é a nossa universidade; o *lycée* francês não é o nosso liceu; *Gymnasium* alemão não é o nosso ginásio; o *breakfast* norte-americano não é o nosso café da manhã; o seu *lunch* não é o nosso almoço. Mas podemos ir mais longe: quando, em um livro norte-americano, se fala em "beber café", este é café com creme, em xícara grande; se digo isso para um brasileiro, este pensa em café preto, em xícara pequena.

Isso levaria a supor que só em inglês podemos falar dos Estados Unidos e da Inglaterra; só em árabe podemos descrever a Síria; só em português podemos descrever o Brasil. Cada cultura estaria encerrada em si mesma, sem nenhuma possibilidade de comunicação com outras culturas. Podemos chegar ao absurdo – que já foi efetivamente atingido por alguns eruditos – de afirmar que o estrangeiro não pode aprender uma nova língua; ou, antes, que só pode aprender os aspectos mais superficiais e menos importantes dessa língua. Esse misticismo é aparentemente irrespondível, pois, como Valéry observou há muito tempo, não podemos esgotar uma palavra, isto é, apreender todos os seus sentidos. Por isso, sempre posso afirmar que uma palavra é intraduzível, mas tenho de observar também que a comunicação interindividual, na mesma língua, é também impossível, pois as palavras não têm, para duas pessoas, exatamente o mesmo sentido. Isso conduz a um solipsismo improdutivo e diariamente negado pelos fatos. No nível mais simples de tradução, o maior perigo para o tradutor é confiar na aparência da palavra, em sua semelhança com uma palavra portuguesa. Alguns desses enganos são clássicos: traduzir *depuis* como depois em vez de; *actual* como atual, em vez de real; traduzir *parents* como parentes, em vez de pais; *profession* como profissão, em vez de profissão liberal; o *todavía* espanhol como todavia, em vez de ainda; *évidence* como evidência, em vez de prova.

Até certo ponto, esses erros são possíveis porque o tradutor, como não compreende integralmente o texto original, não percebe o equívoco na aparente tradução. E talvez aqui esteja uma diferença fundamental entre ler e traduzir: na leitura, podemos ignorar o sentido de grande porcentagem de palavras e, apesar disso, compreender satisfatoriamente o texto. Embora essa não seja a melhor forma de leitura, em muitos casos pode ser suficiente. Na tradução, ao contrário, é preciso ler palavra por palavra, descobrir o sentido de cada uma delas e só depois traduzir.

Para traduzir a palavra, é necessário ir ao dicionário, verificar seus diferentes sentidos na língua original. Essa tarefa é cansativa e, a rigor, não se realiza apenas no momento da tradução. Neste, o tradutor também emprega tudo o que aprendeu antes, nas leituras que fez na língua para que traduz, no que procurou escrever ou exprimir. Se essa experiência é muito pequena, o tradutor verifica que é mais fácil transcrever a palavra ou adaptá-la. Em uma imitação do título do livro de Étiemble – *Parlez-vous franglais?* – pode-se dizer que esses tradutores estão criando o *portinglês*. Em *portinglês*, não há execução, realização ou atuação, mas *performance;* não há levantamento ou inquérito, mas *survey;* a saciedade se transforma em "saciação" (adaptação de *saciation);* a conhecida compreensão aparece disfarçada de *insight;* a fuga virou "escape". Em *portinglês,* a pessoa não tem antecedentes, mas *background;* não obtém um resultado, mas um "escore"; o investigador não acompanha, mas *follow up* seu caso. Finalmente, em *portinglês,* a pessoa não tem relações sexuais, mas "intercurso sexual". O aspecto mais sério desses equívocos é que os estudantes ou principiantes acabam convencidos de que o *portinglês* é linguagem técnica, faz parte desse misterioso halo de prestígio que cerca a linguagem secreta de um grupo.

Isso não significa que, na linguagem técnica, literária ou cotidiana, seja errado empregar palavras estrangeiras ou a língua estrangeira. Ao contrário, a língua que aceita palavras estrangeiras, ou que delas precisa, dá sinais de vitalidade e crescimento. A suposição de que a língua deve imobilizar-se em determinado momento acaba por levar os gramáticos ao absurdo de exigir que se diga "semicúpio", em vez de bidê; "rebuçados", em vez de bombons; "canhenho", em vez de carnê; "fumeiro", em lugar de chaminé; "porta-seios", em lugar de sutiã.

O erro não é, portanto, aceitar uma palavra para algo que ainda não tem designação em nossa língua, mas não traduzir quando a tradução é evidente. Em contrapartida, a "importação" é mais difícil quando a palavra que se aceita tem vários sentidos na língua original. Esse é o caso, por exemplo, de *insight*. Essa palavra tem, em inglês, quatro sentidos principais: compreensão, intuição, contribuição e autoconhecimento. Por isso, transcrever essa palavra quando se traduz um texto de psicólogo de língua inglesa sugere, apenas, que o tradutor não entendeu o texto.

* * *

Vale a pena examinar alguns casos de utilização legítima de língua estrangeira e começar por um exemplo extremo – e magnífico – de Thomas Mann. Em *A montanha mágica*, a história de amor do herói, Hans Castorp, é vivida, ou sonhada, com Cláudia, que é uma doente russa. Castorp acompanha Cláudia com os olhos, e com a curiosidade, mas não ousa aproximar-se dela. Essa coragem lhe vem em uma festa de carnaval, e Castorp prefere falar em francês a falar em alemão: *"avec toi je préfère cette langue à la mienne, car pour moi, parler français, c'est parler sans parler, en quelque manière – sans responsabilité, ou comme nous parlons en rêve. Tu comprends?"*

Nesse caso, a utilização da língua diferente, que no diálogo alterna com a língua alemã, é forma de criar outro domínio da realidade, onde se diz tudo aquilo que não se diria em condições normais. Outras vezes, como acontece nos romances de Durrell, a língua estrangeira, além de criar outra realidade, é também forma de indicar o cosmopolitismo, o desenraizamento das personagens.

Em outros casos, o escritor emprega apenas uma palavra estrangeira, mas, no contexto, essa palavra permite uma intensidade que não seria obtida com o emprego de palavra da própria língua. Um bom exemplo pode ser encontrado em um trecho em que Sartre condena as torturas empregadas pelos franceses na Guerra da Argélia:

> *La vérité d'Afrique est un vin trop fort pour nos tendres cervelles: qu'arriverait-il aux colons si la Métropole se saoulait? Du calme, voilà ce qu'il nous faut, une cure de repos, quelques distractions: depuis la mort de Louis XVI, tout bon Français est orphelin; le gouvernement Mollet connaît et partage le deuil inconsolable de notre bourgeoisie; ne reculant devant aucun sacrifice, il a, pendant trois jours, mis la reine d' Angleterre sur le trône de France. Quelles délices! Quels ravissements! Les gens se parlaient sons se connaître, ils se pressaient par la main et dansaient la farandole. En Algérie, pourtant, des hommes tenaces continuaient leur job: pas des jours fériés pour les bourreaux ...*

Aqui, é evidente o sentido de *job*. Sartre não emprega a palavra francesa para trabalho e, da língua inglesa, utiliza *job*, porque esta (como serviço, em português) pode ter conteúdo pejorativo. O emprego da palavra estrangeira é também uma forma de indicar a distância psicológica e moral entre quem fala e o carrasco encarregado da tortura. Do ponto de vista estilístico, a palavra *job* serve para cortar a sequência do idílio irônico que o autor descreve até esse momento.

Em outros casos, o escritor utiliza a palavra estrangeira para dar o que antigamente se chamava cor local. É assim que, em sua descrição do Brasil, Simone de Beauvoir fala de pinga, favela, candomblé, churrascaria. Mas o recurso tem seus perigos, como se vê nesse mesmo livro: os candangos de Brasília aí aparecem como *catingos*.

* * *

Mas não apenas na literatura erudita a palavra estrangeira é usada como recurso estilístico. Observe-se que, na linguagem popular, a utilização de *colored* (pronuncia-se colorédi) procura evitar o conteúdo nitidamente pejorativo de preto, ou levemente pejorativo de negro. Ao contrário do que se viu anteriormente com *job*, a palavra *colored* indica aceitação e proximidade, embora possa, evidentemente, ser empregada com ironia. Ocorre que, ao tradutor, não cabe fazer essas inovações, pois o estrangeirismo é a negação da tradução. Se traduzo um texto com estrangeirismo, preciso mantê-lo, pois foi recurso que o autor pretendeu utilizar. Mas, quando traduzo, a possibilidade de empregar estrangeirismos é ilimitada. Para voltar ao exemplo do início do artigo, podemos supor a tradução de um trabalho sobre educação norte-americana, em que o tradutor empregue os seguintes estrangeirismos: *college, university, dean, fraternity, sorority, drug store, term, high school, cafeteria*, e assim por diante. Podemos imaginar um educador brasileiro que, ao descrever a universidade norte-americana, empregue todos esses termos e procure mostrar suas peculiaridades. O tradutor estaria errado; o educador estaria certo.

* * *

Embora a tradução de palavra apresente problemas curiosos e seja um extraordinário desafio, não é o aspecto decisivo de um texto. Ainda que não saiba o sentido correto de uma palavra do original, se souber português e estiver atento ao sentido da frase, o tradutor saberá evitar, pelo menos, o disparate. Dois exemplos de disparate, em tradução recente, mostram muito bem esse aspecto. O primeiro: "Pois a natureza não é utilitária: a beleza das escamas mortas em uma asa de borboleta é um gesto espontâneo, desinteressado – uma extravagância, uma luxúria, um jogo – uma ação gratuita". Se o leitor sabe inglês, percebe que essa "luxúria" deve ser tradução de *luxury*, isto é, superfluidade ou luxo. O tradutor deveria saber isso também; mas, ainda que não soubesse, a ausência de sentido devia despertar sua curiosidade. O segundo disparate: "Por mero acaso, testemunha um flerte esqualidamente adúltero entre a mãe de Alissa e um jovem oficial". O leitor pergunta, fatalmente, o que vem a ser um flerte "esqualidamente adúltero". Não há possibilidade de obter uma resposta, pois o dicionário registra esquálido como sórdido, macilento e sujo. Nada disso parece ter sentido na frase e, ainda que tivesse, não seria melhor dizer sordidamente adúltero? Ou será que o original dizia *squarely* – isto é, nitidamente, claramente –, e o tradutor foi levado pelo som das palavras a pensar em esqualidamente? Sem o original é impossível dar uma resposta, mas esta última hipótese parece a mais plausível.

Em contrapartida, é possível traduzir todas as palavras e colocá-las em uma ordem que, em português, não tem sentido, ou torna a frase estranha e de difícil compreensão. Por exemplo, esta frase: "Esse recurso é tão essencial à arte de ... que, quando lhe parece negado, encontra dificuldades para escrever em geral". Aqui, todas as palavras parecem certas, mas colocadas em ordem errada: bastaria dizer "geralmente", em vez de "em geral" (tradução de *in general*, do inglês), e colocar o advérbio na construção portuguesa: "... geralmente encontra dificuldades para escrever".

Neste ponto, chegamos a um problema crucial na tradução: o tradutor deve saber como construir a frase na língua para a qual traduz e reconhecer o que é peculiaridade da língua de que traduz. Essa regra é simples quando aplicada a texto sem estilo pessoal; por exemplo, os livros didáticos geralmente não têm um estilo discernível, embora possam ser mais fáceis ou mais difíceis, mais claros ou mais confusos. Quando bem traduzidos, os maus livros didáticos ganham em clareza, pois o tradutor é obrigado a dar uma ordem mais adequada à frase; se não o fizer, o texto, obscuro ou deselegante no original, tornar-se-á ilegível ou incompreensível na tradução.

No entanto, à medida que subimos na escala dos valores propriamente literários, aumenta a dificuldade do tradutor. Na verdade, o estilo do grande escritor – e talvez só nesse caso se devesse falar de estilo – é único, isto é, ninguém escreve dessa maneira, seja em sua língua, seja na língua para a qual vai ser traduzido. Nesse caso, o tradutor não dispõe de um modelo ao qual possa ajustar o autor de língua estrangeira. Evidentemente, seria erro indesculpável destruir o estilo, a fim de torná-lo semelhante ao existente na língua para a qual se vai traduzir. Conta-se que os primeiros tradutores de Dostoiévski para o francês faziam exatamente isso, ou mais ainda: eliminavam aquilo que, segundo eles, o leitor francês seria incapaz de compreender.

No entanto, dizer que o autor traduzido deve ser respeitado não é resposta a todos os problemas de uma tradução literária, pois é difícil saber o que significa, exatamente, esse respeito. Um caso extremo indica a dificuldade aí existente. Todos sabem que cada geração precisa retraduzir os clássicos gregos; por exemplo, as traduções inglesas do século XIX soam hoje estranhas e provavelmente não permitem uma expressão estética adequada. Aqui não se trata, certamente, de influência exclusiva da erudição, mas da necessidade de uma tradução para a linguagem contemporânea. Outro exemplo dessa necessidade – e das perturbações que provoca – pode ser encontrado na nova tradução inglesa da Bíblia. Também aqui, embora houvesse o peso da erudição histórica e teológica, esse não é o único fator a pesar na necessidade da nova tradução: como a linguagem se transforma continuamente, chegaria um momento em que seria necessária uma retradução da tradução – isto é, esta teria perdido sua acessibilidade. Com os clássicos gregos já traduzidos, o processo seria semelhante.

Como se vê, essa situação propõe uma série de questões realmente difíceis. A primeira delas poderia ser apresentada da seguinte maneira: será que a obra literária original pode apresentar uma universalidade que nunca será possível para a tradução? Isso poderia ser proposto também de outra forma: quando pretendemos refazer uma obra literária, vamos ao original e abandonamos as traduções anteriores. Aparentemente, o original conserva uma riqueza potencial que não pode ser encontrada na melhor tradução. Por isso, os tradutores contemporâneos dos trágicos utilizam o original grego, e não as traduções do século XIX. Se aceitamos essa ideia, somos levados a pensar que o tradutor, de certo modo, escolhe, entre as possíveis interpretações de um texto, uma leitura determinada; por isso, a riqueza do original se perde. Mas, quando isso ocorre, a tradução foi malfeita, pois não transpôs a ambiguidade do original.

A outra questão significativa refere-se à influência que o autor estrangeiro exerce em uma literatura. Essa influência depende de uma aceitação de algumas técnicas ou de algumas perspectivas que, até aquele momento, não existiam. Como pensamos partindo da literatura brasileira, com frequência somos levados a admitir que as outras literaturas nacionais – sobretudo as europeias – têm uma autonomia que falta à nossa. E está claro que, em grande parte, isso é verdade: durante muito tempo, à nossa literatura faltaram recursos para a expressão estética de uma nova realidade física e social. Aparentemente, é mais fácil usar uma expressão já existente e tentar adaptá-la à realidade que o artista brasileiro encontra. No entanto, não é muito correto dizer que, apenas na literatura brasileira, o movimento literário inovador depende de uma influência estrangeira. Basta um exemplo: quando Thomas Mann tinha quase setenta anos, descobriu alguns autores alemães e confessou que, na mocidade, lera muito mais os autores franceses, ingleses e russos. Esse e outros exemplos talvez permitam uma generalização: ainda que uma obra literária se ligue a uma tradição nacional, pelo menos parte de seu efeito estético depende da novidade, da introdução de elementos exóticos. Nesse caso, estamos diante de uma forma sutil de tradução, às vezes de retradução; o escritor estrangeiro acaba por ser incorporado a outra literatura, não direta, mas indiretamente, pela influência que nela exerce.

* * *

Na série quase interminável de questões propostas pela tradução, vale a pena tentar responder a mais uma: será que o tradutor tem estilo? A pergunta é ambígua, pois não é muito fácil dizer quais são os escritores que verdadeiramente têm estilo. Em primeiro lugar, grande parte do que se considera, à primeira vista, estilo individual é, na realidade, a marca da época no escritor. Há expressões e até formas de pontuação que saem da moda e, em períodos mais distantes, tornam a leitura difícil ou problemática. O mais comum é que o organizador de novas edições ajuste essa pontuação aos hábitos modernos, à nossa maneira de ler e escrever. Será que isso destrói o estilo? A questão, proposta na mesma língua, ajuda a responder ao problema do tradutor, embora não solucione todos os seus problemas. Se, em francês, a construção da frase proustiana é insólita e chegou a provocar a revolta de críticos mais conservadores, será necessário conservá-la na tradução? Ainda que procure uma fidelidade total, ainda que se escravize ao texto, o tradutor escolhe. Escolhe certas palavras e certo ritmo de frase que estão mais de acordo com seu gosto, talvez com sua maneira de escrever.

Essas afirmações se tornam mais claras diante de um texto e de sua tradução. O texto é de L. Durrell *(Justine)* e a tradução é minha.

The sea is high again today, with a thrilling flush of wind. In the midst of winter you can feel the inventions of Spring. A sky of hot nude pearl until midday, crickets in sheltered places, and now the wind unpacking the great planes, ransacking the great planes ...
I have escaped to this island with a few books and the child – Melissa's child. I do not know why I use the word "escape". The villagers say jokingly that only a sick man would choose such a remote place to rebuild. Well, then, I have come here to heal myself, if you like to put it that way ...
At night when the wind roars and the child sleeps quietly in its wooden cot by the echoing chimney-piece I light a lamp and limp about, thinking of my friends – of Justine and Nessim, of Melissa and Balthazar. I return like link by link along the iron chains of memory to the city which we inhabited so briefly together: the city which used us as its flora –precipitated in us conflicts which were hers and which we mistook for our own: beloved Alexandria!

"Hoje a maré está alta outra vez, com um excitante jato de vento. No meio do inverno, é possível sentir as invenções da Primavera. Até meio-dia, um céu de pérola nua e quente, grilos em lugares fechados, e, agora, o vento desembrulha os grandes planos...

"Fugi para esta ilha com alguns livros e a criança – a filha de Melissa. Não sei por que uso a palavra 'fugir'. Os homens da aldeia dizem, brincando, que apenas uma pessoa doente escolheria, para reconstruir-se, um lugar tão distante. Pois bem, se você quiser, vim aqui para curar-me ...

"À noite, quando brama o vento e a criança dorme silenciosamente em seu berço de madeira, ao lado do consolo da chaminé, acendo uma lâmpada e me arrasto por aí, pensando em meus amigos – em Justine e Nessim, em Melissa e Balthazar. Volto, anel por anel das correntes de ferro da memória, à cidade em que por tão pouco tempo residimos juntos: à cidade que nos usou como sua flora – em nós precipitou conflitos que eram seus e que erradamente aceitamos como nossos: bem amada Alexandria!"

Embora se possa dizer que o que está dito em inglês está apresentado em português, teremos algum recurso para saber se seu impacto pode ser o mesmo nas duas línguas? Lembre-se uma observação de Henry Miller que, embora, talvez, exagerada, indica a reação de um leitor de língua inglesa ao estilo de Lawrence Durrell: "Não sei como a prosa inteligível em inglês possa avançar mais". Está claro que, em português, não pode ter o mesmo sentido; está claro, também, que as palavras portuguesas de tradução não devem ter a mesma força e a mesma originalidade que as palavras de Durrell têm em inglês. Mas isso pode ser decorrência de minhas limitações em inglês e português. Deve-se admitir que o verdadeiro tradutor de Durrell – e aqui não vai nenhum julgamento da tradução portuguesa, que não conheço – tenha um conhecimento suficiente de inglês para avaliar o relativo peso das palavras; saber se são arcaizantes, se estão empregadas figuradamente ou em sentido literal. Em outros casos, é possível perceber a dificuldade da tradução. Na primeira frase, por exemplo, Durrell diz literalmente "o mar está alto", enquanto a tradução usa maré; se "mar alto" tem outro sentido em português, seria possível dizer o mar está bravo ou violento. Achei que isso quebraria o ritmo da frase de Durrell. No caso de *lamp*, empreguei lâmpada – em um sentido atualmente pouco usual. Achei preferível correr esse risco a empregar a palavra lampião ou lanterna – que seriam, também, traduções legítimas. Aqui fui guiado não só pelo sentido, mas também pelo som das palavras.

* * *

A longa discussão ainda não soluciona os problemas mais fascinantes da tradução. A linguagem é um domínio tão rico que sequer o risco de fazer descobertas como as de M. Jourdain – que se maravilhava com a análise da pronúncia das vogais – consegue afastar nosso interesse. Rimos de M. Jourdain, mas o fato de empregar a prosa durante toda a vida talvez seja realmente um fato mais extraordinário do que parece à primeira vista. Sobretudo se a prosa é traduzida.

Tradução e linguagem[1]

Quem quer que, atualmente, percorra nossas livrarias perceberá, quase imediatamente, que nossa vida editorial e intelectual parece girar em torno de traduções. Em grande parte, como já se disse muitas vezes, isso decorre de nossa situação de caudatários intelectuais; ainda hoje, vivemos em função de uma cultura importada, procuramos atualização por aquilo que se pensa ou se escreve em outros centros, tentamos repetir aqui o que maiores recursos de pesquisa e número maior de pesquisadores permitiram fazer. Nem esse aspecto é peculiar ao Brasil. Em livro recente, Joseph Ben-David[2] defendeu a tese da existência de centros de irradiação da atividade intelectual que, depois de localizar-se na Itália durante o Renascimento, passam sucessivamente para a Inglaterra, a França, a Alemanha e os Estados Unidos. Em outro

---

1 *Debate e crítica* (revista semestral de ciências sociais) São Paulo, n.1, jul.-
   -dez.1973, p.151-61.
2 BEN-DAVID, Joseph. *The social role of the scientist.* Englewood Cliffs: N.J.,
   Prentice-Hall, 1972.

aspecto, o da literatura, todos sabemos que o centro de irradiação mais importante também pode variar e, consequentemente, em determinado momento, os escritores de determinado país ou região constituem a *vanguarda* literária. Como exemplo disso, será suficiente pensar na Rússia no fim do século XIX, na França e na Inglaterra no começo do século XX e, depois, nos Estados Unidos da década de 1920 ou na ficção latino-americana contemporânea.

Não traduzir, nesses casos, seria evidentemente fechar nosso desenvolvimento intelectual às correntes mais criadoras da nossa época. Em outro aspecto, a tradução pode ser e é, frequentemente, produtiva: o maior desenvolvimento intelectual parece ocorrer quando há interpenetração e, às vezes, conflitos de interpretações e influências diferentes. A história intelectual parece mostrar que os períodos talvez mais criativos são aqueles em que cientistas ou artistas enfrentam e assimilam influências diversas; ao contrário, os períodos mais fechados às influências parecem ser os que marcam ou prenunciam a estagnação.

No entanto, o que parece estar ocorrendo no Brasil é algo diferente, que não permite ter o otimismo que as considerações mencionadas poderiam sugerir. Há, em primeiro lugar, uma preferência quase irrestrita pelo autor estrangeiro; depois, uma dificuldade imensa para a divulgação de autores novos; finalmente, a lamentável qualidade de grande parte de nossas traduções.

Aqui, a rigor, pretendo apenas discutir o terceiro problema, mas não podemos esquecer os dois primeiros. Quanto à preferência pelo autor estrangeiro, há sempre a solução fácil de culpar os editores nacionais, o que sempre permitirá admitir que a culpa não cabe aos intelectuais brasileiros, mas aos comerciantes de livro. Na verdade, a situação parece bem mais complexa do que se pensaria à primeira vista. Há edições, por exemplo, de obras de arte que só são comercialmente possíveis porque os editores contam com a venda dos direitos para várias línguas. Está claro que, nesse nível, nem o autor nem o editor brasileiros têm possibilidade de competir. Em outro nível, o editor que se volte, por exemplo, para o terreno cada vez mais difícil da ficção, tende naturalmente a preferir o autor estrangeiro, cujo êxito editorial é pelo menos provável, em vez de arriscar-se com o autor brasileiro.

Mas o livro enfrenta, ainda, outro problema, que não é peculiar à literatura de ficção, mas pode ser encontrado em qualquer domínio da vida intelectual. Sem querer fazer humor, nossa vida intelectual, sobretudo a universitária, parece viver em extremos que, afinal, se tocam, mas são extremos desfavoráveis ao livro. Há, em um extremo, a *apostila* ou a leitura de trechos recomendados pelo professor, para as quais as formas atuais de fotografia ou reprodução parecem feitas de encomenda. O aluno faz uma coletânea de trechos dispersos de livros ou revistas, sem ser levado à leitura de um ou de vários livros completos. No outro, correspondente aos professores mais atualizados e frequentemente mais estudiosos, o que se deseja é transmitir as informações mais recentes, isto é, ainda não compendiadas em livro. Essa forma de ensino ou estudo, aceitável talvez em nível de pós-graduação e, assim mesmo, em casos relativamente específicos, é empregada, praticamente desde o primeiro ano, em algumas das melhores universidades. Não importa aqui discutir seu valor pedagógico, mas sim sugerir que essas duas formas de utilização do material impresso dificultam a circulação do livro, mesmo do livro didático. Tudo se passa como se nosso aluno fosse capaz de saltar do caderno ou da apostila que usou na escola secundária para os artigos mais especializados, sem fazer o estágio no manual formativo e informativo, ou sem ler os trabalhos clássicos de uma disciplina.

A segunda dificuldade está ligada à ausência de informação. Essa ausência provoca um resultado aparentemente contrário ao indicado: no Brasil, o livro tem um período excessivamente longo de espera para sua divulgação. Isso se explica, em parte, pela ausência de veículos de informação, não só em jornais ou revistas de maior circulação, mas também em revistas especializadas ou de nível mais elevado. Em resumo, os livros não são saudavelmente debatidos; faltam as resenhas e as críticas mais amplas. Nesse sentido, nossa imprensa diária parece ter regredido nos últimos anos, pois é cada vez menor o espaço dedicado ao debate cultural, à crítica dos livros. Como o livro estrangeiro é discutido e debatido, tanto o leitor quanto o editor têm, a seu respeito, mais informação do que sobre os trabalhos nacionais.

Esses aspectos, aqui citados de passagem, merecem, evidentemente, uma análise muito mais profunda. Sem modificação dessas condições concretas, parece realmente difícil modificar a situação do livro nacional e, em consequência, do autor nacional. Na verdade, o livro de elevado nível tem, por toda parte, um público reduzido. No entanto, se o autor não tem uma compensação financeira, tem as compensações que poderíamos chamar marginais, mediante o debate e o reconhecimento de um público, por menor que seja.

* * *

Agora, o problema da tradução. Para discuti-lo, a primeira tese que convém lembrar é a da possibilidade de tradução real de uma língua para outra.

Já se afirmou a sério, e em muitos aspectos, que a tradução é impossível. Mais recentemente, Georges Mounin[3] parece ter proposto o problema em termos mais adequados, não só ao discutir a tradução *interindividual,* isto é, em uma mesma língua, mas também ao pensar na tradução de uma língua para outra como um processo dinâmico, "jamais completo", mas também nunca irremediavelmente impossível.

Aqui, ao contrário do que faz Mounin, não interessará discutir os vários aspectos culturais da tradução, mas analisar seus possíveis efeitos na cultura que recebe o elemento traduzido, sobre-

---

3 MOUNIN, Georges. *Les problemes théoriques de la traduction.* Paris: Gallimard, 1963.

tudo quando a tradução é errada ou imperfeita. Apesar disso, é necessário indicar os problemas básicos da tradução, pois sem eles não teremos recursos para entender suas consequências.

O problema da compreensão da língua, escrita ou falada, deve ser proposto de início no nível interindividual e dentro da mesma cultura. Aqui podemos distinguir, para simplificar, o *significado* da palavra e seu valor sonoro, ou sua *expressividade* como palavra. Embora o primeiro aspecto predomine na prosa e o segundo seja o domínio da eleição da poesia, isso não impede sua interpenetração nos dois domínios. Em um caso extremo, o poeta pode limitar-se ao valor expressivo das palavras:

> O fácil o fóssil
> o míssil o físsil
> a arte o infarte
> o ocre o canopo
> a urna o far niente
> a foice o fascículo
> a lex o judex
> o maiô o avô
> a ave o mocotó
> o só o sambaqui ...

de Drummond de Andrade, em "Lição de coisas".

Mas, nesse mesmo livro de Drummond, não será difícil rastrear outros poemas em que a palavra transmite também uma experiência, indica um significado ou uma situação:

> Volta o filho pródigo
> à casa do pai
> e o próprio pai é morto desde Adão.
> Onde havia relógio
> e cadeira de balanço
> vacas estrumam a superfície.

O filho pródigo tateia
assobia fareja convoca
as dezoito razões de fuga
e nada mais vigora
nem soluça.
Ninguém recrimina ou perdoa,
ninguém recebe.
Deixa de haver o havido
na ausência de fidelidade
e traição.
Jogada no esterco verde
a agulha de gramofone
varre de ópera o vazio.
O ex-filho pródigo
perde a razão de ser
e cospe
no ar estritamente seco.

Se a compreensão – ou talvez fruição estética – do primeiro poema aqui indicado pode depender quase exclusivamente do valor sonoro das palavras, está claro que o segundo exige muito mais do leitor. Em última análise, seria possível dizer até que alguns de seus elementos supõem uma experiência ou pelo menos um conhecimento empático de uma fase de nossa vida social. O poema não apresenta apenas um elemento que é, talvez, comum a muitas culturas – o conflito de gerações, ou, em nível psicológico talvez mais profundo, o conflito entre filho e pai –, mas também sua superação na maturidade; alguns dos elementos que dão força expressiva ao poema devem ser buscados em certo momento de nossa história e, dentro desta, em certa classe social (note-se, por exemplo, a referência à região de criação de gado, à agulha de gramofone, à ópera).

Se pensarmos em comunicação interindividual na língua portuguesa, teremos o direito de supor que dois leitores com experiência muito diversa reajam da mesma forma ao poema, ou sejam capazes de senti-lo de maneira idêntica? É pelo menos discutível que isso aconteça. O leitor de doze ou quinze anos poderá conhecer todas as palavras empregadas, mas talvez não tenha nem a experiência emocional nem a possibilidade de sentir todo o impacto do poema em suas conotações mais ricas. Basta pensar no significado de agulha de gramofone para a geração que não conheceu o rádio nem a televisão e para a geração atual. (Na prosa, há pelo menos duas tentativas bem diferentes de analisar o impacto do disco: uma ocorre em *A montanha mágica* de Thomas Mann; outra, de Érico Veríssimo, mostra a introdução do disco no Rio Grande do Sul.)

Pode-se argumentar, e com alguma razão, que esses exemplos de poesia são, de certo modo, artificiais, pois supõem formação de gosto, sensibilidade, isto é, supõem uma abertura para a linguagem poética. No entanto, em muitos outros casos, sobretudo quando pensamos no sentido conotativo das palavras, podemos encontrar algo semelhante. Há palavras valorizadas positiva ou negativamente, não apenas na política, mas praticamente em qualquer domínio da vida social: democracia, justiça, liberdade são palavras positivas; injustiça e opressão são exemplos de palavras negativas. Isso não apenas amplia o conteúdo das palavras, uma vez que passam a abranger muito mais do que significados específicos, mas também interfere em seu emprego e compreensão, tanto por quem as fala como por quem as ouve.

Finalmente, ainda que consideremos apenas as reações individuais, as mesmas palavras e frases podem adquirir sentidos diferentes e ser uma barreira à comunicação, em vez de veículo para ela. Veja-se, por exemplo, o que ocorre com a palavra *inveja*, dificilmente descrita como sentimento nosso (e, segundo a observação de Heider, nesse caso, raramente indica a inveja real), embora atribuída a outros com relativa facilidade. Em outros casos, observáveis facilmente na linguagem da vida diária, e mais ainda na gíria, a palavra adquire tal amplitude de sentidos, que apenas um conhecimento muito amplo do contexto permite a especificação. Mais ainda, as palavras de gíria e muitas da linguagem diária têm nitidamente um sentido conotativo que aos poucos se perde. *Melindrosa* e *almofadinha* – palavras que desapareceram – tinham muito mais de denotativo que de conotativo; é possível que *pelintra*, anterior a elas, também carregasse conteúdo conotativo. Portanto a pergunta mais ou menos inevitável que podemos fazer é esta: como é possível que, apesar da linguagem, as pessoas se comuniquem?

A pergunta não é apresentada como um paradoxo – que, diga-se de passagem, é forma de pensamento que vem caindo de moda nas últimas décadas. É que, quando tentamos analisar a recepção de uma comunicação qualquer, vemos que o ouvinte ou leitor apreendem diferentes porcentagens do que foi transmitido. E, no outro extremo, é menos paradoxal do que pareceria a afirmação de que o receptor da mensagem pode compreender mais e melhor do que seu emissor. O exemplo talvez mais simples disso poderia ser encontrado na criança que faz poesia sem intenção de fazê-lo; o mais conhecido e documentado é o do poeta, cuja mensagem pode conter uma riqueza que lhe escapa, embora não escape a seus leitores ou a muitos deles.

Essas observações sobre a comunicação entre pessoas da mesma língua parecem indispensáveis para discutir o que ocorre na tradução. Parece evidente que, para traduzir, é necessário conhecer duas línguas: aquela *da* qual se traduz e aquela *para* a qual se traduz. Raro será, no entanto, o tradutor que conheça igualmente bem as duas línguas, que seja capaz de fazer a operação inversa: traduzir *de* sua língua materna *para* a estrangeira, ainda que a conheça relativamente bem. Ao aprender uma língua estrangeira, é natural que a conheça pouco ou insuficientemente, e fique deslumbrado não com as possibilidades expressivas da língua, mas com algumas palavras que lhe parecem insubstituíveis. De forma bem simples, isso pode ocorrer até com a linguagem técnica, ou supostamente técnica, das ciências humanas.

Veja-se a história exemplar da palavra *insight*, supostamente intraduzível para o português. Para saber se isso é ou não verdade, a primeira tarefa será verificar seu sentido em inglês. Na *Encyclopedia of psychology*, organizada por Eysenck, Amold e Meili,[4] são indicados dois sentidos básicos da palavra: 1) conhecimento ou compreensão conscientes que um indivíduo tem de si mesmo ou dos outros; e 2) uma compreensão imediata de uma relação real ou lógico-matemática. Está claro que esses dois sentidos são aqueles que, tecnicamente, são empregados na psicologia: o primeiro é com frequência utilizado pelos psicanalistas (quando se diz, por exemplo, que o neurótico não compreende seus problemas); o segundo ocorre nos psicólogos gestaltistas, quando opõem compreensão a aprendizagem por ensaio e erro. No entanto, mesmo o tradutor de psicologia poderá encontrar outros sentidos para a mesma palavra. O *Webster* registra, e aqui serão resumidos e traduzidos cinco sentidos básicos para *insight*: 1) poder ou capacidade para ver uma situação ou ver a si mesmo (e os sinônimos: discernimento, penetração, compreensão); 2) apreensão da natureza íntima das coisas ou ver intuitivamente; 3) uma visão física – *exame, observação*; 4a) reconhecimento da própria doença (principalmente mental); 4b) compreensão ou consciência da natureza de tal doença ou das forças inconscientes que contribuem para o conflito existente; e 5) aprendizagem imediata e clara que ocorre sem utilização de comportamento manifesto de ensaio e erro.

Como se observa, os sentidos 4a), 4b) e 5) são os antes indicados como especificamente *psicológicos*. Observe-se que esses cinco sentidos básicos são facilmente traduzíveis para o português, embora em cada caso se deva usar uma palavra ou expressão diferente. Mas com *insight* parece ter ocorrido algo semelhante ao que ocorreu com *status* (posição social), que acabou por pas-

---

[4] EYSENCK, H. J.; ARNOLD, W.; MEILI, R. (Orgs.). *Encyclopedia of psychology*. Londres: Search Press, 1973.

sar à linguagem diária, depois de introduzida como palavra *técnica* de sociologia. Nos dois casos, parece que a palavra estrangeira, supostamente intraduzível, recobre um sentido mais amplo ou profundo do que as palavras portuguesas usuais: sentimos, ao dizer que alguém não tem *insight*, a sugestão de algo mais completo ou rigoroso do que ao dizer que não tem autocompreensão ou discernimento de seus problemas. Para o tradutor, no entanto, há o risco de utilizar *insight* nos outros três sentidos (os não usados pela psicologia), transcrever a palavra e dar uma noção errada ao leitor.

Um caso semelhante, embora muito mais sério, é o da palavra *design*, que, como substantivo, tem, em inglês, sete sentidos básicos registrados pelo *Webster*, os quais vão desde *plano* e *planejamento* até *decoração*. Será razoável transcrever a palavra? Ou, como já foi feito por alguns, empregar *desenho* quando o original pedia que se traduzisse o termo para *planejamento*?

Por exemplo, não parece correto dizer o *desenho* de uma pesquisa, quando se deseja falar em *planejamento* de pesquisa.

De qualquer forma, a palavra nunca é o grande mistério de uma língua, nem sua maior dificuldade. Ainda que o estrangeirismo seja inadequado ou inútil, nunca será o aspecto pior de uma tradução – o que não significa que não possa ser péssimo. Quando se diz, por exemplo, que o *self* não é o conhecido *eu*, corremos o risco de uma incompreensão inútil. E basta ver o índice remissivo de alguns livros traduzidos do inglês para o português, onde encontramos *self*, mas não *eu*, para entender que houve um evidente mal-entendido. O fato de Rogers e William James, para dar exemplos bem nítidos, atribuírem sentidos diferentes a *self* não significa que precisamos conservar o original inglês para obter maior precisão. A imprecisão existe no emprego diferente por autores de língua inglesa, e não a eliminamos – ao contrário, apenas a aumentamos – ao conservar a palavra na tradução. O sentido de *self*, na terminologia rogeriana, só passou a existir depois de Rogers. Em outros casos, a palavra escolhida para a tradução é a que mais se aproxima da palavra inglesa, embora não seja a mais usual em português. Observe-se o que ocorre, ainda em psicologia, com a tradução de *reward* e *punishment*, usualmente traduzidas como *recompensa* (quando geralmente dizemos *prêmio*) e *punição* (quando a palavra usual é *castigo*).

De qualquer modo, repita-se, a palavra não é o maior problema da tradução, ou, pelo menos, a tradução errada de uma palavra não representa o pior aspecto da má tradução, nem sua influência mais prejudicial. O grande problema parece centralizar-se na construção da frase, na ordenação de pensamento que está suposta na linguagem.

E aqui parece residir o núcleo do problema, não só da tradução, como dos que leem as obras traduzidas. Antes dele, no entanto, convém lembrar um aspecto nada desprezível: a atribuição, ao autor estrangeiro, de uma dificuldade que não existe, ou de um estilo que evidentemente não é o seu. Veja-se, como exemplo, este pequeno trecho de Freud traduzido para o português:

> Há poucos dias atrás, uma dama de meia-idade, sob a proteção de uma amiga, veio à minha consulta, queixando-se de estados ansiosos. Ela estava na segunda metade de sua década de quarenta, razoavelmente bem conservada e, obviamente, não tinha encerrado ainda sua condição de mulher.

Parece até desnecessário comentar o trecho, mas é evidente que a tradução, palavra por palavra do original, apresenta ao leitor um Freud que mal dominava a língua em que escrevia quando sabemos que foi premiado exatamente por suas qualidades de estilo.

Ou este outro trecho, agora não de um estilista como Freud, mas de um honesto autor de manual de psicologia: "à medida que o estudante adquire o domínio da língua, é esperado que ele leia cada vez mais em menos tempo. O mesmo é verdadeiro na aprendizagem de uma ocupação". Aqui, é mais ou menos fácil ver o que estava no original e o que deveria estar na tradução. Ninguém dirá, em português, "é esperado que você esteja aqui amanhã" e, literalmente, não se sabe o que significa "leia cada vez mais em menos tempo". Observe-se, também, a repetição do *ele*, obrigatória em inglês, mas condenável em português. Mais adiante ocorre o erro grosseiro: "Quando um homem começa um trabalho de vender alguma utilidade, como seguros, por exemplo, ...". Parece que todos nós nos espantaríamos ao ver alguém dizer que um agente de seguros vende *utilidades*. Mas aparentemente isso não preocupou o tradutor, pois mais adiante afirma que "ao aprender ... ela *diferencia* mais e mais movimentos específicos de uma massa randômica de atividade". Talvez mais adiante as *utilidades* diferenciem-se dessa *massa randômica*. Mesmo porque, além da massa *randômica*, há também *ordem randômica*, talvez observável no "aprendizado de falar", o que, às vezes, provoca o "desconcerto dos pais", principalmente se estiverem "inteirados desse fato". Para a criança, há também o *chorar* (não o choro), o que não espanta porque tem condicionamento *primevo*, além, evidentemente, de "outros comportamentos envolvidos".

O importante, aqui, é que esse inglês transcrito para o português acaba por ser aceito como linguagem normal, mas é, evidentemente, uma linguagem desestruturada, porque é impossível ser compreendido de modo adequado quando se usa essa transcrição. Diga-se de passagem que o inverso também é verdade, e todo principiante de inglês sabe que não pode transpor, palavra por palavra, a frase portuguesa para a inglesa, pois não seria entendido. Por isso, não deixa de ser extraordinário que se admita tranquilamente a tradução aparente, isto é, feita palavra por palavra, expressão por expressão, sem sensibilidade para as características e exigências da língua portuguesa.

Agora, ainda que sem contar com observações sistemáticas, podemos imaginar as consequências dessa situação para o desenvolvimento intelectual do estudante, para seu domínio da língua. O *portinglês* deixou de ser privilégio dos tradutores e foi elevado à categoria de estilo científico.

Assim, compreende-se que essa linguagem obscura, cuja decifração é sempre um sacrifício, não seja empregada apenas por tradutores, mas por quem escreve diretamente em português.

Em contrapartida, seria um evidente exagero atribuir todos os pecados da linguagem escrita aos tradutores, sobretudo aos maus tradutores. Já se salientou muitas vezes, e não apenas no Brasil, que a linguagem escrita enfrenta uma crise, provavelmente provocada pelos novos meios de comunicação. Se as pessoas escrevem mal, isso se deve ao fato de lerem pouco e mal. A prova disso pode ser encontrada facilmente entre estudantes universitários, com frequência capazes de discutir oralmente, de fazê-lo com inteligência e até com brilho, mas incapazes de ordenar o pensamento em uma linguagem escrita relativamente correta.

Se aprofundarmos um pouco mais a análise, talvez seja possível encontrar outro aspecto, mais amplo e mais importante do que a simples competição com os meios de comunicação audiovisual. Aparentemente, vivemos em uma época que talvez se pudesse classificar como *utilitarista,* no sentido mais limitado do termo. A cultura transmitida pela linguagem escrita deixou de ter qualquer aspecto de gratuidade, de fruição pura e simples. Nesse sentido, perdeu um de seus fundamentos mais importantes, pois dificilmente a vida intelectual, na qualidade de vida intelectual, pode ter uma justificativa além de si mesma. Sempre haverá algo com resultado aparentemente mais imediato, com utilidade mais visível do que a atividade intelectual. O fato de, a longo prazo, a vida intelectual permitir a realização de objetivos mais amplos não elimina essa fase gratuita do pensamento e da sensibilidade.

Está claro que o utilitarismo e o pragmatismo não foram inventados em nossa época nem no Brasil. Sempre houve práticos, capazes de desprezar a vida intelectual como atividade gratuita, quando não prejudicial. O que parece novo em nossos dias é o fato de essa perspectiva ser aceita pelos que deviam defender a sensibilidade educada e o pensamento. Quando alguém pergunta para que serve um poema ou uma demonstração matemática, já chegou ao ponto em que essas criações são realmente inúteis.

Na verdade, o conhecimento da língua como recurso expressivo passou a ser desprezado, como se, de uma forma ou de outra, as pessoas finalmente acabassem por se comunicar e se entender. No entanto, parece que está ocorrendo exatamente o oposto; já houve até quem, com exagero talvez, sugerisse que uma das dificuldades básicas do jovem de hoje é sua dificuldade de comunicação linguística; poder-se-ia, no entanto, ir um pouco mais longe e perguntar se o sentimento de solidão do homem contemporâneo não tem, como um de seus elementos fundamentais, a dificuldade de expressão e compreensão. A moda atual dos grupos de *encontro*, com a volta aos contatos mais primitivos do tato e do olfato, talvez revele a mesma incapacidade de comunicação linguística, por tanto tempo considerada o aspecto mais distintivo da humanidade.

Talvez essas sugestões nos levem longe demais, para um domínio puramente hipotético, em que são quase nulas as possibilidades de comprovação. Mas a crise da linguagem, principalmente da linguagem escrita, parece hoje tão evidente, que precisamos urgentemente encontrar meios para compreendê-la e superá-la.

Criatividade em literatura[1]

Pesquisas recentes sobre pensamento produtivo têm sido dirigidas fundamentalmente para a identificação e a mensuração de indivíduos criativos. Essa direção pode ser ilustrada pelo trabalho de Guilford (1959) e Getzels e Jackson (1962). Nesse caso o psicólogo não pode estar certo do real significado da criatividade porque parece impossível predizer com base nos testes que indivíduos serão realmente criativos. Aqui, não é possível aceitar uma definição operacional extrema, isto é, uma similar àquela na definição da inteligência, e dizer que "criatividade é aquilo que é medido pelos testes de criatividade".

Quando tentamos medir a criatividade estamos interessados não no valor do teste em si, mas na necessidade de identificar a criatividade real. No entanto, a mais séria dificuldade dessas mensurações reside no fato de que na ciência e na arte indivíduos

---

1 "Criatividade na literatura" in *Proceedings of the Ninth Congress of the Interamerican Society of Psychology*, Miami Beach, Florida, December 17-22, 1964, p.86-90.

criativos podem ser muito diferentes e essas diferenças "fazem a diferença" em criatividade. Quando medimos habilidades ou aptidões, ou mesmo inteligência, é possível supor uma relativa independência dessas características em relação à personalidade como um todo. No caso da criatividade, no entanto, parece que encaramos uma característica mais profunda que depende de "tudo o mais". Podemos ilustrar isso se pensamos em Hemingway e Scott Fitzgerald. Embora possamos dizer que ambos eram criativos, seria muito difícil encontrar pontos comuns entre indivíduos tão diferentes. O que é comum a ambos? Atividade criativa na literatura? Mas mesmo essa qualidade era muito diferente neles.

Outra direção de pesquisa tem sido a identificação das características dos indivíduos com criatividade reconhecida. Exemplos dessa pesquisa podem ser encontrados no trabalho de A. Roe (1952) e B. T. Elduson (1962). Nesse caso a dificuldade reside no fato de que não sabemos a relação entre características identificadas por testes psicológicos e criatividade. Medimos, digamos assim, aquelas características supostamente associadas à criatividade.

Tais observações não significam, é claro, que essas pesquisas sejam inúteis; ao contrário, alguns conceitos parecem bem definidos e estabelecidos. O conceito de rigidez, por exemplo, parece muito claramente associado à criatividade. No entanto, parece muito improvável que cheguemos à concepção de características requeridas para o pensamento criativo se não começamos de uma descrição do trabalho criativo na literatura. Isto é, se não temos uma clara descrição das habilidades envolvidas na criatividade podemos descrever um número indefinido de variáveis psicológicas sem mesmo tocar as variáveis responsáveis pela criatividade. No caso extremo, corremos o risco de considerar criativos atos que são apenas "loucos" porque não se conformam aos padrões estabelecidos. Em contrapartida, criatividade real, longe de ser "louca", envolve uma relação precisa com a tradição literária de padrões estabelecidos e com a realidade social e psicológica de certa época. Quaisquer que sejam as dificuldades da tarefa, então precisamos tentar descrever atos criativos na literatura. Esse é o melhor caminho para identificar essas características requeridas para o trabalho criativo em literatura.

O exercício dessa análise é, no entanto, difícil, e é compreensível que nós, psicólogos, o evitemos. Em primeiro lugar, em literatura, o indivíduo criativo não encara um problema definido a ser solucionado em dado momento da evolução literária. Por essa razão é impossível fazer na literatura o que Wertheimer (1959) realmente fez para a teoria de Einstein, isto é, traçar sua formulação partindo de problemas anteriores da física. Na literatura não existe uma liderança inquestionável. Se, na ciência, encontramos um grupo trabalhando nos problemas significativos para dado momento, na literatura encontramos no mínimo quatro níveis de gosto: vanguarda, "bom gosto", subliteratura e comunicação de massa. Nosso primeiro problema reside na identificação desses níveis; depois disso podemos saber por que determinado indivíduo escolhe um ou outro nível; finalmente, seria necessário saber se todos os níveis podem ser considerados produtivos, ou seja, se podemos dizer que uma peça para o teatro é tão criativa quanto uma novela para a televisão.

Embora não seja possível justificar inteiramente essa posição, é melhor considerar apenas as obras da vanguarda e do bom gosto, porque apenas nesse caso encontramos uma forma de expressão da realidade social. Claro, na subliteratura e na comunicação de massa podemos identificar, por meio da análise de conteúdo, os problemas da sociedade, mas sua expressão é inconsciente, já que seus autores tentam escapar dos problemas.

Mesmo com essa limitação, não resolveremos as questões da definição da criatividade na literatura. Pode *Trópico de Câncer*, de Henry Miller ser considerado criativo ou produtivo? A solução nesse caso consiste em considerar criativa a expressão, não as consequências ou as motivações da obra literária. Fazemos isso com a ciência; um trabalho científico é produtivo ou criativo, mesmo quando algumas de suas aplicações são prejudiciais a algumas pessoas.

Uma segunda distinção deve ser feita entre trabalho criativo na ciência e na literatura. Na ciência, trabalho criativo apresenta a solução do problema; na literatura, obra criativa consiste na expressão de uma situação ou sentimento. Faulkner não resolve a situação do Sul, mas sua obra é uma expressão dessa situação; *Em busca do tempo perdido*, de Proust, não resolve o problema da vida afetiva ou o problema de envelhecer no mundo moderno, mas expressa esses sentimentos.

Desse fato, podemos entender uma das inevitáveis ambiguidades da obra de arte: ao passo que a verdade física apresenta ou explica relações entre objetos ou forças, que são verdadeiras ainda que ninguém possa repeti-las, a obra literária existe apenas para um público. Se ninguém conhece a linguagem de um poema, esse poema não existe como obra literária, mas apenas como sinais no papel. Isso significa que a literatura requer um público, no mínimo alguns leitores. Significa, também, que apenas quando os leitores aceitam uma obra temos a possibilidade de determinar seu valor literário. Essa descrição aponta alguns problemas para um trabalho experimental sobre literatura criativa. Criatividade literária parece requerer uma realidade que precisa ser expressa em linguagem literária. Cada autor, além disso, seleciona alguns aspectos dessa realidade, e é possível que não sejamos aptos para identificar, para o indivíduo criativo, os elementos da composição. Isso explica por que é melhor começar com obras realizadas de autores cujo valor literário é reconhecido.

Do ponto de vista psicológico, a primeira questão relativa à criatividade literária parece ser: qual é o ponto de partida de uma obra literária? Ao pensarmos no conteúdo das obras literárias, podemos dizer que quase tudo pode ser inserido na literatura: amor, simpatias, antipatias, infância, ódio, casamento, divórcio. Em termos de comportamento, no entanto, obras literárias resultam da percepção, do sentimento ou da ideia de desequilíbrio. Essa, claro, é uma definição incompleta de todo o comportamento, porque um organismo em perfeito equilíbrio com o ambiente não exibe comportamento algum. Para avançar nossa descrição, precisamos pensar em um *continuum*; em um extremo com um mínimo de tensão, não existe interesse; no outro extremo, emerge a ansiedade. No primeiro caso o indivíduo tenta sair da situação porque esta não oferece nenhum desafio para sua vida afetiva ou intelectual; no segundo, o indivíduo também procura escapar, mas sua motivação, nesse caso, é evitar uma situação perigosa.

A primeira vantagem desse esquema é o fato que pode ser usado tanto no caso de tensões internas quanto na poesia expressiva, e no caso cujo desafio é apresentado por condições ambientais ou por problemas intelectuais. Além disso, assim que procuramos condições mais estáveis, tentamos dar significado aos estímulos, mesmo quando temos de usar conceitos incompatíveis ou suposições inverificáveis. Em contrapartida, criatividade pode surgir apenas quando há compreensão das contradições na situação e a pessoa está apta a trabalhar nessa região instável. Por isso, o indivíduo necessita não apenas de qualidades afetivas mas também de habilidade intelectual para perceber os aspectos significativos da situação. Sem qualidades afetivas – especialmente a tolerância à ambiguidade – o indivíduo não permaneceria na situação e tentaria solucioná-la pelo pensamento estereotipado. Sem as habilidades intelectuais, o indivíduo não seria capaz de perceber a situação como instável ou a necessidade da reconstrução.

Essa descrição geral explica por que algumas situações, embora muito impressionantes ou dramáticas, raramente são transpostas em obras literárias. Esse é o caso da guerra e de outras situações apresentadas quase só em obras de pequeno valor.

Teoricamente, essa descrição pode ser vista como uma integração das interpretações da Gestalt psicanalítica. Ao passo que a tradição psicanalítica enfatiza o emocional e os aspectos inconscientes da criatividade, a tradição da Gestalt limita-se aos aspectos intelectuais do pensamento criativo. É evidente, no entanto, que todo ato criativo pressupõe tanto fatores emocionais quanto intelectuais. Nosso problema, então, seria mostrar como essas interpretações foram feitas e como é possível integrá-las.

Ao examinarmos as obras literárias, é compreensível que algumas tenham sido consideradas expressões emocionais, e outras tenham sido consideradas expressões intelectuais da realidade. Na poesia podemos mostrar que alguns poetas – comumente classificados como românticos – tentam encontrar expressão para conflitos internos; outros – comumente classificados como clássicos – tentam descrever a realidade objetiva. A teoria psicanalítica é uma adequada descrição da poesia romântica; a teoria da Gestalt é adequada para a poesia clássica. Mesmo com essa limitação, é impossível aceitar uma ou outra dessas descrições porque a expressão emocional deve ser válida para os leitores e a apresentação da realidade objetiva deve ter algum sentimento, inteiramente independente daquele da realidade. Isso explica por que precisamos encontrar uma forma de integrar ambas as descrições.

A mais séria dificuldade que encontramos na explanação da criatividade literária reside no papel do aprendizado. Teorias de aprendizagem foram relacionadas com casos muito simples, nos quais se parte do nada. Usualmente, também, o psicólogo está satisfeito com as primeiras repetições de certo comportamento. Na criatividade literária, no entanto, o papel do aprendizado é muito mais complexo. Em primeiro lugar, na criatividade real não encontramos repetição; ao mesmo tempo existe aprendizado, uma vez que seria impossível compreender criatividade sem o conhecimento de obras diferentes de diferentes poetas. É fácil demonstrar, na evolução dos poetas, uma contínua mudança que segue a influência de outros poetas. Ao lembrarmos Watson ou Skinner, descobrimos que concebem criatividade como algo novo, o que é correto apenas se dizemos, ao mesmo tempo, que a novidade deve ser compreendida em sua relação com algo já conhecido.

Nosso problema nessa fase parece ser a formulação de uma teoria da aprendizagem que seja apta a explicar a integração da experiência passada em uma nova expressão. Se essa tarefa é impossível para as teorias da aprendizagem dominantes, devemos lembrar que os novos avanços na ciência resultaram do conhecimento de problemas não solucionados e tentar conceber como formular teorias novas e mais complexas.

Na literatura temos, pelo menos, alguma documentação de transformações na obra de alguns poetas; temos a possibilidade de estudar a influência de uma nova forma e sua integração a obras afins. Por um sistemático estudo dessas obras se propõe que possamos chegar a algum tipo de compreensão da relação entre criatividade e aprendizado.

Referências bibliográficas

ELDUSON, M.; BERNICE, T. *Scientists: their psychological world*. New York: Basic Books, 1962.

GETZELS, Jakob; JACKSON, P. M. *Creativity and intelligence: Explorations with gifted students*. New York: Wiley, 1962.

GUILFORD, J. P. "Traits of creativity". In Anderson, H. A. (Ed.) *Creativity and its cultivation*. New York: Harper, 1959.

ROE, Anne. *The making of a scientist*. New York: Dodd, Mead & Co., 1952.

WERTHEIMER, M. *Productive Thinking*. New York: Harper, 1959.

Literatura brasileira[1]

Entendo que a comunicação de José Aderaldo Castello deve ser dividida em três partes distintas: uma análise da história da literatura brasileira; um programa de pesquisas historiográficas; e uma bibliografia básica para o estudo da literatura nacional. Estas duas últimas partes não serão discutidas, não porque sejam menos importantes ou menos significativas, mas exatamente porque me parecem indiscutíveis. A bibliografia representa um trabalho muito útil para o conhecimento de edições mais ou menos recomendáveis ou disponíveis no mercado; o roteiro de trabalho para o levantamento de fontes primárias também me parece satisfatório, pelo menos dentro dos limites propostos e daquilo que sou capaz de perceber em suas intenções. Tanto em um caso como em outro, mas principalmente na parte referente

---

[1] "Literatura Brasileira" in Encontro Internacional de Estudos Brasileiros, São Paulo, 1971. *Anais*. São Paulo, Instituto de Estudos Brasileiros da Universidade de São Paulo, 1972, v.2, p.270-80. Republicado em MATOS, Edilene et al. (Orgs.). *A presença de Castello*. São Paulo: Humanitas/Instituto de Estudos Brasileiros, 2003, p.161-71.

a pesquisa, é evidente que se está diante de um passo inicial, que se poderia denominar historiográfico ou de estabelecimento de textos. Como essa é a parte preliminar e indispensável de qualquer trabalho produtivo no campo da literatura brasileira, entendo que não temos mais de agradecer as indicações aí propostas. Isso não impede que a realização efetiva de trabalhos sobre os vários períodos exija ampliação ou redução de algumas propostas, mas isso é algo que só a prática poderá ensinar ou sugerir.

Entendo também que a primeira parte – a referente a uma análise de conjunto da literatura brasileira – poderia ser acolhida como ponto de partida para diversas pesquisas referentes a períodos específicos, ou para esquemas globalizantes que tentassem verificar, por exemplo, até que ponto se poderia falar em um substrato comum e relativamente permanente da literatura brasileira. Como, em determinado caso – o de características psicológicas do brasileiro por meio de ideologias do caráter nacional brasileiro –, já tentei fazer isso, suponho que minha indicação para este comentário seja quase uma provocação de meu amigo José Aderaldo Castello. E penso que a melhor maneira de corresponder à provocação será propor uma tese de certo modo oposta à sua, o que é uma forma de discutir talvez a grande maioria das interpretações globais da literatura brasileira que vêm sendo propostas desde o início de nosso romantismo.

Antes de passar a essa discussão, será talvez conveniente lembrar seus limites e suas intenções. Só uma pretensão que estaria beirando a paranoia levaria alguém a supor que todas as interpretações até agora apresentadas estejam erradas. Por isso, embora a discussão se torne mais fácil mediante uma argumentação mais cerrada, convém lembrar que, em vez de afirmações, pretendo apresentar dúvidas. Em outras palavras, só por facilidade de exposição meu comentário é feito por afirmações, e não por perguntas. Na verdade, penso que nossa crítica e nossos historiadores, com algumas exceções evidentemente, têm sido muito conservadores em suas opiniões críticas e em suas explicações. Em grande parte, parece que ficamos durante muito tempo presos às interpretações de José Veríssimo ou de Sílvio Romero; em poucos casos – e valeria a pena lembrar, entre as exceções, a reinterpretação de Antonio Candido para o romantismo, a tentativa de interpretação global recentemente apresentada por Alfredo Bosi, ou a valorização de Sousândrade, feita por Haroldo e Augusto de Campos – houve uma tentativa realmente radical de reavaliação ou reinterpretação de nossa história literária.

Ou estou muito enganado, ou isso é prova não de cultivo constante do nosso passado literário, mas de certo desprezo por ele. Se vale o exemplo de outras literaturas, esse passado, embora pobre, deve constituir uma fonte de reflexão sobre nossa vida cultural, um desafio permanente à nossa sensibilidade. Nosso trato com o passado, para ser vivo e autêntico, deve ser, como o nosso trato com os vivos, um diálogo permanente a que não pode faltar uma saudável discordância ou um desprezo também salutar diante do que não nos satisfaz. Se combater os mortos pode ser, como certa vez disse Sartre, manifestar a valentia dos cães vivos diante dos leões mortos, valorizar os mortos sem examinar sua real significação para o presente pode ser uma forma sutil de matar os vivos. O fato de apresentar algumas propostas radicais diante de um trabalho de José Aderaldo Castello também me deixa tranquilo, pois poucos poderão, com ele, apresentar uma folha tão grande de serviços prestados ao conhecimento de nosso passado literário.

Esquemas históricos e realidade histórica

Talvez a melhor maneira de começar uma discussão sobre nosso passado literário seja perguntar pela sua função para o presente. Afinal, se não estamos interessados em fugir da realidade, procuramos o passado para compreender nossa realidade atual. Portanto, o ponto de partida de nossa investigação deve ser a literatura atual – isto é, devemos procurar saber como podemos explicar o movimento literário que hoje temos e depois tentar saber em que medida o passado de nossa literatura pode ser útil para explicá-lo.

Essa pesquisa não precisa nem pode ter a pretensão de um suposto rigor científico – pois vai longe o tempo em que se imaginava que seria possível atender às exigências metodológicas da ciência no domínio da cultura ou da história cultural. Sabemos hoje que ciência é outra coisa – e não estamos fazendo ciência apenas porque o proclamamos. Sabemos também que o caminho que pode nos aproximar de verdades objetivas é difícil e sinuoso; que, muitas vezes, o trabalho intuitivo está mais próximo do real do que um obstinado apego a fórmulas supostamente objetivas. A razão disso é que, ao contrário do que costumam pensar os literatos-cientistas, a ciência tem grande parte de poesia e de invenção. Apenas em uma segunda fase do trabalho científico – o de verificação – é que o cientista deve ou precisa ser rigoroso; na primeira fase, que aqui podemos denominar a da invenção ou descoberta, seu trabalho tem muito de jogo mais ou menos livre de imaginação, pois seu objetivo é apreender relações ainda não estabelecidas entre fenômenos. Em outras palavras, os fatos, qualquer que seja o domínio considerado, não falam por si mesmos, nem são capazes de permitir o progresso da ciência. É em vão que o cientista coloca-se teimosamente diante de fatos, neles esperando encontrar a verdade – pois verdade, para o nosso pensamento, é uma relação entre fatos, e essa relação precisa ser imaginada para depois ser verificada. Há, na verdade, uma razão ainda mais profunda para que os fatos, considerados em si mesmos, sejam enganadores: é que, quando nos negamos a inventar relações, quando esperamos que os fatos se revelem por si mesmos, o que fazemos é continuar a supor relações tiradas de nossa limitada experiência, de uma tradição cuja origem não podemos precisar. Caímos então em versões estereotipadas da realidade, ficamos incapazes de verdadeiramente descobrir algo novo na vida humana ou no domínio da natureza.

Já foi dito que hoje não se pode esperar um conhecimento científico no domínio da literatura; muitos pensadores diriam até que, nas chamadas ciências humanas – na psicologia, na sociologia, na antropologia –, só em determinados domínios, que talvez não sejam sequer os mais importantes, podemos ter a esperança de uma verdade equivalente à que encontramos nas ciências da natureza. Mas isso não elimina um aspecto básico do trabalho científico que todo conhecimento deve ou precisa aceitar, sob pena de não ser conhecimento: é a busca de racionalidade, de objetividade na avaliação do real. A razão dessa exigência é também clara: se não tivermos a possibilidade de uma verificação objetiva, não teremos sequer a possibilidade de comunicação real entre os homens.

Cabe agora perguntar em que pontos do trabalho de história da literatura podemos ter a necessidade ou a possibilidade de objetividade ou racionalidade. É evidente que não podemos dar uma explicação para o trabalho que será feito; não podemos imaginar que chegue um momento em que possamos predizer a criação artística, pela mesma razão que não podemos predizer a criação científica. Nesse ponto encontramos um dos limites formais de nosso pensamento: se eu fosse capaz de imaginar o futuro trabalho criador do cientista ou do escritor, meu pensamento já teria desvendado a criação futura, e eu seria o criador do que imagino que será descoberto. Essa é, diga-se de passagem, uma das razões para que não seja possível fazer uma ciência da criação literária ou da criação artística. É que, na lógica de nosso pensamento, só podemos ter – embora limitada – da correção de nossas afirmações quando somos capazes de predizer, isto é, quando podemos dizer que dadas tais ou quais condições, haverá determinado resultado. É isso que o cientista faz no laboratório, mas é isso que não podemos ter a pretensão de fazer no domínio da cultura.

Mas, se não podemos predizer, se não podemos, com base em certas condições, dizer quais serão as consequências, onde podemos encontrar o domínio do conhecimento da vida cultural? Parece que esse conhecimento está condenado a ser o tipo de conhecimento que, com boas razões, os cientistas desprezam ou temem: a explicação para o fato passado. Como o que desejamos explicar já ocorreu, como somos incapazes de fazer uma predição, de modificar as condições para provocar novamente o aparecimento do fenômeno, só podemos buscar explicações nos acontecimentos antecedentes. É certo que podemos chegar cada vez mais perto da verdade, podemos buscar processos paralelos para tentar uma confirmação de nossas hipóteses, mas nada disso elimina uma desconfiança fatal que precisamos ter com relação à aparente explicação. (É certo, como já se observou muitas vezes, que o cientista que trabalha com o método indutivo sofre uma limitação semelhante, pois o número de vezes em que pode provocar o fenômeno é insignificante diante do número de vezes em que o fenômeno pode ocorrer na natureza; por mais confirmação que obtenha na predição, isso não afasta a possibilidade de que esteja provocando o fenômeno, não pelas condições que criou, mas por outras condições não controladas por ele. Mas é evidente que essa dúvida, certamente legítima, não se compara à do historiador da cultura. Quando "explicamos" o aparecimento do romantismo brasileiro, por exemplo, não podemos recriar as condições que o provocaram para confirmar nossa hipótese; por definição, o romantismo brasileiro foi um processo cultural único, que nunca mais se repetirá na história.)

A essa limitação juntam-se duas outras: a necessidade de valorização e a possibilidade de que a explicação acabe por interferir naquilo mesmo que tentamos explicar. Embora os dois processos sejam muito importantes nas ciências humanas, parece que no domínio propriamente intelectual adquirem peso ainda maior. Quando falamos em literatura brasileira, não queremos evidentemente valorizar ou considerar tudo aquilo que se escreveu no Brasil; quando damos uma explicação ou uma interpretação, criamos um dado novo que interfere naquilo que se fará ou se tentará fazer depois.

A esses aspectos gerais parece necessário acrescentar outro, peculiar ao domínio da história e da história da vida cultural: nossa valorização se projeta do presente para o passado, é a obra realizada que de certo modo faz que reavaliemos os seus antecedentes. No entanto, a obra plenamente realizada faz que procuremos suas raízes, que valorizemos as obras menos importantes que permitiram sua realização; ao mesmo tempo, a obra realizada também se projeta no futuro e marca um ponto de referência para a valorização do que se faz depois. Podemos considerar *Os sertões* como exemplo disso. Do ponto de vista social, a revolta de Antônio Conselheiro pode ter sido apenas mais extensa ou mais profunda do que outras revoltas messiânicas; do ponto de vista literário, ganhou uma dimensão que os outros movimentos messiânicos não alcançaram porque não tiveram seu Euclides da Cunha. De certo modo, passamos a conhecer o messianismo sertanejo por intermédio de Euclides, mas não podemos saber quantas outras realidades se perderam por não terem tido seu poeta, seu romancista, seu cronista genial. Antes de Guimarães Rosa, o jagunço não tinha adquirido uma dimensão literária e quase se poderia dizer que inexistia para nossa sensibilidade de homens da cidade (embora pudesse existir para a sensibilidade do sertanejo).

Tais exemplos são talvez suficientes para mostrar como é complexa a relação entre a realidade histórica de um povo – isto é, a realidade tal como existiu em certo momento do passado – e a história como a reconstruímos em momento posterior.

A essa ambiguidade deve ser acrescentada outra. O historiador está interessado em reconstruir o passado, e quanto mais próximo chegue dele, mais próximo estará de seu objetivo. No entanto, sabe que o passado que reconstrói é algo que está para sempre perdido. Se tentamos reconstruir os dramas vividos pelos brasileiros do século XIX, sabemos que estamos diante de algo irremediavelmente perdido para nossa sensibilidade. Não podemos ter a paixão dos moços românticos, nem a das jovens da segunda metade do século XIX; não podemos sentir o que o escravo sentia na senzala, nem a paixão dos políticos do Segundo Reinado. Podemos invadir sua intimidade e tentar reconstruir seu mundo; uma vez que façamos isso, estaremos sendo historiadores. Mas o domínio literário atinge outra esfera: já não se trata de mostrar ou de imaginar a sensibilidade dos que existiram, mas de provocar nossa sensibilidade no presente. A cada representação de *A dama das camélias* os espectadores devem – se a magia artística atuar – ressentir seu drama, não como algo do passado, mas como alguma coisa que vive de novo, que naquele momento "acontece".

Essas observações pretendem sugerir que não podemos passar livremente da "realidade" histórica para a "realidade" artística, nem fazer o movimento contrário. Tanto em um caso como em outro estamos diante de reconstruções de nosso pensamento ou de nossa sensibilidade, e não podemos saber o que ocorrerá quando se revelar outra realidade, ou quando um artista ou um historiador geniais nos revelarem aspectos que até então éramos incapazes de perceber ou sentir.

No aspecto que aqui interessa comentar, temos uma realidade histórica e a representação dela que nos é dada pela literatura brasileira. A versão usual de nossa história literária é que os românticos, em um momento de libertação nacional e de independência política, utilizaram a ideologia nacionalista que então florescia na Europa para "construir" literária e politicamente o Brasil. Criaram as imagens e os mitos que depois se incorporaram à nossa visão do país. Histórica e politicamente, esse processo foi extraordinariamente importante, pois permitiu a formação ideológica do país, a formação de um passado nacional e até de alguns mitos nacionais.

Isso não significa que tenham necessariamente avançado por um domínio da realidade brasileira, que neles possamos ver o que o Brasil foi historicamente. Em alguns casos sabemos que os românticos se moveram em domínio puramente mítico – foi o que ocorreu, por exemplo, em seu tratamento do índio. Em outros casos, a sensibilidade romântica parece ter sido extremamente embotada – por exemplo, na representação da vida do escravo. Se pensarmos que o Brasil foi o último país a libertar os escravos, veremos que o fato de termos importado uma ideologia nacionalista contemporânea não foi acompanhado pela importação de outros aspectos da ideologia liberal do século XIX. Há aí um curioso processo de embrutecimento da sensibilidade romântica que mereceria ser mais amplamente estudado. (O fato de, já para o fim do romantismo, nossos poetas e escritores terem lidado com o tema da escravidão modifica muito pouco o que se disse anteriormente. A escolha do índio mítico ou histórico como tema, e não do escravo, mostra que houve um processo de racionalização na visão dos românticos. Mostra que também aqui não podemos passar da literatura para a realidade; historicamente, a escravidão era o grande problema do Brasil do século XIX, mas só apareceu como tema literário no fim desse período. Em José de Alencar, por exemplo, ou em Machado de Assis, o escravo aparece como um dado real, sem nenhuma conotação problemática – ao contrário do que ocorreu com o índio.)

Ora, em grande parte herdamos o esquema de história que aos poucos foi formulado pelos românticos. Nesse esquema, nossa vida intelectual aparece como uma tensão entre a realidade social em que viviam os escritores e as ideologias estéticas importadas, principalmente de Portugal e depois da França. Os românticos não viam, e não podiam ver, até que ponto essa ideologia servia no conflito entre os grupos brasileiros. No entanto, talvez hoje já tenhamos perspectiva mais ampla para considerar esse problema, para ver até que ponto as ideologias estéticas e de apresentação da realidade foram eficientes ou satisfatórias para a dinâmica social do Brasil durante grande parte do século XX.

Vida social, ideologia e literatura

Evidentemente, seria um despropósito muito grande pretender sequer indicar, aqui e agora, as complexas relações que existem entre a vida social e as ideologias, entre a vida social e a literatura. Depois de um longo processo de depuração, parece que a opinião hoje se inclina para a aceitação de um esquema que pode ser apresentado mais ou menos da seguinte forma: embora as ideologias surjam de determinadas condições da vida social e dos conflitos que nesta ocorrem, o domínio da vida intelectual – tanto científica quanto artística ou filosófica – conserva relativa autonomia. É por isso, diga-se de passagem, que certas formas artísticas, surgidas em uma realidade social, podem manifestar-se em realidade muito diversa, e é por isso também que podemos escrever uma história da literatura ou da filosofia. Há ainda um longo processo de pesquisa para que possamos ver o que é e o que não é ideológico nas várias doutrinas estéticas, para que possamos compreender até que ponto uma doutrina resulta de limitações da realidade conhecida pelo artista, até que ponto resulta de deformações impostas por sua posição na vida social.

Na vida cultural brasileira, esse relacionamento é extremamente complexo e parece ainda pouco analisado. Na verdade, uma coisa é explicar o aparecimento do romantismo na sociedade europeia como consequência de certas condições que lá passaram a existir a partir de fins do século XVIII e início do século XIX; outra, muito diversa, é explicar como foi possível que essa doutrina estética se aclimatasse em realidade social muito diversa, como era a do Brasil.

O problema fica mais claro quando pensamos nas várias fases da vida literária brasileira. Em primeiro lugar, criou-se em torno desse problema uma interpretação que aparentemente não se justifica. Tendemos a pensar que na Europa haveria uma vida literária autônoma, ao passo que a nossa seria, por assim dizer, artificial. Mas a história da vida literária europeia mostra que há inter-relações constantes das várias literaturas e também lá alguns movimentos de renovação são provocados pelo contato com a literatura estrangeira. Lembre-se, apenas de passagem, um trecho do diário de Thomas Mann em que este confessava que se formara muito mais com a leitura de autores estrangeiros e, na juventude, conhecera muito pouco a literatura alemã. Lembre-se, também como exemplo, como os jovens norte-americanos do começo do século XX – Eliot ou Pound – sofreram a influência, segundo eles decisiva, da literatura francesa. Em outras palavras, o que ocorre, quando comparamos a literatura brasileira às literaturas europeias, é mais diferença de grau do que uma diferença de situação. Não é por aí que podemos explicar, por exemplo, a relativa pobreza de nossa literatura, seu relativo afastamento com relação à vida nacional, algumas vezes apontado em certos momentos de nossa literatura.

Dizendo de outro modo, se pretendemos entender o dinamismo da relação entre vida social, ideologia e literatura, precisamos ser capazes de verificar os aspectos atuantes desses três níveis. Mais importante ainda, precisamos verificar até que ponto a literatura corresponde às necessidades ou aspirações de determinado momento.

Convém dar apenas um exemplo disso, utilizando a literatura do chamado pré-modernismo. Com poucas exceções – a mais notável das quais seria Euclides da Cunha – trata-se de uma literatura geralmente medíocre. Mas é também uma literatura desligada de suas mais importantes fontes de vida. Superficialmente, é uma literatura da arte pela arte, cujo principal interesse está no cultivo dos aspectos formais, e mais superficiais, da expressão escrita. Até certo ponto, é também uma literatura de reflexo, pois corresponde ao que algumas correntes europeias faziam na época. Em outro nível, essa literatura encontra apoio nos estudos gramaticais que então parecem ter tido seu ponto culminante no Brasil, os quais geralmente se caracterizaram por um rigor supostamente clássico. Com algumas exceções – a mais notável das quais seria talvez João Ribeiro – o estudo da língua portuguesa no Brasil assumiu então aspectos quase caricatos. Finalmente, no nível ideológico, muitos desses escritores – está claro que fora da sua torre de marfim – apresentavam uma visão profundamente pessimista, quando não reacionária, do Brasil e dos brasileiros.

Nesse caso, temos bem nítida a relação, ou ausência de relação, entre os aspectos mais vivos do país e a literatura que então se criava aqui; temos, na maioria dos escritores da época, um esquecimento quase completo de suas fontes populares que só chegam à literatura por aspectos pitorescos e deformados (como na literatura regionalista da época). Na poesia lírica, o período apresenta – também com as exceções de sempre, isto é, de poetas de maior sensibilidade – uma visão artificial, quando não doentia ou perversa da vida afetiva.

O exemplo mostra também que, mesmo quando se possa falar de importação, de aceitação de modelos estrangeiros, essa importação nunca é casual, mas corresponde a certas necessidades de alguns grupos, ainda que não correspondam a aspirações mais gerais do país.

Outra forma de analisar a relação entre a vida social e a literatura seria a análise entre o que às vezes se tem denominado cultura popular e cultura erudita. Em vários momentos de renovação da literatura europeia – o mais notável dos quais foi o romantismo – a literatura popular representou uma fonte de formas novas, ou pelo menos de tensão para a literatura erudita. Embora se possa dizer que no Brasil sempre faltou essa cultura popular mais sedimentada, aqui houve o choque de culturas diferentes, a formação de grupos relativamente estáveis nas várias regiões do país. Um bom exemplo dessa utilização pode ser dada pelo romance nordestino da década de 1930, em seus melhores momentos capaz de revelar um padrão de vida mais ou menos estabilizado e conflitante com os padrões de uma sociedade que, apesar de tudo, se modernizava.

Mas ainda aqui, como se pode notar, muito falta para que a literatura represente realmente um panorama do Brasil. Não tivemos o grande romancista do café, nem tivemos o grande romancista de nosso processo de urbanização, nem da imigração, nem da decadência de certas zonas produtivas e ricas, nem da vida do negro na sociedade brasileira.

Talvez seja tolice imaginar que se possa "explicar" por que essas realidades, tão importantes para nossa história, não passaram para a literatura. Em todo caso, talvez não fosse muita ousadia dizer que toda literatura – ou toda grande literatura – é quase sempre um sinal de fim ou de início de uma era. São esses momentos que criam as grandes tensões, revelam as maiores aspirações de um grupo que surge, quase sempre em oposição a outro grupo já estabilizado.

A valorização da literatura brasileira

Como ocorre com toda cultura periférica – oposta às culturas europeias de irradiação –, nossa cultura é limitada, não apenas pelo que se poderia denominar falta de interação, mas também por ausência de critérios mais autênticos de valorização. Como geralmente ocorre nas culturas periféricas, somos tentados a olhar para nós mesmos como os exóticos, os diferentes do que seria a *norma* de determinado período ou de certa fase histórica. Tendemos, por isso mesmo, a procurar algo de peculiar em nós, algo que nos distinga da norma, pois as culturas de irradiação, tanto europeias quanto ultimamente a norte-americana, tendem a manifestar interesse exatamente por esses aspectos mais superficiais de nosso ser como povo.

A essa dificuldade acrescenta-se outra, nada desprezível no caso da literatura: a da tradução realmente literária de nossos escritores e poetas. Desse relativo insulamento, dessa valorização nem sempre correta de nossos valores mais importantes, decorrem vícios quase sempre fatais para nossa autoavaliação. Como estamos mais ou menos certos de que a valorização só pode ser obtida "lá fora", de que nossos escritores só serão realmente grandes quando obtiverem o eco correspondente ao de escritores norte-americanos ou europeus, perdemos um pouco o critério de valorização autêntica.

Esse processo parece alterar-se nos últimos anos, uma vez que a grande literatura latino-americana atual tende a adquirir ressonância própria, capaz de nos englobar. Observe-se, no entanto, que ainda nesse caso somos caudatários, pois valorizamos os escritores latino-americanos indiretamente, ou em consequência da valorização europeia ou norte-americana. Tudo isso parece mostrar como é difícil avaliar corretamente, ou por razões estritamente literárias, sem diminuir a importância e a significação da literatura atual da América Latina. Parece fora de dúvida que grande parte dessa valorização internacional não decorre de razões exclusivamente literárias, mas da importância decisiva das regiões periféricas para o destino das regiões de irradiação cultural.

Está claro que isto não pode ser uma queixa, nem um lamento nacionalista, aqui mais descabido do que em qualquer outra parte; com um público ralo e relativamente informe, o escritor brasileiro geralmente não tem o eco da crítica e de triunfo que lhe permita avaliar seu trabalho.

Isso parece indicar um problema muito importante na literatura brasileira atual. Efetivamente avançamos muito pelo domínio do estudo universitário da literatura, mas parece que, pelo menos relativamente, regredimos na crítica atuante ou nas possibilidades de manifestação dos novos e novíssimos. Em outras palavras, temos hoje uma situação paradoxal: ao passo que a história da literatura e os escritores e poetas são minuciosamente estudados em teses universitárias e em trabalhos eruditos, os jovens não conseguem fazer ouvir sua voz. O fato de que a comunicação de José Aderaldo Castello mencione apenas os concretistas – movimento surgido no início da década de 1950 –

é sintomático. Em termos históricos, isso corresponderia a dizer, em 1945, que o último movimento notável da poesia fora o de 1922. Pode ter acontecido, efetivamente, um retraimento ou uma fase negativa de nossa poesia, mas talvez seja mais correto pensar em um bloqueio de comunicação de que padecem nossos jovens escritores de vinte ou vinte e poucos anos. Essa situação parece muito grave para nossa literatura. Embora já se tenha observado, com razão, que os jovens compositores representam hoje o papel que representaram, a seu tempo, os poetas românticos, nem por isso deixamos de estar diante de um hiato que merece nossa atenção. Por mais inspirados e construtivos que sejam os novos jovens compositores, sua mensagem é inevitavelmente simples, pois se dirige a um público literariamente não educado. Se pensarmos no número realmente espantoso de cursos de letras que existem atualmente no Brasil, em que aparentemente se estuda a nossa literatura do passado, ficamos diante de um quadro assustador. Para as novas gerações, a literatura é uma coisa do passado, algo que não nos exprime nem nos atinge diretamente. Em contrapartida, se examinarmos o que se publica – por exemplo, de crítica –, veremos que estamos diante de uma supervalorização do passado, mas de muito pouca atenção ao que atualmente se escreve.

Se tal comentário – infelizmente também um pouco informe – pode ter uma mensagem, gostaria que esta fosse no sentido de voltarmos os olhos para os mais jovens, ou muito mais jovens, pois são eles que estão ou deveriam estar fazendo a literatura viva, e se não formos capazes de ouvi-los, ou se não tivermos recursos para ouvir a voz deles, estaremos condenados a lidar com uma literatura acadêmica, que não exprime nosso tempo, nem permite a continuidade que representa a vida de uma literatura.

A realidade norte-americana na literatura[1]

É mais ou menos frequente que a crítica norte-americana – talvez a crítica menos literária – se preocupe em saber por que a literatura norte-americana apresenta apenas os aspectos desagradáveis da vida nos Estados Unidos.

Compreender as razões da crítica talvez não seja tarefa tão difícil. Vários viajantes já observaram que uma das reações mais frequentes do norte-americano diante do estrangeiro é pedir suas impressões sobre o país. Há mesmo uma dose de orgulho na tonalidade com que todos – com exceção, naturalmente, da elite intelectual – querem saber a opinião do estrangeiro a respeito do que vê. Diante desse orgulho, é claro que a literatura – descrevendo os piores aspectos da vida – tem um sabor de crítica injusta ou de incompreensão. Mais ainda, é explicável que os críticos se recusem à ideia de que os Estados Unidos e os norte-americanos sejam conhecidos unicamente como o país das misérias e das injustiças, descritas pelos romancistas.

---
1 "A Realidade Americana na Literatura", inédito.

Mas está claro que a interpretação não pode parar aqui, pois é também necessário perguntar por que existe essa seleção do pior para a representação artística. Tudo se passa como se os críticos pensassem da seguinte forma: que os romancistas descrevessem a miséria quando os homens viviam miseravelmente é compreensível. Mas será que uma sociedade que, em grande parte, solucionou o problema da miséria e da fome, deve ter como arte a representação de uns pequenos núcleos miseráveis?

Se sairmos da perspectiva norte-americana, talvez possamos encontrar, senão uma resposta, ao menos alguns pontos de referência capazes de nos conduzir a uma compreensão mais ampla do que acontece na literatura dos Estados Unidos.

Seria possível, em primeiro lugar, observar que, nos países de maior miséria, a elite intelectual não chega, sequer, a perceber sua existência, muito menos a pensar na miséria como tema artístico. Para usar uma imagem visual, seria possível dizer que falta o fundo para fornecer o contraste à figura. Esta então se apaga, deixa de ser percebida. Se quisermos um exemplo, basta ver a nossa literatura romântica, e mesmo a do começo do século XX. É uma literatura para a qual não existe problema social (embora, é claro, haja sempre as exceções; como há exceções na literatura norte-americana atual).

O exemplo definitivo seria *Escrava Isaura*: Guimarães vê na situação da escrava apenas um drama sentimental, jamais um problema social. Não é outra a perspectiva de Alencar ao tratar do índio.

Esta, aliás, uma das objeções mais sérias para a utilização da literatura como descrição de uma realidade: às vezes o mais real não aparece, não porque não exista, mas porque é óbvio. E o óbvio não pertence à realidade literária. Dizendo de outro modo, o que se pode inferir da realidade artística é que aquela realidade – naquele momento – era uma situação de problema para o artista. Poder-se-ia ir ainda mais longe no desenvolvimento dessa hipótese e pensar que a *arte nova* não é, inicialmente, considerada artística, por revelar o que é apenas o cotidiano. Dir-se-ia, assim, que o artista, em vez de apresentar o *novo*, apresenta o *velho* que naquele momento começa a existir artisticamente (isto é, começa a ter um fundo contra o qual se saliente).

Voltando à literatura norte-americana, seria possível pensar que a existência do *slum* é um tema artístico precisamente porque é uma ilha de miséria perdida em uma civilização milionária. Enquanto isso acontece lá, as nossas favelas continuam como temas inócuos para os cronistas. Se em New York o *slum* é revoltante, no Rio de Janeiro a favela não passa do pitoresco.

Mas seria apenas essa a explicação para a apresentação quase exclusiva da miséria na literatura significativa do país mais rico do mundo? Talvez fosse necessário lembrar também a escala de valores em que as diferentes sociedades se movem. Compreender-se-ia assim que, se os norte-americanos supervalorizam o conforto material e, senão a posse dos bens, ao menos seu uso, a existência dos que não participam desses valores seja coisa essencialmente injusta.

Se, no entanto, é verdade que a cultura norte-americana valoriza, como poucas o fazem, a fundamentação moral da existência, será fácil compreender o outro grande tema de sua literatura: a degradação moral. Isso também se poderia ver muito claramente no cinema norte-americano, sobretudo no gângster e no bandido das fitas de caubói.

Se essa possibilidade de explicação for acertada, a mais autêntica literatura norte-americana seria uma imagem especular da sociedade em que nasce.

Aparentemente, entretanto, essas duas possibilidades de compreender o fenômeno ainda não explicam a seleção do real feita pelos escritores. Seria necessário considerar o escritor indivíduo: este nos daria a terceira chave para a compreensão da literatura norte-americana. É verdade que o escritor é, com frequência, um desajustado nessa sociedade; muitos não resistiram à tentação de dizer que a sociedade norte-americana atual parece contrária à verdadeira vida artística; que o bairro artístico de New York não passa de cópia – e inautêntica – dos bairros europeus semelhantes. Encontraram uma confirmação para essas afirmações no fato de que muitos artistas norte-americanos sejam exilados voluntários, incapazes de viver nos Estados Unidos; ou, quando aí vivem, se isolam de tudo e de todos. Embora essas verificações possam ser verdadeiras, restaria examinar se isso não acontece em outras sociedades, aparentemente mais propícias ao desenvolvimento artístico. É como se o exílio voluntário tivesse uma função libertadora que, por sinal, os românticos aproveitaram extraordinariamente.

Seja como for, esse seria o terceiro ponto de referência para a compreensão da perspectiva pessimista sob o qual aparece a vida norte-americana em sua literatura. Embora as generalizações sejam aqui mais que perigosas, talvez se pudesse dizer que o conformismo não produz obra de arte (como não produz ciência). Arte e ciência nascem, necessariamente, do desequilíbrio. O que às vezes nos ilude é que, em sua forma final, a obra de arte frequentemente (mas não sempre) é um restabelecimento da harmonia ou do equilíbrio. Nem será outra a razão para explicar que o academismo seja – de uma forma ilusoriamente artística – a negação da arte. Isso, aliás, pode ser observado na ciência acadêmica; esta desenvolve os maneirismos formais da ciência, sem que exista a situação de desequilíbrio que levaria alguém a investigar. Por isso mesmo, a ciência e a arte acadêmicas, nos casos mais autênticos, são apenas exercícios cujo final todos conhecem e aceitam. Ou, se quisermos dizer ainda de outro modo: o artista e o cientista percebem o desequilíbrio (ou problema, mas a noção de problema é muito vaga) onde os outros percebem apenas a harmonia.

Tal descrição poderia explicar o hiato existente entre o artista norte-americano e seus críticos menos literários, aqueles que se surpreendem com a *deformação* que a literatura apresenta da vida norte-americana. Mas esse hiato – como ficou dito – não é exclusivo da literatura e da vida norte-americanas; parece haver entre toda literatura autêntica e a sociedade correspondente. Nem é outra a razão do escândalo que os poetas apresentam para o homem comum. Não só o poeta vê aquilo que passa despercebido aos outros, como sente o que parece absurdo ou impossível sentir. A velha fórmula do *épater le bourgeois* é sempre seguida, voluntariamente ou não. E se o poeta é um ressentido (porque incompreendido) não se pode esquecer que também o burguês o é (e por razões igualmente legítimas).

Esse ressentimento explica grande parte das relações entre o público e o artista contemporâneo. Explica que, no caso dos Estados Unidos, um romancista como Sinclair Lewis seja muito mais admirado pelos estrangeiros que pelo norte-americano.

Nesse ponto, talvez seja possível verificar que os três elementos da explicação para o divórcio entre a *realidade* norte-americana e sua literatura são convergentes e não divergentes ou paralelos.

Há, de início, o fato de que o artista faz uma seleção do real, que depende de contrastes para que se saliente. De forma que a realidade vista pelo artista é, frequentemente, o que está fora do cotidiano.

Ao mesmo tempo que isso acontece, o artista julga aquilo que percebe segundo a escala de valores que a mesma sociedade apresenta. Isto é, o artista percebe a desarmonia que para os outros não existe e julga a desarmonia segundo os padrões que todos aceitam. Se não fosse assim, sua crítica se perderia, ou não seria recebida como tal. Mas por isso mesmo é um desajustado, é mal compreendido, o que lhe permite ver uma face diferente das relações humanas.

Esse processo pode ser observado – com relação a diferentes aspectos da vida norte-americana – em escritores como Sinclair Lewis, John Steinbeck, John dos Passos, William Faulkner.

Em escritores mais recentes parece haver, como o demonstra Hilton Kramer, um "abuso do terrível". O terrível (ou horrível) parece centralizar-se na descrição de perversões sexuais; e já houve quem daí concluísse pela existência de um vasto problema sexual na vida norte-americana atual, caindo no erro de identificar realidade literária e realidade social.

O importante a notar é que, em todos esses escritores, quase invariavelmente, se apresenta o amargo ou o irremediável da vida norte-americana.

O lado "cor-de-rosa" da existência parece destinado a surgir apenas na subliteratura e no cinema comercializado. Ao passo que na literatura o conflito revela-se insolúvel, na subliteratura há sempre o *happy-end*. Aqui, encontramos o polo oposto da literatura pessimista: são transpostos para o romance (ou criados pelo artista, não importa) aqueles casos em que se realiza o ideal de vida aceito pela sociedade. Se quisermos os exemplos mais característicos desse processo, devemos procurá-los nas páginas das *Seleções do Reader's Digest*. Suas pequenas histórias apresentam uniformemente o indivíduo que enfrenta uma situação perigosa. Pela coragem, iniciativa, às vezes pela rebeldia contra a convenção, consegue ser reconhecido como triunfador. Nem sempre o triunfo revela-se por esse reconhecimento exterior; muitas vezes, a maior vitória é a conseguida no estabelecimento do equilíbrio interior.

Se analisarmos essas histórias, veremos que também elas partem de uma situação de desequilíbrio. O que acontece é que o desequilíbrio se revela falso. Na literatura o autor nos mergulha em um desequilíbrio crescente, e percebemos que o problema é insolúvel; na subliteratura o desequilíbrio é decrescente até que chegamos à solução feliz. A literatura mostra, de modo aparentemente grandioso e perfeito, a miséria e a mesquinharia; a subliteratura descobre, com a insignificância ou a maldade, o grandioso ou verdadeiramente humano.

Nas fitas de Hollywood é fácil verificar como se desenvolve o processo. A fita mais típica é aquela em que a situação de desarmonia ou desequilíbrio se revela falsa; em seu lugar surge a verdade, que é sempre harmoniosa. Seja, por exemplo, o caso do rapaz de ótimos sentimentos que se apaixona por uma mulher fatal, aparentemente pecadora incorrigível. A trama consistirá em demonstrar que a pecadora é uma excelente criatura, obrigada a se disfarçar de mulher fatal para sustentar a mãe paralítica e o irmão doente. Uma vez revelada a pureza de sua alma, a jovem está preparada para o casamento, e a suposição do final é que continuarão felizes para todo o sempre.

Outro caso é o do empregado do banco que se aborrece com a monotonia da vida e a exiguidade do ordenado. Resolve fugir com o dinheiro que deve guardar. No meio da viagem de fuga, arrepende-se de tudo e volta para ser perdoado pela mulher e pelo patrão.

Poder-se-ia dizer que a diferença está no nível em que se dá o conflito. Os mesmos temas poderiam ser tratados pela literatura. No primeiro caso, bastaria propor a perspectiva da mulher paralítica para se ter o sentido da inevitabilidade da desarmonia ou da desgraça. No segundo, bastaria descer à monotonia da vida do caixa de banco, de sua impossibilidade de ascensão. O romance do *happy-end* segue uma linha de demonstração que torna possível uma solução harmoniosa; a literatura pessimista propõe um nível de solução que é irrealizável.

O importante a notar é que, nos dois níveis, os dados da situação decorrem do mesmo universo, isto é, da vida norte-americana, mas são selecionados em planos diferentes, ou vistos de perspectivas também diversas.

Talvez não fosse errado dizer que a subliteratura representa um sonho na vida norte-americana. As dificuldades são astuciosamente eliminadas, e o herói triunfa e conquista a mulher amada. Na literatura, ao contrário, estamos diante de um pesadelo: todas as portas se fecham e o herói fica sozinho, clamando inutilmente.

Psicanálise e literatura[1]

É certo que a psicanálise tem exercido ponderável influência na arte contemporânea. Essa influência se faz sentir sobretudo na crítica literária – ou, mais precisamente, na interpretação da literatura –, embora alguns artistas também tenham sido fascinados pela utilização das análises de Freud e seus discípulos. No caso da crítica, a psicanálise é empregada como instrumento de explicação, e se procura ver a motivação inconsciente do artista ao criar determinada obra de arte. No caso da criação artística, o que se tem feito é descrever as personagens de acordo com os princípios psicanalíticos.

Parece possível, entretanto, deixar de lado esses desenvolvimentos posteriores e examinar de que forma Freud e seus discípulos interpretaram a literatura. A primeira dificuldade para empreender a tarefa está no fato de que Freud, embora reformulando suas interpretações anteriores, nem sempre faça referência à teoria que passa a rejeitar. Isso explica que seja possível

---

1 "Psicanálise e Literatura", inédito.

apresentar várias teorias, todas igualmente freudianas, mas apresentando divergências bem amplas; por isso, talvez o processo mais correto seja acompanhar, historicamente, algumas das apresentações de Freud, indicando, em cada caso, as divergências com relação às formulações anteriores.

As duas primeiras menções significativas aparecem em *A interpretação dos sonhos* (1900): uma, referindo-se a *Édipo rei* de Sófocles, outra ao *Hamlet* de Shakespeare.

Quanto à tragédia de Sófocles, Freud escreve que

> se o *Édipo rei* é capaz de comover um leitor ou espectador modernos da mesma forma que comovia os gregos contemporâneos, a única explicação possível é que o efeito da tragédia grega não dependa do conflito entre o destino e a vontade humana, mas da natureza peculiar do material pelo qual esse conflito se revela.

Convém analisar as diferentes afirmações aí contidas, a fim de tentar compreender seu sentido exato. Há, de início, a suposição de que nos comovemos com a tragédia da mesma forma que os gregos contemporâneos. Essa ideia da universalidade dos conflitos e sentimentos é, como se sabe, uma das mais discutidas suposições de Freud e dos chamados psicanalistas ortodoxos. Para eles, pode haver uma variação nas *formas* de conflitos e sentimentos, mas seu *conteúdo* é sempre o mesmo. Entretanto, talvez seja preferível deixar de lado esse problema e tentar apreender o alcance da afirmação de Freud. Aparentemente, esta equivaleria a dizer que a obra de arte é válida, uma vez que pode encontrar eco em nossos próprios sentimentos. Ora, essa teoria é muito velha; a novidade apresentada por Freud consiste em mostrar que o sentimento explícito não é o mais importante. Mais ainda, podemos (conscientemente) supor encontrar determinados sentimentos em uma obra de arte, e esta ser válida por conter sentimentos nossos, os quais desconhecemos. Há, portanto, mudança do nível em que se supõe a identificação entre o espectador e a obra de arte: passamos do consciente (isto é, percebido diretamente pela autoanálise) para o nível inconsciente (isto é, não percebido e, às vezes, oposto ao nível consciente). Na apreciação do *Édipo rei* é precisamente isso que acontece. Embora conscientemente admiremos a peça pela apresentação do conflito destino–vontade humana, na realidade ela nos comove porque todos temos, em graus diferentes, é certo, os mesmos sentimentos apresentados por Édipo.

Freud chega a essa conclusão depois de indicar que várias tragédias modernas, embora utilizando o mesmo conflito formal (destino–vontade humana), não conseguem produzir os efeitos da tragédia de Sófocles.

Se pretendemos acompanhar a argumentação, devemos lembrar o esquema da tragédia, a fim de localizar corretamente as possibilidades de sua interpretação. O rei Édipo vê-se diante da multidão tebana que pede uma solução para as calamidades que afligem a cidade. Manda-se um emissário ao oráculo de Delfos, e este exige a vingança da morte de Laio, antigo rei. O próprio Édipo promete o mais severo castigo ao criminoso, até então desconhecido. Ao procurar o culpado, os depoimentos aos poucos coincidem para apontar Édipo como o assassino. Mas, pior ainda, o herói vem a conhecer sua própria história, ou melhor, a entender sua sequência. Criado em outra cidade, aí ouvira um dia a profecia de que estava destinado a matar seu pai e a casar-se com sua mãe. Para evitar o cumprimento da profecia, foge da cidade e, no caminho, entra em luta com um grupo de soldados que desconhecia e mata a todos, menos um. Um dos mortos era Laio. Prossegue em sua viagem, decifra a Esfinge e, em paga, é aclamado rei e recebe a mão de Jocasta, viúva de Laio. Durante a tragédia, ouve a narrativa de como, recém-nascido, havia sido entregue, para ser morto, por seus pais, Laio e Jocasta, porque Laio ouvira a profecia de que aquele filho estava destinado a matá-lo e a casar-se com Jocasta. Desesperado, ao ouvir as diferentes explicações que desvendam a trama pela qual chegara a cumprir o destino de que fugira, Édipo rasga os olhos, cegando-se.

Freud interpreta o trágico em *Édipo*, dizendo que

seu destino nos comove apenas porque poderia ser o nosso próprio destino, porque o oráculo colocou diante de nós, antes de nosso nascimento, a mesma história que Édipo viveu. Talvez estejamos todos destinados a dirigir nossos primeiros impulsos sexuais para nossas mães, e nossos primeiros impulsos de ódio e violência para nossos pais; nossos sonhos nos convencem disso.

Parece que agora temos, diante de nós, duas interpretações possíveis: uma considerar trágico o conflito fatalidade–vontade humana; outra, a de Freud, considerar trágico o fato de aí aparecer, realizado, um sentimento humano universal (amor à própria mãe e ódio ao pai). Convém analisar como aparece, em Sófocles, o conflito destino–vontade humana, para ver se é possível pensar que aí esteja o núcleo da tragédia. Depois disso, será possível analisar a relação entre Édipo e seus pais, a fim de discutir a tese de Freud.

Chama a atenção, em primeiro lugar, o fato de Édipo castigar-se por ter cometido, involuntariamente, uma falta. Se foge de sua cidade para escapar à realização da profecia, como poderia ser culpado por matar o pai que jamais vira antes e casar-se com a mãe que também desconhecia? É significativo que, quando o Coro diz a Édipo que teria sido melhor matar-se que viver cego, o herói responda: "Não me aconselhe mais. A punição que sobre mim mesmo lancei é justa". O próprio Édipo explica que a cegueira o impediria de fitar, depois da morte, o olhar de seus pais. Seja como for, a ideia de justiça do autocastigo é importante. Revela, é claro, a ideia grega de que a expiação da culpa é um caminho para a purificação; mas talvez revele também que Édipo não se considerava tão inocente, apesar de ter cometido o crime contra sua vontade. A essa altura, convém perguntar se nossa noção de justiça (e responsabilidade) corresponde à noção grega da época de Sófocles. Poder-se-ia pensar na simplificação de Etienne Gilson, quando este afirma que a religião grega se baseava no fatalismo e a atividade humana deveria ser a obediência a essa fatalidade determinada pelos deuses. Entretanto, se acompanhamos Rodolfo Mondolfo em sua exposição a respeito do aparecimento da consciência moral na literatura e na filosofia grega, veremos que a concepção do destino é muito mais difícil do que pareceria à primeira vista. Porque – pelo menos a partir da última fase dos poemas homéricos – a fatalidade não exclui a responsabilidade. Aparentemente, fatalidade e responsabilidade não são noções distintas:

> existe então um destino ou decreto divino (concatenação inevitável de ações e consequências) condicionado, ou seja, dependente do cumprimento das ações humanas; é um destino que não exclui a responsabilidade do homem, a quem corresponde determinar o curso do destino, com sua ação. Disto resulta que o homem é criador de seu próprio destino, diante da fatalidade, que é *nemesis,* ou lei da justiça divina.[2]

Essa citação é suficiente para mostrar que não podemos reduzir a concepção grega a nosso esquema intelectual de que há responsabilidade quando há liberdade de ação. O próprio Sófocles o demonstra, aliás. Na tragédia que continua a história de Édipo (*Édipo em Colona*), teremos uma versão que contrastaria fundamentalmente com o esquema. Nessa tragédia vemos Édipo, já velho e tendo sofrido as consequências da profecia, chegar a Atenas. Havia sido abandonado por todos, tinha sido expulso de todos os lugares onde buscara abrigo. Mas quando Creonte, em uma discussão, lhe lembra seu passado, a resposta de Édipo pareceria demonstrar sua irresponsabilidade: "As mortes sangren-

---

2 MONDOLFO, Rodolfo. *Moralistas griegos*, p.29.

tas, o incesto, as calamidades / ... eu as sofri / Por fatalidade, contra minha vontade. Foi o prazer de Deus / E talvez nossa raça o tenha enfurecido há muito tempo/". Aqui aparece claramente a defesa de um homem que fora levado ao crime por vontade dos deuses e não por sua própria; mas como explicá-la? Talvez devêssemos pensar que Édipo, tendo sofrido as consequências de seus atos, está agora livre de qualquer culpa. Essa impressão se acentua quando pensamos que, nesse momento da tragédia, é Édipo quem decide a história de Tebas. De fato, o oráculo prevê que o vencedor – na luta que se trava pelo poder – será aquele que for abençoado por Édipo.

Tais indicações serão talvez suficientes para mostrar que não é possível pensar no esquema contemporâneo de conflito entre destino e vontade humana. Parece nítido que Édipo não se considerava culpado, mas também não se considerava inteiramente inocente. Note-se, entretanto, que dá a entender que a culpa não seria sua (indivíduo), mas talvez consequência de erros antigos de sua família ou de seu povo. Nisso, parece que a concepção grega não se afasta muito de outras concepções primitivas de responsabilidade: o erro de uma pessoa pode ter consequências para outra, que esteja relacionada com a primeira. Nem, diga-se de passagem, afasta-se muito de nossas concepções contemporâneas. Pois, ainda hoje, fora dos domínios científicos, é claro, a noção de responsabilidade (sobretudo a noção de culpa), se estende com frequência à família e não se restringe ao indivíduo autor da ação condenável.

Ora, se pretendemos compreender integralmente a análise de Freud, devemos lembrar como a psicanálise interpreta o problema da vontade humana ou, mais precisamente, o determinismo das ações humanas. Em primeiro lugar – e nisso estava de acordo com a ideologia científica de seu tempo – há sempre uma relação causal que explica o comportamento. Mas essa relação não é simples nem linear. Assim, o indivíduo escolhe uma solução; mas essa escolha esteve predeterminada pelos antecedentes, biológicos inicialmente, psicológicos depois. Antecedentes biológicos são aqueles que constituem o que se poderia chamar condição humana; antecedentes psicológicos da ação serão os acontecimentos que cercam o desenvolvimento do indivíduo. A ação é determinada pelo conjunto desses fatores, mas o indivíduo vai fazendo escolhas sucessivas, determinadas por seus impulsos em cada um dos momentos. De forma que, se o comportamento pode parecer resultado exclusivo de fatores externos ao indivíduo, resulta, na realidade, de atos de escolha, determinados por seus impulsos. A análise de Édipo supõe esse encadeamento. Aparentemente fugindo da ação determinada pela profecia, Édipo realiza as ações que o conduzem a cumpri-la. Transpondo a tragédia para termos freudianos, veríamos que, embora conscientemente desejando fugir a seu destino, Édipo inconscientemente o procura. É por isso que a tragédia deixa de ser uma luta entre o destino e a vontade de Édipo, para ser a luta entre o consciente e o inconsciente. Se apreendemos a tragédia, se sofremos com ela, é porque todos nós temos o mesmo destino de Édipo; a diferença é que, em nós, o consciente venceu o inconsciente.

Há, entretanto, um aspecto na tragédia que pareceria importante e é deixado de lado por Freud: é o fato de Édipo desconhecer seu pai e sua mãe. Note-se que, se o desenvolvimento do amor à mãe e do ódio ao pai é de caráter psicológico, então *Édipo rei* não tem conteúdo para o psicólogo. A tragédia teria sentido apenas se significasse que há uma fatalidade biológica naquele amor e naquele ódio. A resposta de Freud, provavelmente, seria que um Édipo que pudesse amar sua mãe e odiar seu pai – sabendo que eram pai e mãe, e tendo vivido como seu filho – seria insuportável para o espectador. Para o psicanalista, o enredo tem, portanto, a função de tornar aceitáveis sentimentos que, expostos diretamente, seriam vistos com horror. Mas Freud não desenvolveu essa linha de pensamento – a análise do sentido do enredo – porque essa explicação envolveria uma análise formal da arte e – como se verá adiante – Freud considera de modo explícito que ao psicólogo não cabe a análise do aspecto formal da obra artística.

O importante a notar nessa referência à tragédia de Sófocles é que ela não contém uma análise da arte, mas uma explicação muito sumária (a identificação inconsciente entre o espectador e a tragédia) de por que a consideramos uma obra artística. A Freud interessa apenas o conteúdo da tragédia e seu alcance para a explicação da vida mental.

A referência a *Hamlet* de Shakespeare tem intenção um pouco diversa: explicar a personagem, ou, pelo menos, seu sentimento fundamental, que seria a chave de toda a trama da peça. A pergunta a que Freud procura responder é: como se explica a indecisão de Hamlet? Para Freud, esta decorre do fato de o herói se sentir cúmplice do crime que deve vingar. É que, se seu tio matara seu pai e se casara com sua mãe, na realidade tinha feito o que Hamlet – de maneira inconsciente – desejaria fazer. Freud explica que, embora o elemento fundamental de *Hamlet* e de *Édipo rei* seja o mesmo (amor à mãe e ódio ao pai), os vários séculos de civilização aumentaram o poder das forças repressoras. E Hamlet, embora dominado pelos mesmos sentimentos de Édipo, não chega a trazer para a consciência seu drama inconsciente.

A relação indivíduo-sociedade na teoria de Margaret Mead[1]

Poder-se-ia pensar que o problema das relações entre indivíduo e sociedade está ultrapassado na ciência contemporânea. É esta, aliás, a ideia ainda recentemente defendida por Georges Gurvitch.[2] Para esse autor, tal problema estaria entre as falsas questões propostas pela sociologia do século XIX. De certa forma, isso é verdade. É que a formulação do século XIX – que continua, sem dúvida, em muitas teorias contemporâneas – estava ainda imbuída de preceitos valorativos e normativos, baseados em deduções que se fundamentam em hipóteses não comprovadas (como é o caso da teoria de Rousseau). Mas a afirmação de Gurvitch é ainda verdadeira, se supomos a possibilidade – implícita ou explicitamente afirmada muitas vezes – de discernir a relação indivíduo-sociedade em todas as situações concretas que se verifiquem.

---
1 "A relação indivíduo-sociedade na teoria de Margaret Mead" *Boletim de Psicologia*, São Paulo (14/17): 26-31, dez.-set. 1952-1953.
2. GURVITCH, Georges. *La Vocacion Actuelle de la Sociologie*. Paris, 1950, p. 25ss.

Observemos, entretanto, que, quando a ciência confessa sua incapacidade para responder a determinada pergunta, nem por isso esta deixa de existir; além disso, bem pode acontecer que, negando um problema, sejamos incapazes de eliminá-lo integralmente de nossas teorias, permitindo sua permanência como elemento perturbador de nossas afirmações.

O que está acontecendo com a dicotomia indivíduo-sociedade parece ser esse equívoco: negando sua existência, não fazemos mais que adotar uma posição preestabelecida, que na realidade conduz à aceitação de um termo e à rejeição de outro.

A questão decisiva poderá ser formulada da seguinte forma: poderemos compreender a personalidade sem pensar nessa relação?

Nossa intenção, agora, é bem menor que tentar uma resposta. Diante de um problema concreto, procuramos verificar de que forma se estabelece a relação entre indivíduo e sociedade.

Um dos aspectos da sociologia e da psicologia em que se pode observar claramente a existência da relação é no estudo das diferenças psicológicas entre os sexos. Aqui, duas tendências aparentemente inconciliáveis chocam-se: a dos que explicam as diferenças por condições sociais e a dos que as explicam por diferenças constitucionais ou propriamente psíquicas, mas o psiquismo entendido aqui como um aspecto do indivíduo (é o que se observa na teoria dos psicanalistas).

A primeira tendência aparece inteiramente desenvolvida na teoria de Margaret Mead e esta nota procura analisar sua apresentação.

Os conceitos teóricos de que se vale Margaret Mead decorrem da aceitação e da continuação do conceito de cultura, como é entendido pela escola de Franz Boas. A ideia aí predominante é a de que não podemos entender uma personalidade a não ser pelo estudo da sociedade em que se desenvolve o indivíduo.[3]

---

[3] Nessa tendência, cultura deve ser entendida como a "forma de viver de uma sociedade" (Ralph Linton, *Cultura y Personalidad*, trad. esp. México, 1945, p.39).

Nesse esquema teórico, Margaret Mead procura estudar algumas sociedades, a fim de "examinar o condicionamento das personalidades sociais dos dois sexos, com a esperança de que a investigação lance alguma luz sobre as diferenças entre eles.[4] A autora confessa ter iniciado a pesquisa com a ideia da existência de um temperamento natural em cada sexo, que poderia ser deformado em uma ou em outra direção, variando de acordo com a cultura em que aparece.[5]

Como campo de investigação, escolhe as sociedades primitivas, porque nestas o quadro social é mais simples e é então mais fácil obtermos o panorama geral da cultura. Seu estudo refere-se a três tribos primitivas da Nova-Guiné: os arapesh, os mundugumor e os tchambuli.

Sua pesquisa incide principalmente sobre o característico da agressividade masculina e a submissão feminina, tidos como traços típicos em nossa sociedade.

Suas conclusões podem ser resumidas:

1) Os arapesh desenvolvem uma personalidade a que chamaríamos maternal, segundo os padrões de nossa cultura; homens e mulheres são educados de acordo com os mesmos padrões e os mesmos ideais.

2) Os mundugumor desenvolvem, ou procuram desenvolver, uma personalidade que encontraríamos – em nossa sociedade – em um homem indisciplinado e violento. Também não fazem diferenças muito acentuadas entre os temperamentos dos dois sexos.

3) Entre os tchambuli encontramos aproximadamente a inversão da atitude observada em nossa sociedade: a mulher é dominante e o homem menos responsável e afetivamente dependente.

---

4 MEAD, Margaret. *Sexo y Temperamento*, trad. esp., Buenos Aires, p.18.
5 Ibidem.

A autora apresenta ainda outras diferenças particularmente notáveis entre os tchambuli: as mulheres são sexualmente ativas e procuram o ato sexual, ao passo que os homens, passivos, devem se submeter à escolha feminina;[6] o poder, embora nominalmente masculino, é, na realidade, exercido pela mulher.

Como se explicam, para a autora, as diferenças encontradas? Para Margaret Mead, a cultura seleciona algumas entre as muitas potencialidades humanas, e é essa seleção que dá a cada cultura seu aspecto peculiar. E se, em nossa sociedade, o sexo é considerado uma das diferenças fundamentais, isso não acontece em outros grupos humanos. Nesse caso, outros serão os traços selecionados.

Mas a autora vai mais longe ainda, perguntando quais seriam as origens das várias culturas. Pensa ela que, de algumas personalidades básicas, a cultura escolhe as que passam a ser seguidas como padrão.[7] Essa suposição não é apenas uma renovação do problema do ovo e da galinha, como bem lembrou Viola Klein.[8] Dentro da própria teoria é inaceitável. Com efeito, se afirmarmos que a personalidade só pode ser explicada pela cultura, é absurdo supor que a cultura se tenha originado de personalidades escolhidas como padrões (sem contar a dificuldade que existiria para se provar a seleção realizada).

Poderíamos pensar que a contradição se encontra apenas nesse aspecto. Tal não acontece.

Mead supõe que o temperamento é determinado pela cultura em que se é educado, isto é, pelos padrões impostos por essa cultura.[9]

A teoria seria perfeitamente aceitável, se todos os indivíduos apresentassem o mesmo temperamento, em uma mesma cultu-

---

6 Ibidem, p.219ss.
7 Ibidem, p.239.
8 KLEIN, Viola. *The Feminine Character*. London, p.139.
9 Ibidem, p.238.

ra. Assim, os homens arapesh deveriam apresentar o temperamento que em sua cultura é considerado masculino e a mulher, aquele que é indicado como o temperamento feminino. Isso também se verificaria em outras sociedades descritas. A autora observa, no entanto, que existem indivíduos que fogem à norma social: são os desadaptados.

Na sociedade arapesh, os desadaptados são os turbulentos e agressivos, ao passo que na sociedade mundugumor os desadaptados são justamente os que manifestam um comportamento típico dos arapesh (pacíficos etc.).

Como se explica a desadaptação?

Ruth Benedict, tentando solucionar a mesma questão, escreveu:

> Evidentemente, a adequada adaptação pessoal não depende do fato de seguir certas motivações e evitar outras. A correlação se produz numa direção diferente: exatamente como são favorecidos aqueles cujas respostas se casam mais estreitamente com o comportamento que caracteriza sua sociedade, ficam desorientados aqueles cujas respostas congênitas caem no setor do arco da conduta que não é adotado pela sua sociedade.[10]

O que podemos considerar cultural, segundo a teoria de Ruth Benedict, é a forma de se encarar o desadaptado: pode haver rejeição violenta, indiferença ou aceitação completa.

Convém observar que a autora pretendeu afastar a ideia de um antagonismo entre indivíduo e sociedade: realmente, afasta o antagonismo, tantas vezes salientado, entre impulsos naturais do indivíduo e as barreiras opostas pela sociedade à sua manifestação.[11]

Em Margaret Mead – que segue aproximadamente a mesma teoria – as suposições básicas são as mesmas: a cultura selecio-

---

10 BENEDICT, Ruth. *Patterns of Culture*. New York, 1946, p.238.
11 Ibidem, p.233ss.

na determinados aspectos que passam a ser válidos socialmente. O homem ou a mulher que tiver o temperamento que a sociedade considera característico de outro sexo não tem, em algumas culturas, possibilidades de desenvolvimento. A consequência desse conflito é com frequência a homossexualidade.[12] Mas pode acontecer que, em outra sociedade, se aceite o *desvio* como normal e, nesse caso, não aparecerá o comportamento homossexual.

Ora, essas afirmações são possíveis apenas em um caso: se aceitarmos a existência de um temperamento inato (congênito, diz Ruth Benedict), que está ou não de acordo com o temperamento que a sociedade considera normal. Há, portanto, para cada indivíduo, duas alternativas fundamentais: a) seu temperamento coincide com o padrão cultural; e b) seu temperamento é, senão oposto, diferente do padrão. No primeiro caso, estamos diante do indivíduo adaptado e, no segundo, diante do desajustado.

Mas, se assim é, somos levados, pelo simples raciocínio que nos apresentam as autoras, a conclusão oposta àquela que defendem. Uma vez que há apenas essas duas possibilidades (um temperamento de acordo com o padrão e um diferente dele), na realidade o que explica o temperamento é, não a sociedade, mas a estrutura inata do indivíduo. Observe-se que não é possível fugir a essa conclusão quando se admite que o desadaptado é desadaptado porque seu temperamento inato não coincide com o comportamento padrão.

Haveria talvez uma possibilidade de se fugir a essa conclusão: seria mostrar que, se examinamos sociedades diferentes ou a mesma sociedade em diversas épocas, notamos maior número de temperamentos apresentando os caracteres culturalmente determinados do que de desadaptados.

Mas nesse caso seremos obrigados a admitir – o que talvez seja tão difícil quanto admitir a primeira hipótese – que a cultu-

---

12 Ibidem, p.246-8.

ra age sobre aqueles indivíduos cujos temperamentos são mais dúcteis ou menos diferenciados; os outros manifestam características irredutíveis e constituem o grupo dos desadaptados. É essa a teoria aparentemente, embora não muito explicitamente, admitida por Ruth Benedict.[13] Dessa forma poderíamos continuar aceitando a ideia de temperamentos socialmente determinados. A dificuldade, então, seria demonstrar que há um número maior de indivíduos amoldáveis pela cultura do que de não amoldáveis.

Um exemplo concreto permite-nos verificar a dificuldade encontrada para a aceitação da teoria de Margaret Mead:

> Mas ao longo de toda a época patriarcal – época de mulheres franzinas o dia inteiro dentro de casa, cosendo, embalando-se na rede, tomando o ponto nos doces, gritando para as mulecas, brincando com os periquitos, espiando os homens estranhos pela frincha das portas, fumando cigarro e às vezes charuto, parindo, morrendo de parto; por toda a época patriarcal, houve mulheres, sobretudo senhoras de engenho, em quem explodiu uma energia social, e não simplesmente doméstica, maior que a do comum dos homens.[14]

Essas mulheres apresentam um comportamento em desacordo com os padrões da época, mas vivendo atualmente seriam consideradas perfeitamente *normais*. Pela teoria de Margaret Mead seríamos levados a dizer que o temperamento inato delas se opõe ao padrão patriarcal. Mas, nesse caso, não poderíamos explicar de que forma aparece hoje maior número de mulheres com aquele comportamento considerado anormal na sociedade patriarcal: essa variação poderia ser explicada se admitíssemos uma das duas hipóteses: a) atualmente há maior número de mulheres com o temperamento manifestado excepcionalmente na sociedade

---

13 Ibidem, p.235.
14 FREYRE, Gilberto. *Sobrados e mucambos*. Rio de Janeiro, 1951, 1. v., p.256.

patriarcal (tese difícil de ser provada e certamente não seria aceita pela autora); e b) tanto na sociedade patriarcal quanto na atual, há grande número de temperamentos indiferenciados que adotam as normas culturais. Os que não as adotam é que aparecem como anormais (é a tese que, já indicamos, parece ser aceita por Ruth Benedict).

Observa-se que caminhamos inutilmente em torno do mesmo ponto: a relação entre temperamento inato e padrão cultural. O erro fundamental, tanto da teoria de Mead quanto da de Ruth Benedict, está na forma de estabelecer essa relação. Para Mead, tudo se passa como se estivéssemos diante de um fenômeno em que se estabelece uma causação de tipo clássico (A é causa de B). Ou a causa é a sociedade, ou o indivíduo é causa e a sociedade, efeito.

Tal simplificação conduz à impossibilidade de verificar a multiplicidade de relações em jogo e, além disso, estabelecer as relações dinâmicas e recíprocas entre indivíduos e sociedade, em situações extraordinariamente variáveis.

Teorias recentes sobre o caráter nacional[1]

I

Os estudos sobre o caráter nacional tiveram sua grande moda em fins do século XIX e princípios do XX. Julgava-se então o caráter dos povos como determinado pelas raças ou pelo ambiente geográfico. Alguns autores – Taine, por exemplo – tentaram estabelecer a interdependência dos vários fatores determinantes do caráter nacional. Por tais fatores interdependentes explicavam-se as características das várias literaturas, o comportamento e a história dos diversos povos.

A esse primeiro período sucede outro, de descrença na possibilidade de encontrarmos características psicológicas peculiares a cada povo. Essa crítica fundamentou-se em duas ordens de observação: os estudos das raças e a análise dos estereótipos.

---

[1] "Teorias recentes sobre o caráter nacional", *Anhembi*, São Paulo, (47):396-8, out. 1954.

As teorias segundo as quais os caracteres são determinados pelas raças enfrentaram tais dificuldades que atualmente poucos autores as aceitarão. De fato, a sociologia, a antropologia e a psicologia social puderam demonstrar essa verdade fundamental: as raças importam, psicologicamente, como critérios ou valores sociais, e não como categorias biológicas. Quanto à explicação mediante fatores geográficos, entra em decomposição não apenas com os estudos geográficos, mas também com as pesquisas de genética, hoje tão distantes do "lamarckismo" ou do "darwinismo social" das ciências humanas do século XIX. Em um caso e em outro a diversidade dos fenômenos encontrados afastou os cientistas de uma explicação simplista, fundamentada em uma causa única e onipotente.

O segundo elemento desagregador do conceito de caráter nacional foi a análise dos estereótipos. Como se sabe, com o nome de estereótipo são designados, partindo de Lippman, os "clichês" ou rótulos que associamos a grupos, nomes, coisas. O estudo dos estereótipos revelou um aspecto fundamental: esses "clichês" variam de acordo com a situação em que estão colocados os grupos analisados. Dos mais conhecidos e citados é o estudo dos estereótipos de chineses encontrado em jornais norte-americanos pertencentes a épocas diferentes (Klineberg). Se o estereótipo é bom no momento em que os norte-americanos têm necessidade dos chineses e de seu trabalho, passa a ser "mau" no momento em que os dois grupos entram em competição. Outro estudo nessa direção foi o realizado com nomes de pessoas: se as respostas são estatisticamente significativas nesse caso, é evidente a impossibilidade de apresentar o estereótipo como verificação da realidade (Schoenfeld). Desses estudos foram tiradas duas conclusões: primeiro, que os estereótipos variam não de acordo com uma variação dos objetos estereotipados, mas como decorrência da situação de conflito entre dois ou mais grupos; segundo, que o estereótipo pode não ter uma origem claramente determinada, e aparece mesmo quando não há uma realidade percebida (é o que acontece no caso dos estereótipos de nomes, em que não se pode pensar em uma efetiva diferença entre pessoas de nomes diferentes).

Tal análise dos estereótipos parece ter sido levada às últimas consequências por Eysenck. Para esse autor, o experimentador é que obrigaria os sujeitos a manifestar um estereótipo que eles mesmos indicaram depois não levar muito a sério. Entretanto, já houve quem pensasse de forma diferente. Sprott, por exemplo, sustentou (com boas razões, parece) que o fato de ser o sujeito incapaz de explicar seu próprio estereótipo não indica a inexistência deste, mas apenas seu caráter inconsciente, nem por isso menos significativo. Outros, ainda, têm visto a possibilidade de se descobrir no estereótipo um "fundo de verdade", tese aceitável se pensarmos nas diferenças entre estereótipos aplicados a grupos diferentes, mas igualmente em situação de conflito. Assim, se os estereótipos aplicados a negros e judeus não são idênticos – embora os grupos estejam em situação de marginalidade e, portanto, em conflito com o grupo dominante –, não parece absurdo supor que o estereótipo simplesmente exagere, simplifique ou deforme uma verificação de realidade.

O estudo dos estereótipos não nos ocupará neste artigo, e importa lembrar, apenas, sua contribuição para a desagregação da ideia de caracteres psicológicos peculiares a cada povo.

Paralelamente a esses estudos, e agindo como força contrária, desenvolveram-se as pesquisas sobre as culturas primitivas. Na realidade a noção de cultura surge no momento em que a ideia de raças desaparece como forma de explicação para as diferenças entre os povos. Quer entendamos por cultura a "forma de viver de uma sociedade" (Ralph Linton), quer o "meio humano total, material e não material" (Clyde Kluckhohn), o conceito permanece o mesmo: são as criações coletivas, dentro das quais e para as quais vivemos. Vários autores têm salientado a estruturação das culturas, indicando que seus vários aspectos devem ser entendidos como parte de um todo (Ruth Benedict).

Depois da análise de culturas primitivas, é claro que antropólogos, sociólogos e psicólogos (estes, direta ou indiretamente associados a essas pesquisas) seriam levados, mais cedo ou mais tarde, a enfrentar as culturas civilizadas. Assim, a antropologia e sociologia, levadas a afastar-se das sociedades civilizadas, buscando a simplicidade das "culturas fechadas" cujo estudo era aparentemente mais fácil, voltam agora ao estudo direto do mundo contemporâneo. Para essa volta ao estudo da civilização contribuíram, ainda que indiretamente, as teorias psicológicas, sobretudo a psicanálise. A tentativa de estudar as populações primitivas segundo os critérios da psicologia contemporânea levou a antropologia a reconhecer esses critérios como válidos para algumas, não para todas as sociedades humanas. Se, além disso, considerarmos o descrédito das teorias de um evolucionismo linear da sociedade, dentro do qual a cultura ocidental representaria o ponto mais elevado ou perfeito, veremos como o caminho estava aplainado para os estudos das culturas nacionais, entendidas como formas particulares entre muitas outras, e não como a *verdadeira cultura*.

O critério adotado pelos estudiosos contemporâneos do caráter nacional é, portanto, o cultural. Se a técnica para realizar os estudos tem variado, a perspectiva é sempre a mesma; assim, encontramos a análise direta da cultura como um todo, o estudo comparativo de comunidades, ou a associação da técnica psicanalítica com a análise propriamente cultural. Em quase todos os casos, são utilizadas técnicas psicológicas, já agora harmoniosamente ligadas às ciências sociais. Essa característica é importante, porque, se, de um lado, a psicologia se enriquece com o conhecimento de variações no comportamento humano, de outro, a antropologia e a sociologia chegam a apreender com precisão – e não mais grosseiramente, como há algum tempo – as formas da vida mental existentes nos fenômenos sociais.

A crítica que, sem dúvida, se pode fazer a esses estudos, já foi muito claramente formulada por Géza Róheim – as culturas contemporâneas, ao contrário do que acontece com as primitivas, são internamente muito diversificadas e externamente estão em contato umas com as outras. Quando Róheim fala na diversificação interna, está pensando nas enormes diferenças existentes entre indivíduos de classes diferentes. Supõe o autor que o norte--americano de classe média, por exemplo, é mais semelhante ao húngaro de classe média do que ao norte-americano de classe alta. O contato contínuo das várias culturas produziria essa grande semelhança entre povos diferentes. Aqui não pretendemos criticar nem sequer comentar as descrições até agora apresentadas, mas apenas resumir alguns dos aspectos dos estudos mais conhecidos. Por isso, analisamos apenas os livros de Mead sobre os norte-americanos e o de Schaffner sobre os alemães.

O caráter norte-americano[1]

O primeiro livro escrito segundo os novos cânones foi *And Keep Your Powder Dry*, de Margaret Mead.[2] O título já é de uma felicidade a toda prova: de fato, a expressão "and keep your powder dry", extraída de uma velha canção, recobre dois sentidos. O primeiro, literal, "conserve sua pólvora seca"; segundo, "tome cuidado", "seja cauteloso". Na época em que foi escrito o livro (1942) a situação de guerra exigia de aliados e inimigos ambas as coisas. Mas é um livro difícil, ou melhor, arisco, cuja primeira leitura não chega a convencer-nos. Aos poucos podemos penetrar em seus subentendidos e em seus segredos: falsa ou verdadeira, é uma ótima análise da vida norte-americana.

Certamente, e a autora bem o compreende, analisar a própria cultura não é o mesmo que analisar uma longínqua cultura da África ou da Austrália; os padrões ali encontrados são os nossos,

---

1 "O caráter norte-americano", *Anhembi*, São Paulo, (48):620-22, nov. 1954.
2 And keep your powder dry on anthropologist looks at America, New York, William Morney and Company, 1942.

os ideais da sociedade analisada são os nossos ideais. Margaret Mead supõe que o treino por ela adquirido no estudo de sociedades diferentes lhe permitirá realizar interpretação objetiva.

E qual a primeira característica do norte-americano? "Nós somos todos da terceira geração." Essa condição é de fundamental importância em todo o desenvolvimento da personalidade do norte-americano. Ser da terceira geração significa não ter antepassados cuja linhagem possamos delimitar rigorosamente. O norte-americano é, portanto, um desenraizado, sem uma terra à qual esteja ligado há várias gerações. Seu pai não é um modelo a ser imitado, mas uma pessoa cujas realizações devem ser ultrapassadas. Isso explica a grande mobilidade do norte-americano, tanto geográfica quanto social. Se não existe a aldeia a que estejamos ligados por todo o nosso passado familiar, não existe também o lugar predeterminado na escala social (a não ser, é claro, algumas famílias tradicionais que não podem ser tomadas como típicas).

Tal mobilidade explica a ligação do norte-americano à pequena cidade onde viveu parte de sua infância, à longínqua cidade em que fez alguns amigos. É uma ligação procurada, buscando formar, a todo custo, um pequeno passado comum. Essa característica explica também a mania norte-americana pelas associações: é uma forma de organizar a larga família que o norte-americano não teve. Aliás, nesse sentido, o leitor recorda-se naturalmente de *Babbit*, de Sinclair Lewis, onde se mostra perfeitamente a importância das associações de classe média: a associação de antigos alunos de uma faculdade sem a menor importância, a associação dos comerciantes de determinado ramo de negócio, e assim por diante.

Além disso, o fato de ser da terceira geração significa também a ausência de um padrão cultural determinado para as várias situações de vida. A mãe norte-americana não sabe como cuidar do filho, pois não tem a tradição de forma culturalmente estabelecida. Essa circunstância explica, segundo Margaret Mead, o recurso das norte-americanas aos pediatras, a todas as formas novas de cuidar de crianças (esse aspecto seria, aliás, logo depois, desenvolvido de forma mais completa e também mais espirituosa por Gorer).

No entanto, a consulta a tabelas, a comparação com outras crianças da mesma idade, introduz o bebê norte-americano na trama de sua vida social: a competição, a ambição do sucesso, o desejo de ser melhor do que os outros, de ter coisas melhores e mais modernas do que os outros. Claro, esse aspecto está intimamente ligado à situação geral, de não ter o indivíduo um limite marcado para seu desenvolvimento, já que não há um lugar determinado para cada um na sociedade.

Esse fator – a competição – está ligado estreitamente a outro elemento fundamental da vida norte-americana: a moral puritana. A moral puritana estabelece o prêmio pela virtude e esse princípio é introduzido na mentalidade da criança desde muito cedo: comer legumes tem o doce como recompensa. Como também já se disse muitas vezes, a moral puritana supõe que a vitória na vida é recompensa divina.

Com base nesse dado, Mead pôde sustentar a tese – já discutida e combatida por vários autores de várias nacionalidades, inclusive norte-americanos – segundo a qual a cultura norte-americana tem como característica fundamental a moral, ao passo que outras culturas organizam-se partindo de princípios diferentes.

Outro traço que Mead julga fundamental para compreender o norte-americano é o fato de este aprender, desde criança, que deve bater apenas depois de ter sido atacado. Também essa apresentação de Mead tem sido muito criticada e alguns autores têm sustentado que em outros países se poderá observar exatamente a mesma coisa. Dessa verificação, Mead procura demonstrar que o norte-americano, em guerra, apenas é capaz de lutar depois de ter sido atacado, como que repetindo a situação infantil que essa atitude supõe.

Ora, algumas das críticas apresentadas ao estudo de Mead são talvez aceitáveis, uma vez que, por exemplo, é realmente difícil conseguirmos demonstrar que uma cultura dá maior ou menor importância à vida moral que as outras ou a outros aspectos da vida coletiva. Na realidade, todas as culturas humanas conhecidas desenvolvem padrões morais de comportamento, e um autor, com certa malícia, chegou a dizer que a antropóloga norte-americana estava apenas manifestando a ideia, corrente entre norte-americanos, de que todos os outros povos são imorais...

Mas a ideia de que o norte-americano combate melhor ou apenas combate depois de ter sido atacado apresenta alguns aspectos sugestivos: lembremos a série de artigos, recentemente publicados por *O Estado de S. Paulo*, em que um almirante dos Estados Unidos sustentava a tese de que pelo menos o presidente Roosevelt sabia que um ataque japonês era ou devia ser esperado. Segundo o autor, o presidente teria dado de propósito, ao povo, a impressão de que o ataque havia sido realizado de surpresa ou à traição, a fim de tornar a guerra popular e nela interessar o povo norte-americano.

O caráter alemão[1]

A análise do caráter alemão, empreendida por Schaffner – *Father Land, a Study of Authoritarianism in the German Family*, 1948 –, pretende ser do tipo quantitativo, utilizando principalmente questionários de frases incompletas; além disso, o autor usa a observação direta da vida e das reações alemães. Sua interpretação, entretanto, como veremos adiante, fundamenta-se em critérios psiquiátricos (o que não é de admirar, tantas e tantas vezes têm sido os alemães interpretados do ponto de vista da psiquiatria).

O problema de Schaffner – não sabemos se já ultrapassado pelos acontecimentos internacionais – é a desnazificação da Alemanha. Segundo ele, alguns autores teriam partido do pressuposto errado de que o nazismo teria sido um fenômeno de certo modo episódico na vida alemã. Para esses autores, a nazificação da Alemanha teria sido feita por alguns homens determinados e seria então suficiente impedir seu acesso a postos de influência para

---

1 "O caráter alemão", Anhembi, São Paulo, (49):173-5, dez. 1954.

impedir o reaparecimento do nazismo. Schaffner pensa de modo diverso e já veremos em que fundamenta seu ponto de vista.

A análise dos questionários (que, por sua apresentação, se aproximam das técnicas projetivas de estudo da personalidade) pôde conduzir o pesquisador ao conhecimento da organização típica da família alemã.

O traço fundamental e distintivo da família alemã típica seria o predomínio de seu chefe: a mulher e os filhos têm na família uma posição secundária e, em todo caso, sempre devem obediência e respeito.

O casamento, ao contrário do que acontece na vida norte-americana, não se baseia no amor romântico. Os jovens aceitam, quase sempre, a opinião dos pais e, quando não o fazem, correm o risco de separar-se da família, muitas vezes de forma definitiva. Por isso mesmo, o marido não espera amor romântico da mulher, mas o respeito e a admiração a que já aludimos. Tão grande deve ser esse respeito que o marido se considera no direito de puni-la, quando não esteja agindo de acordo com ele. De sua parte, também a mulher não espera amor romântico do marido, mas apenas que cumpra as obrigações de chefe de família, como manutenção do lar etc.

As tarefas masculinas e femininas são perfeitamente delimitadas; até mesmo os vários setores geográficos do lar são divididos entre marido e mulher: a esta cabem a cozinha e o quarto das crianças, ao passo que o marido é o *dono* das outras partes da casa. A fim de evitar choques, a mulher procura identificar-se com o marido e dedicar-se apenas àquelas tarefas que culturalmente são consideradas femininas. Não nos esqueçamos, é claro, de que é um norte-americano que está escrevendo, e os padrões, no Brasil, provavelmente tidos como normais, são considerados por ele alguma coisa perfeitamente absurda, ou pelo menos fora do comum.

Observa ainda mais o autor que os alemães não consideram adequadas manifestações de carinho diante dos filhos. E a vida destes? Desde muito cedo, a criança aprende uma posição básica: a de quem obedece, a de quem cumpre as tarefas determinadas pelos adultos. Desde cedo, também, desenvolve o medo ao insucesso e esse medo se refletirá, na vida adulta, no caráter obsessivo do alemão, em seu desejo de completar a tarefa iniciada (se não estiver correta, sempre representará a demonstração de seu esforço e sua punição será então menor). Ora, para Schaffner o desenvolvimento desse tipo de caráter do alemão explicaria dificuldade deste de adaptar-se a novas tarefas, a impossibilidade de modificar uma tarefa já iniciada. Esse traço daria a explicação também para a organização da escola alemã, baseada na enumeração quase sem fim, ou de estudo repetitivo, exigindo tremendo esforço de aprendizagem.

Algumas tentativas de reeducação realizadas pelos norte-americanos puderam demonstrar a força extraordinária do padrão familiar na formação do caráter dos jovens alemães. Com efeito, os norte-americanos do Exército de ocupação pretenderam realizar mesas-redondas entre jovens, a fim de desenvolver neles o gosto pelo debate, pela defesa de um ponto de vista pessoal. Os resultados foram os mais desanimadores. Pais e professores a todo instante intervinham e acabavam por tirar dos moços a oportunidade de expor um ponto de vista pessoal. O mais importante, talvez, é que os próprios jovens acabavam por se submeter à autoridade, aceitando a interferência, inibindo-se.

Para Schaffner essas experiências demonstram uma verdade fundamental: é impossível democratizar a vida alemã sem antes – ou ao mesmo tempo – democratizar a família alemã. Enquanto o pai alemão for uma autoridade indiscutível na família, a criança desenvolverá uma personalidade incapaz de uma atividade política democrática.

Embora não tenhamos a intenção de realizar críticas ao estudo de Schaffner, é difícil resistir à tentação de comentar alguns dos resultados encontrados pelo autor. Inicialmente, o comentário algo irreverente que se poderia fazer seria lembrar o nascimento da psicanálise em um sistema familiar como o descrito. Observe-se, a propósito, a descrição de pai apresentada por Freud: o pai é odiado e temido pela criança, mas ao mesmo tempo admirado e incorporado à personalidade em formação. Como se sabe, o sentimento com relação ao pai é um dos polos de um dos fatores mais importantes na história dramática da vida humana: o Complexo de Édipo. Este foi um dos pontos mais criticados da psicanálise quando se pretendeu aplicá-la a sociedades diferentes da europeia, admitindo alguns autores que a psicanálise seria válida para algumas, não para todas as sociedades humanas. Houve mesmo um autor mais despachado que não teve dúvidas em dizer que o Complexo de Édipo não poderia ser encontrado em nenhuma outra sociedade, pela razão muito simples de não existir em sociedade alguma e em indivíduo algum, com exceção de Freud.

Outro aspecto que naturalmente poderia ser comentado é a peculiar situação da mulher na sociedade alemã, e a transferência dessa situação para as teorias sobre a personalidade feminina e as diferenças psicológicas entre os sexos. Talvez não seja destituído de importância o fato de que os teóricos europeus, de modo geral, se inclinam para uma interpretação desfavorável à mulher, em que se indica que há diferenças inatas e insuperáveis entre homens e mulheres. Se passarmos para os teóricos norte-americanos, observaremos que sua interpretação preferentemente se inclina à aceitação de uma igualdade fundamental, apenas deformada em uma ou em outra direção de acordo com as normas sociais.

Do ponto de vista político essas interpretações – a de Mead e a de Schaffner – também não são destituídas de importância. Ambas as análises confirmariam ou, talvez, mesmo explicassem, algumas das diferenças mais importantes entre a política norte-americana e a política dos países europeus. Lembre-se, assim, a interpretação de Mead da sociedade norte-americana, segundo a qual o norte-americano tem sempre a impressão – falsa ou verdadeira, não tem importância considerar – de que conseguirá realizar mais que seus pais. Isso não explicaria em grande parte a tendência norte-americana para uma economia de livre concorrência e a aceitação do padrão de liberdade individual como fundamental para a vida política? Isso não explicaria ainda, e o fato já foi lembrado, a pequena importância dos partidos socialistas nos Estados Unidos? Em contrapartida, a maior estabilidade da vida europeia, o fato de que o filho quase sempre continua a mesma profissão do pai, não nos explicaria muito da incompreensão política entre norte-americanos e europeus, mesmo quando têm o mesmo objetivo?

Saber se a estrutura da personalidade em uma cultura nacional depende de fatores econômicos ou, ao contrário, se a vida econômica recebe uma influência decisiva da estrutura da personalidade é um problema muito mais amplo do que se poderia tentar sumariar aqui. Mas o problema existe, e talvez não seja descabido pensar nele, quando nos defrontamos com algumas situações de outra forma incompreensíveis ou inexplicáveis.

O caráter nacional brasileiro e o futebol[1]

Uma das questões fundamentais, senão a fundamental, para o estudo do caráter nacional, é a da expressão desse caráter ou dessa psicologia coletiva. Em alguns casos, é mesmo o ponto crucial de uma análise, pois, se existe um caráter nacional, este se manifestará necessariamente nas artes, na política, nas diversões, nas ciências ou na *forma* de fazer ciência.

Sem dúvida, esse é um terreno movediço, seja porque a mesma manifestação cultural se presta a interpretações diversas, seja porque *projetamos* os conflitos e os interesses de nossa cultura sobre a cultura examinada. Além disso, pode-se dar o caso de *projetarmos*, na análise, nossos conflitos individuais. Finalmente, nossos pressupostos teóricos igualmente podem deformar nossos juízos em uma ou em outra direção.

Todos esses fatores – bem conhecidos e muito analisados – tornam difícil uma descrição *neutra* das características nacionais

---

1 "O Caráter Nacional Brasileiro e o futebol", *Boletim de Psicologia*, São Paulo, (18-20):13-7, dez.-jun. 1953-1954.

e determinam ou condicionam interpretações às vezes contraditórias, às vezes inteiramente errôneas.

Um bom exemplo de análise errônea ou insuficientemente comprovada pode ser dado pelo estudo da história das literaturas, quando se procuram as características gerais e permanentes de uma literatura nacional. Na literatura brasileira, muito frequentemente vemos o romantismo apresentado como traço permanente, explicando-se a pequena irradiação do parnasianismo como consequência desse mesmo traço.

Não nos deteremos nessa questão, mas convém lembrar haver aí um erro básico, e ele reside precisamente na conceituação de romântico. Se se aceita o vocábulo romântico com o sentido de lirismo, certamente seremos levados a qualificar como romântica grande parte da literatura renascentista e mesmo da clássica (assim, Ronsard e Camões serão tidos como românticos). Da mesma forma, seríamos levados a classificar como românticos muitos autores contemporâneos. Em contrapartida, considera-se às vezes a subliteratura (o rádio-teatro, a poesia popular, a literatura de cordel) expressões da *alma* romântica brasileira, explicando-se a pequena aceitação de nossa literatura como consequência de seu distanciamento dessa *alma* coletiva. Aqui, seria necessário investigar se a subliteratura de outros países (por exemplo, os *comics* ou os *radio serial* nos Estados Unidos) não apresenta as mesmas características descritas no Brasil.

Certamente, interpretações parciais como esta têm lançado dúvidas, até mesmo sobre a possibilidade de encontrarmos um caráter nacional, isto é, características psicológicas peculiares a determinado povo. A crítica tem incidido não apenas sobre análises populares ou literárias, como também sobre análises apresentadas como científicas e obtidas por processos científicos. No primeiro caso, está a crítica de Hamilton Fyfe,[2] embora esse au-

---

2 FYFE, Hamilton. *The Illusion of National Character*. London: Watts & Co. 1946 (ed. resumida), p.40.

tor esteja muito longe de apresentar uma visão científica ou técnica do problema. Seu estudo procura demonstrar o erro dos estereótipos nacionais ou da interpretação popular, substituindo-os por afirmações como estas:

> Chegamos, então, à seguinte verdade: o que é denominado caráter nacional é o caráter transmitido a uma nação por seus líderes, que ela segue, obedece e admira. Apenas numa pequena proporção esse caráter tem verdadeiro resultado.[3]

Esta ideia de Hamilton Fyfe é talvez mais absurda que as ideias por ele consideradas erradas; substitui-se, assim, uma afirmação não comprovada por outra também não comprovada e inaceitável.

Outra crítica, a de Géza Róheim,[4] é entretanto mais fundamentada. Róheim aponta no livro de Gorer[5] sobre os norte-americanos descrições que caberiam inteiramente a húngaros da mesma época e da mesma classe social. Acresce o fato de Róheim estar em esplêndida situação, tendo estudado psicanaliticamente sujeitos norte-americanos e húngaros, encontrando neles os mesmos conflitos.

Claro, as discussões só serão proveitosas e esclarecedoras, se pudermos sair do campo de uma disputa ilusoriamente teórica e encontrar fatos capazes de indicar uma ou outra direção. Os *fatos*, no entanto, parecem escapar à nossa análise, dadas as imensas dificuldades de uma interpretação indiscutível.

Neste artigo, procuramos indicar o problema das características do futebol brasileiro, esporte de indiscutível significação na vida nacional. Mas não só sua aceitação pelo povo tem importân-

---

[3] HAMILTON. Op.cit., p.40.
[4] RÓHEIM, Géza. *Psychoanalysis and Anthropology*. New York: International. Universities Press, 1950, p.361ss.
[5] GORER, Geoffrey. *The Americans*. London: The Cresset Press, 1948. Nesse livro, Gorer procura realizar, utilizando (embora não exclusivamente) a psicanálise, uma análise do caráter nacional norte-americano.

cia para a psicologia social; ainda mais interessante é o estudo da maneira peculiar de jogar e apreciar o futebol, seja no Brasil como um todo, seja em suas várias regiões. Esse estudo não foi feito ainda e apenas será possível diante de filmes comparativos, em que se possa analisar, com uma base segura de julgamento, as maneiras diversas de praticar esse esporte. O outro aspecto, isto é, o que se aprecia no jogo (se os tentos realizados, se o espetáculo em si mesmo, independentemente do resultado, por exemplo), não pode ser analisado a não ser de modo comparativo, em mais de um país.

Uma tentativa de análise teórica da maneira brasileira de jogar futebol foi feita por Gilberto Freyre.[6]

Partindo da tipologia de Ruth Benedict (sociedades apolíneas e sociedades dionisíacas), Gilberto Freyre procura mostrar que o futebol praticado pelo brasileiro transforma um jogo apolíneo ("em que a ação pessoal resulta mecanizada e subordinada à do todo") em jogo dionisíaco, marcado "por um gosto de flexão, de surpresa, de floreio que lembra passos de dança e de capoeiragem; "dança que permita o improviso, a diversidade, a espontaneidade individual".[7] Para o autor, esse caráter dionisíaco seria expressão do mulatismo brasileiro, manifestando-se também na política, "mulatismo flamboyant e, ao mesmo tempo, malandro, que está atualmente em tudo que é afirmação verdadeira do Brasil", mesmo porque "psicologicamente, ser brasileiro é ser mulato".[8]

Para ele, o sucesso dos brasileiros no campeonato mundial de futebol de 1938 se deveu, em grande parte, ao fato de nosso selecionado ter sido, naquele ano, "fortemente afro-brasileiro", ao contrário dos anteriores, quando teria predominado uma seleção "ariana" de cor. Lembra ainda o autor que "deliciando-se

---

6 FREYRE, Gilberto. *Sociologia*. São Paulo: José Olympio, 1945, 2. v. p.420ss.
7 Ibidem, p.423.
8 Ibidem, p.422.

em manhas moleronas, mineiras, em doçuras baianas a que se sucedem surpresas cariocas de agilidade", o brasileiro mostrou a "arte do songamonga"; e essa arte permitiu a eficiência do futebol brasileiro, aliás, maior na defesa que no ataque.

A ser verdadeira essa análise do sociólogo pernambucano, estaríamos diante de uma expressão bem clara e definida do caráter brasileiro. Procuremos verificar até onde pode ser aceita.

Assinale-se, de início, o acordo existente entre a análise de Gilberto Freyre e as críticas constantemente feitas ao futebol brasileiro: seu individualismo. Individualismo significa nesse caso que o jogador não procura entrosar ou ordenar seu jogo no quadro, mas sim proporcionar um espetáculo com suas jogadas pessoais. Dessa forma, admitindo-se que o jogo europeu seja sobretudo coletivo, teria havido uma transformação na forma cultural estranha, a partir do momento em que se integra a nossa cultura.

A primeira pergunta a ser formulada aqui é: será essa uma característica permanente do futebol brasileiro, ou, ao contrário, é passível de transformações devidas a motivos internos ou externos?

Em segundo lugar caberia perguntar se essa é uma característica tão ampla do futebol brasileiro que possa ser apontada como diferenciadora ou, inversamente, apenas o *estilo* de alguns jogadores, e não de todos ou da maioria dos brasileiros.

Se procuramos responder à primeira pergunta, veremos a profunda transformação do futebol brasileiro desde a integração em nosso ambiente de alguns técnicos esportivos estrangeiros (Krueschner, Ondino Vieira, Ricardo Diaz), por volta de 1938 e 1940. Já agora, dificilmente encontraremos um quadro brasileiro de profissionais que não utilize uma tática, isto é, um plano preestabelecido. Como exemplo, poderíamos citar a *marcação em diagonal* e a *marcação por zona,* variantes brasileiras de algumas formas europeias de jogo.

Portanto, em um período relativamente curto, observamos uma transformação muito grande no estilo de jogo, como a indicar a inexistência de um caráter permanente, exprimindo-se no futebol. Restaria, certamente, examinar se essa transformação se faz de forma idêntica ou diversa da sofrida pelo jogo europeu; examinar também se, com uma aparente mudança não continuaria a existir uma característica específica.

A segunda pergunta até certo ponto poderia invalidar a primeira, se se chegasse a verificar que apenas alguns jogadores brasileiros são individualistas, não a maioria. Mas essa é uma interpretação pessoal, que contraria a de grande parte dos críticos. Observe-se que alguns jogadores preocupados em *se mostrar* chamam mais a atenção sobre si. Além disso, é possível passar despercebida a individualidade de jogadores adversários, sobretudo se eles são estrangeiros, fisicamente diferentes do observador. Como é sabido, somos levados a não distinguir indivíduos de tipo físico diferente do nosso, mas a considerá-los todos iguais; além disso, na situação de espectadores, tendemos a observar apenas *nossos* jogadores. Portanto, a impressão de jogo dionisíaco pode ter sido dada apenas por alguns jogadores.[9] Seria necessário considerar também a constituição física dos jogadores, não sendo impossível que grande parte da mobilidade e da vivacidade do brasileiro em campo se deva a seu tamanho.[10]

Outro aspecto interessante do artigo de Gilberto Freyre está na caracterização psicológica do brasileiro como mulato e na apresentação de diferenças regionais (o mineiro, o baiano e o carioca), deixando de lado os paulistas, quando a maioria dos jogadores naquele quadro era de paulistas ou de pessoas que aprenderam a jogar em São Paulo ou aqui se tornaram conhecidos.[11]

---

9 No caso concreto da seleção brasileira de 1938, seriam sobretudo Romeu, Leônidas e Tim. Dificilmente se poderá pensar em Procópio, Brandão, Argemiro, Lopes como individualistas.
10 Os jogadores famosos por seu individualismo são todos ou quase todos de pequena estatura: Ministrinho, Luizinho (o do Corinthians), Canhotinho, Claudio, Leônidas.
11 Estavam nesse caso: Batatais, Machado, Jaú, Brandão, Argemiro, Lopes, Luizinho, Romeu, Tim, Hércules; Niginho era estrangeiro.

O caso do mulatismo é particularmente sugestivo, porque alguns dos maiores dançarinos (para continuar empregando a palavra usada por Gilberto Freyre) do futebol foram brancos, ou negros, não mulatos. Embora se possa falar em mulatismo psicológico, é estranhável que este não se verifique em mulatos, mas em brancos e negros. Alguns brancos, descendentes de estrangeiros.[12]

Os dados aqui apresentados sugerem a impossibilidade de uma teoria generalizadora como a criada por Gilberto Freyre; mas não parecem negar a possibilidade de uma análise, desde que tenhamos suficientes dados concretos e possamos contar não com um observador, mas com grupos de observadores treinados. Claro, a análise poderá mostrar a existência ou não de uma forma peculiar de jogar futebol; mostrar a relação ou não entre essa forma e outras atividades de brasileiros.

---

12 Dino, Servilio, Leônidas, negros; Claudio, Ministrinho, Canhotinho, brancos.

Guerra e psicologia[1]

I

A última guerra coincidiu com um decisivo desenvolvimento das ciências humanas: a psicologia, a sociologia, a antropologia. Mas coincide, sobretudo, com uma confiança na possibilidade de solucionar cientificamente as questões humanas. Por isso mesmo é interessante sumariar, embora imperfeitamente, as várias doutrinas existentes sobre a guerra, indicando as principais direções para seu estudo e possível eliminação.

De modo amplo, podemos dividir as teorias em dois grandes grupos: o que admite a guerra como inevitável e o que a supõe um fenômeno episódico, decorrente de determinadas e evitáveis condições sociais.

No primeiro grupo estão os teóricos de uma agressividade instintiva no homem e os da "seleção natural pela luta". Admi-

---

1 "Guerra e Psicologia I-II", Anhembi, São Paulo (55 e 56):187-9 e 410-1, jun.-jul. 1955.

tem que todo homem é dotado de "instinto agressivo", da mesma forma que de instinto de defesa ou de reprodução.

Em outras palavras, para esses psicólogos a guerra é inevitável porque faz parte de uma suposta natureza humana e não podemos impedir o desejo de luta, da mesma forma que não podemos impedir o impulso de defesa do homem. Na realidade, ainda nesse grupo é possível distinguir alguns psicólogos mais recentes, para os quais, embora seja a agressividade uma característica inevitável do homem, pode ser dirigida para fins pacíficos ou, pelo menos, inócuos. Admitem esses psicólogos que o esporte, por exemplo, é uma válvula de escape para os impulsos de luta do homem. Uma válvula inofensiva que, por isso mesmo, deve ser estimulada.

Mas essa teoria de uma agressividade natural do homem é hoje pouco aceita e a maioria dos psicólogos se recusa a pensar no desejo de luta como impulso natural, nascido com o homem. De forma bem simples, seu raciocínio pode ser demonstrado da seguinte forma: um animal não luta por lutar, mas, ao contrário, luta pela posse do alimento, da fêmea etc. Isto é, o impulso inicial não é a luta em si mesma, mas o alimento ou o sexo; o animal tem a agressividade como um elemento para garantir a vida ou a sobrevivência da espécie. Essa teoria foi mais desenvolvida recentemente e a ela voltaremos adiante.

Vejamos agora os teóricos de uma "seleção natural pela luta". Como se sabe, Darwin, o criador da teoria evolucionista, supunha a sobrevivência de algumas espécies e o desaparecimento de outras em razão da "luta pela vida". Mas a expressão "luta pela vida" parece ter sido a forma simbólica adotada por Darwin para referir-se à possibilidade de satisfação das necessidades vitais. Assim, na busca de alimentos, os animais pré-históricos desapareceram porque não mais encontraram recursos para sua subsistência, dentro das modificações geográficas por que passou a Terra. Ao mesmo tempo, outras espécies encontraram, nessas mesmas condições, possibilidades de maior e melhor desenvolvimento. Transposta para uma imaginária sociologia, essa teoria foi entendida como a sobrevivência do mais forte, e mais forte entendido aqui como o militarmente mais capaz ou temível. Como se sabe, essa foi uma das "bases teóricas" das conquistas militares dos nazistas.

Por que não se aceita mais essa teoria?

Principalmente porque as coisas, examinadas mais de perto, são bem mais complexas do que podem parecer. Levada às últimas consequências a teoria significaria que o homem, mais fraco, deve ser vencido pelo leão, mais forte. Argumentar-se-ia, então, com o mais forte em inteligência ou cultura, mas, neste caso, cada povo julgaria a si mesmo como o mais culto ou mais capaz.

O argumento maior contra a teoria, porém, reside na análise histórica, em que se verifica a alternância de povos no domínio de uma região ou do mundo. O dominado de hoje será o dominador de amanhã, e assim por diante. Dizendo de outro modo, *forte e fraco, dominador e dominável* são conceitos relativos, variáveis historicamente, diferentes conforme a perspectiva em que nos coloquemos.

Há ainda duas outras formas de se aceitar a guerra como inevitável, mas na realidade recaem nesses dois argumentos já analisados: o primeiro demonstra a inevitabilidade da guerra com base na verificação histórica e o segundo admite a guerra como um mal que traz consigo vários benefícios à humanidade.

Ora, o primeiro desses argumentos comete um erro lógico visível a olho nu: analisa apenas a história de certo tipo de sociedade (a ocidental) e esquece o fato de existirem sociedades diferentes onde nem sequer se concebe a guerra. Vários antropólogos têm descrito sociedades nas quais não aparece o comportamento agressivo e a guerra é desconhecida.

O segundo argumento (que de certo modo foge a uma verificação real e apresenta um raciocínio normativo) decorre de uma concepção que poderíamos denominar *cínica* da humanidade. Pois não se pode julgar de outra forma senão como cinismo admitir que o sacrifício de milhares de pessoas seja menos importante que um relativo progresso técnico. Pensa-se que a descoberta do DDT, da produção industrial da penicilina ou o avanço no conhecimento da energia nuclear foram benefícios proporcionados pela última guerra. Claro, esquece-se de dizer que tal progresso seria obtido com pequena diferença de tempo e ainda de indagar se é possível avaliar os prejuízos resultantes da guerra, não apenas em mortos e feridos, mas também no aumento da criminalidade, da miséria moral e física de milhões de pessoas.

Quase inútil acentuar que poucos psicólogos e sociólogos admitem, hoje, a guerra como inevitável. Entretanto, se todos concordam em que pode ser evitada, não existe unanimidade quanto às explicações para sua origem e, consequentemente, para a forma de evitá-la ou torná-la impossível.

Parece-nos que as explicações para a guerra podem ser agrupadas sob duas denominações: as teorias sociológicas e as psicológicas; mas há também posições intermediárias.

Entre as teorias sociológicas podemos distinguir duas tendências: a marxista e a culturalista.

Para a primeira, a guerra resulta de uma peculiar estrutura econômica (a capitalista) e, em uma sociedade sem classes ou socialista, a guerra deixaria de existir. Essa teoria tem, parece-nos, dois pontos melindrosos. A afirmação de que a guerra não surgiria em uma sociedade comunista quando, na verdade, encontramos sociedades de povos comunistas que, entretanto, praticam a guerra (Allport). O segundo ponto discutível é a afirmação de que nem sempre a guerra é condenável. Um desses teóricos assinala, como exemplo, que as guerras nacionalistas dos povos coloniais não são condenáveis, pois seu objetivo é precisamente a libertação de um domínio econômico e político injusto. Esses pontos são delicados porque se, efetivamente, se deseja evitar a guerra, é absurdo falar em guerra certa ou errada, justa ou injusta, pois como teríamos a possibilidade de discernir os vários tipos de guerra? E todas as guerras não são, em última análise, apresentadas como guerras justas ou de salvação de um povo ou da humanidade? De um lado, admitir que a guerra será evitada apenas por uma sociedade socialista pode ser uma hipótese, não uma afirmação baseada em verificação. De outro – examinadas as coisas sob um critério estritamente objetivo – não está provado que os conflitos econômicos sejam as causas únicas das guerras (embora ninguém negue sua influência ou interferência).

A teoria culturalista não nega a influência de fatores econômicos para o aparecimento da guerra. Considera, entretanto, tais fatores um aspecto da cultura como um todo (cultura entendida aqui como "forma de vida de uma sociedade" e englobando, portanto, todos os aspectos da vida coletiva de um povo, em determinado momento). A guerra, para empregar a terminologia dos autores, é um "traço cultural", isto é, um aspecto dessa maneira de viver. Como traço cultural, aparece em algumas, não em todas as sociedades humanas. Precisamente por isso, a guerra é um aspecto que pode ser eliminado da cultura, desde que esta se modifique. Ao contrário do que às vezes se tem pensado, para os antropólogos defensores dessa tese, a guerra não é de forma alguma um aspecto isolado de uma sociedade, mas deve ser entendida dentro de toda a vida da mesma sociedade. Assim, a guerra, efetivamente, não pode ser eliminada por um passe de mágica, mas será evitada desde que a cultura se modifique. Como evitar a guerra, segundo tal teoria, é um problema demasiadamente extenso, que não pode ser analisado aqui; talvez seja efetivamente um processo irrealizável.

II

Vejamos finalmente a teoria psicológica da guerra.

Embora existam alguns desenvolvimentos teóricos mais recentes e de grande riqueza, limitaremos este sumário ao "Manifesto dos Psicólogos Norte-Americanos sobre a Paz", publicado em 1945. Como o leitor verificará facilmente, o resumo das afirmações mostra o estado de espírito existente por ocasião do fim da Segunda Guerra Mundial (o manifesto foi redigido em julho de 1944) e também, infelizmente, a impossibilidade de seguir os caminhos indicados pelos cientistas.

Notemos, não sem amargura, o fato de a sociedade educar e manter cientistas para seu bem-estar; mas, quando os cientistas indicam o caminho, é a mesma sociedade que ignora ou finge ignorar essa indicação. O porquê dessas contradições ainda não foi respondido.

Mas vejamos, resumidas, as afirmações dos psicólogos norte-americanos:

1) *A guerra não pode ser evitada: ela não nasce com o homem, é construída nele.*
   Isto é, nenhum povo, nação ou raça é inevitavelmente guerreiro. As frustrações (impossibilidade de realizar um desejo) e interesses em conflito podem ser reduzidos. As ambições humanas podem ser realizadas em cooperação.

2) *No planejamento de uma paz permanente, a geração vindoura deverá ser o principal centro de interesse.*
   As crianças são mais plásticas que os adultos e a educação pode incutir nelas símbolos diferentes dos guerreiros.

3) *Ódios raciais, nacionais e grupais podem, em grau considerável, ser dominados.*
   Por meio da educação e da experiência as pessoas podem aprender que suas ideias sobre outros povos e raças (negros, judeus, russos, norte-americanos, alemães) são falsas.

4) *A condescendência com relação a grupos "inferiores" destrói nossas possibilidades de uma paz duradoura.*
   Com isso, quer-se dizer que os vários povos devem ter uma participação em pé de igualdade na solução dos problemas gerais.

5) *Os povos libertados e inimigos devem participar do controle de seu próprio destino.*
   Uma autoridade imposta de fora sobre os povos inimigos não será aceita e importará em novas ameaças à paz.
6) *A desorientação dos povos derrotados exigirá clareza e coerência na aplicação de recompensas e punições.*
   Se é necessária a aplicação de castigos aos criminosos de guerra (o que torna indispensável uma clara definição de crime de guerra), é necessário também dar liberdade aos elementos não responsáveis por agressões guerreiras.
7) *Se corretamente oferecidas, a ajuda e a reabilitação podem conduzir à independência e à cooperação; se impropriamente apresentadas, a ressentimentos e ódios.*
   É necessário levar em conta o autorrespeito de cada povo. Ajuda indiscriminada e sem contar com o trabalho do próprio povo produzirá, apenas, revolta contra os vencedores.
8) *Os desejos profundos do "homem comum" de todas as partes do mundo são os guias mais seguros para o delineamento da paz.*
   As aspirações do "homem comum" (verificadas por especialistas em opinião pública) devem guiar os políticos.
9) *A tendência das relações humanas é para unidades cada vez mais amplas de segurança coletiva.*
   Se se considera a história humana desde a época das cavernas até hoje, pode-se verificar o aparecimento de coletividades cada vez maiores. Atualmente, é possível pensar nessa ampliação relativamente à mútua segurança.
10) *Os empreendimentos "atuais" podem impedir a apatia do pós-guerra.*
    A não ser que se empreendam movimentos *agora* (leia-se 1945), haverá, certamente, uma tendência à indiferença diante dos problemas internacionais e um

interesse renovado pelos problemas regionais. É necessário impedir essa regressão e procurar aumentar a tendência à união dos povos do mundo.

Ora, verificar quão pouco se fez nas direções indicadas não é apenas melancólico. Pelo menos – valha-nos isso – os erros do pós-guerra e suas consequências parecem indicar que os psicólogos não estavam totalmente errados em suas previsões. Mas quando, além de aprender, saberemos praticar?

A tentação da profecia[1]

Precisamente porque a vida humana parece imprevisível (e o mais inescapável dos acontecimentos, a morte, tem prazo incerto), o homem se vê seduzido pela tentação de profetizar. Esta é, sem dúvida, das mais antigas profissões do homem – seja o profeta do futuro da humanidade, seja o mais modesto profeta apenas de uma vida humana. Este último – munido de cartas, bolas de cristal e outros instrumentos, que a televisão, o radar e o teletipo tornaram obsoletos – parece estar, atualmente, em fase de prestígio descendente. De fato, tantas vezes os ledores de cartas são apanhados em flagrante pela polícia, que essa nota irônica acaba por arruinar-lhes a reputação. É bem verdade, no entanto, que os astrólogos continuam a manter-se, não só distribuindo qualidades mentais de acordo com o dia do nascimento, mas também prevendo, diariamente, momentos favoráveis e desfavoráveis para indivíduos de todos os signos. Embora ainda não se tenha

---

[1] "A tentação da profecia", Revista da Faculdade de Filosofia, Ciências e Letras, Araraquara, (1):37-56, set. 1960.

analisado o problema, parece provável que a contínua produção de satélites artificiais – com seus aparelhos de rádio, cadelas e macacos – acabará por prejudicar a recepção de sinais, ou, pelo menos, sua interpretação. Em todo caso, ainda não há dados a respeito, e os astrólogos preveem sempre com grande amplitude, de tal forma que dificilmente podem errar: "encontro feliz, à tarde, para os nascidos sob o signo de Touro", tanto pode ser o encontro de cinquenta cruzeiros no terno que estava no guarda-roupa como o encontro com a namorada ou com o amigo, para um bate-papo. Afinal, ninguém é tão desgraçado que não tenha pelo menos um encontro feliz à tarde – ainda que, nesse dia, os astros favoreçam mais a Marte que a Touro.

Entretanto, muitos dirão: mas as profecias *dão certo*. Darão mesmo? Provavelmente, sim. Em primeiro lugar, como já se disse, a profecia é sempre feita em termos muito amplos, e qualquer acontecimento acabará por incluir-se no previsto. Em segundo, os profetas não lidam apenas com noções de fato, mas também com noções de valor. E se estivermos preparados para encontrar a felicidade na esquina, não a deixaremos passar; ou, pelo menos, interpretaremos muitas coisas como a felicidade. Além disso, não apenas interpretamos as coisas de acordo com o que esperamos, mas também preparamos o caminho para que o que pensamos aconteça, e, assim, acabará por acontecer efetivamente. Esse jogo, entre expectativa e realização, explica o prestígio da profecia.

Nas relações interpessoais – mesmo sem o auxílio do astrólogo – é mais ou menos frequente uma previsão correta. Se imaginamos que um amigo irá brigar conosco, podemos agir de tal forma que a briga se tornará inevitável. Quando os pais imaginam que um dos filhos será extraordinário e o outro, um fracasso, e agem de acordo com esse pressuposto, acabarão por vê-lo confirmado, pois prepararam o caminho para que ele se realizasse. Entre os grandes homens contemporâneos, pelo menos um (Freud, que nasceu "empelicado") teve a ajuda de uma profecia favorável, e isso levou a família a fazer todos os sacrifícios a fim de que chegasse a cumprir a profecia.

No nível social, a profecia (ou, talvez melhor, a expectativa) pode também cumprir-se (o que Merton denomina a profecia autorrealizadora), uma vez que sua apresentação é uma das condições para sua ocorrência. Assim, quando se admite que a mulher é incapaz de atividade intelectual e, por isso, não precisa frequentar escolas superiores, é claro que ela acabará por não ter atividade intelectual; quando se diz que as escolas para negros são inúteis, porque eles são pouco inteligentes, entra em ação o mesmo mecanismo: sem oportunidade para frequentar boas escolas, os negros acabam por parecer menos inteligentes, e todo o ciclo se reinicia.

Isso não quer dizer, evidentemente, que não haja regularidades, ou que estas não possam ser conhecidas com antecipação. As companhias de seguro são lucrativas, porque seus programas se baseiam no conhecimento de uma dessas regularidades – a duração da vida humana. Mas, nesse caso, como é fácil observar, nada existe de profético, e as tendências observadas podem modificar-se em uma ou em outra direção, de acordo com fatores determináveis. Assim, a vida humana pode tornar-se mais longa, desde que se provoque a interferência de algumas medidas de higiene. Assim, é sabido que a vida média, na cidade de São Paulo, aumentou de 49,0 anos em 1940 para 57,5 anos em 1950.

O conhecimento de tais regularidades é muito útil, desde que sejam consideradas como o que são, isto é, resultantes de fatores conhecíveis e modificáveis. De tal forma é assim, que as previsões a respeito do desenvolvimento das populações são constantemente revistas, pois esse desenvolvimento depende de diferentes fatores. Assim, por volta de 1930, previa-se que a população norte-americana atingiria 183 milhões em 1980, e, então, permaneceria constante ou tenderia a diminuir. Durante uma década – 1930 a 1940 – a população permaneceu mais ou menos estável. Entretanto, a partir de 1940, começou a crescer rapidamente outra vez, e já em 1950 atingia 151 milhões de habitantes – número que, de acordo com as previsões da década de 1930, só seria atingido em 1975. A razão mais aparente para o novo desenvolvimento da população deve ser procurada nas condições econômicas que passaram a existir a partir de 1940, quando um novo período de prosperidade levou os casais a desejar um número maior de filhos, ao passo que, entre 1930 e 1940, os casais procuravam ter apenas um ou dois filhos, tais as dificuldades econômicas da época. Tem-se observado, além disso, que as populações em processo de urbanização tendem a diminuir seu ritmo de crescimento; no Brasil, essa tendência já é muito nítida: nas populações urbanas, no período de 1940-1950, a proporção média anual dos nascidos vivos foi de 121 por 1.000 mulheres entre 15 a 49 anos; nas populações rurais, essa proporção foi de 202.

A observação dessas regularidades, entendida de maneira racional e de acordo com outros dados também disponíveis, pode ser muito útil na previsão das necessidades econômicas e na programação de muitas atividades, inclusive as educacionais. Entretanto, muitos não têm resistido à tentação de, diante dessas tabelas demográficas, imaginar o que será da humanidade em um futuro próximo ou distante. O mais conhecido desses profetas foi Malthus, que, "em uma fórmula infeliz" (Parsons), resumiu seu pessimismo dizendo que, enquanto a população cresce em proporção geométrica, a produção de alimentos cresce em proporção aritmética. Já veremos que, nessa forma, ou outras próximas, a mesma ideia continua, ainda, a preocupar nossos profetas.

Aparentemente, no entanto, não só o desenvolvimento demográfico preocupou os intelectuais dos últimos anos, a partir da segunda metade do século XIX. Dois movimentos parecem ter ocupado a mente dos intelectuais europeus: a ascensão e o poder, cada vez maior, do proletariado e a possibilidade de uma invasão dos povos coloniais, até então dominados pelos europeus. Na realidade, talvez não fosse difícil mostrar que todas as profecias formuladas nos últimos setenta ou oitenta anos, a respeito do destino da humanidade, podem ser agrupadas em duas rubricas: o domínio do proletariado e a invasão, da Europa, por povos asiáticos. Como se vê facilmente, não seria difícil, também, encontrar uma explicação "psicológica" para esses temores. O intelectual europeu não podia deixar de considerar injusto o tratamento dispensado tanto aos proletários de seu país quanto aos povos dominados do Oriente. Por um mecanismo muito conhecido, deixam de mencionar as injustiças que estão infligindo aos outros e, ao contrário, procuram convencer-se de que estão na defensiva, isto é, estão ameaçados pelos "bárbaros". Esses autores apresentam, portanto, uma "utopia às avessas", na qual procuram demonstrar como será terrível o futuro da humanidade, com o desaparecimento de todos os valores mais altos, elaborados pelo europeu, com o trabalho de uma privilegiada inteligência.

É evidente, no entanto, que nem todos os intelectuais europeus se viram seduzidos por essa espécie de visão apocalíptica do mundo: houve os que, revolucionários ou reformadores, se puseram ao lado das forças por eles consideradas emergentes, na Europa do século XIX; baseados nos frutos da ciência positiva aplicada aos fenômenos naturais, procuraram empregar os mesmos métodos para o estudo e o controle de fatos sociais e psicológicos. Aqui, entretanto, deixaremos de lado esses utópicos, para tratar apenas dos que construíram "utopias às avessas", supondo que estas podem, em muitos casos, exercer – pelas razões já apontadas – grande fascínio. Além disso, em vez de tentar a análise de todos os profetas da sociedade do futuro, faremos referência apenas a dois deles: Aldous Huxley e Michael Young, cujos livros foram publicados recentemente. Mas, antes de o fazer, convém lembrar algumas das utopias às avessas já propostas, a fim de ter um quadro mais amplo de referência.

Como já se sugeriu, o que parece caracterizar o profeta contemporâneo é o reacionarismo. Seria possível ver uma exceção a isso se se considerasse Marx profeta de uma sociedade socialista. Mas, embora alguns autores o façam (veja-se, por exemplo, o livro de Karl R. Popper, *A sociedade democrática e seus inimigos*[2]), essa qualificação não parece muito bem aplicada diante de alguns textos bem claros de Marx e sobretudo de Engels.[3] A análise de Marx parece referir-se ao passado e, por meio deste, procura conhecer quais as perspectivas que se apresentavam ao regime capitalista no século XIX. A análise da situação indica as virtualidades existentes na sociedade contemporânea, ao mesmo tempo que indica os comportamentos necessários para a modificação, para uma situação melhor, dessa mesma sociedade. Por isso mesmo, a Marx cabe, efetivamente, a classificação de utópico (no sentido utilizado por Mannheim), pois procura descrever a sociedade futura, desde que se consigam as modificações necessárias, na produção e na distribuição de bens. E à medida que indica os caminhos possíveis para a transformação da sociedade, Marx não pode ser considerado profeta, pelo menos no sentido em que a palavra é correntemente empregada: quando propõe uma teoria da ação, é porque imagina que outros caminhos são possíveis, embora não desejáveis. O profeta, ao contrário, não pensa ver outros caminhos e parece apavorado diante das tendências que imagina observar. Outra diferença muito importante é que Marx, embora descontente com a ordem social da época (meados do século XIX), não imagina que as condições existentes sejam inevitáveis; porque acredita que são modificáveis, propõe uma ação política bem definida. O profeta, ao contrário, parece satisfeito com denunciar as tendências malignas que o cercam, embora não se possa dizer, com segurança, se todos eles não supõem a possibilidade de *que se faça alguma coisa*, para impedir os resultados que prenunciam. Finalmente, há outra diferença muito importante: enquanto Marx tem um pensamento realista, isto é, voltado para os problemas do mundo, e sua explicação se faz em termos obje-

---

2 Trad. de Milton Amado, Minas Gerais: Itatiaia, 1959, capítulos 19 e 20).
3 Ver, por exemplo, SCHLESINGER, Rudolf. *Marx: His Time And Ours*. London: Routledge & Kegan Paul, 1950, p.98ss.

tivos, o profeta contemporâneo parece muito mais preocupado com tendências internas, isto é, psicológicas, cuja origem é mais ou menos incapaz de esclarecer (embora com frequência sua explicação se baseie em *raça, história, tradição*). Em sua forma extrema, esse gênero de pensamento resulta no que Leo Lowenthal e Guterman denominam os *profetas do engano*, referindo-se, explicitamente, aos grandes demagogos que veem nos judeus, nos comunistas, nos capitalistas, nos católicos (os autores fazem a análise com base nos demagogos norte-americanos), fontes de perversão ou de domínio do mundo. E está claro que, em forma já então inteiramente paranoica, as casas de saúde abrigam profetas que têm medos mais ou menos semelhantes.

Pode-se imaginar, portanto, uma gradação não apenas de maior ou menor brilho intelectual nos autores de profecias, mas também uma gradação de seu contato com a realidade. Vale dizer, enquanto os profetas de alto nível (como aqueles que iremos analisar rapidamente) parecem preocupados com algumas tendências da realidade social contemporânea e procuram verificar quais suas consequências futuras, os outros profetas (de menos brilho intelectual e de maior deformação da maneira de pensar) parecem fixar-se em alguns elementos da realidade e a eles atribuir todos os males de que padece a humanidade, inclusive as catástrofes que virão a provocar.

O primeiro dos grandes profetas modernos foi Nietzsche: o que, basicamente, o apavorava era o triunfo dos menos capazes ou dos fracos. Mas Nietzsche ainda é positivo, porque vê remédios para a situação futura. Assim, imagina que as raças inferiores poderão trabalhar para as raças superiores, os indivíduos inferiores, para os superiores. Na linha de Nietzsche está, evidentemente, Spengler, cuja *Decadência do Ocidente* (publicado originalmente em 1918) faria tanto sucesso no período entre as duas guerras. Spengler procura traçar uma larga história da humanidade ou, mais precisamente, uma filosofia da história, imaginando que as culturas são organismos que nascem, crescem e morrem. Para ele, estaríamos agora no fim da cultura do Ocidente, a ingressar no estádio por ele denominado de civilização. Aos homens do Ocidente restaria esperar pelo aparecimento de outra cultura, vinda provavelmente do Oriente. Tanto Nietzsche quanto Spengler representam muito claramente os temores não tanto do Ocidente, quanto do grupo que constituía a aristocracia europeia, e procurava velar pela manutenção de seus valores. Quase a mesma tendência poderia ser observada em Ortega y Gasset.[4] Também em Ortega y Gasset existe o medo de que os valores culturais da Europa estejam sendo sacrificados, sobretudo pela elevação de um novo tipo de homem, caracteristicamente vulgar e vazio.

A ideia de que a cultura europeia está ameaçada é, sem dúvida, muito curiosa, se propusermos a questão de outra forma: qual a proporção das populações que realmente podem usufruir desses valores morais e estéticos de que nos falam os profetas? Até que ponto suas ideias de nobreza foram utilizadas em suas relações com os povos dominados ou com as classes inferiores? É claro que não há menção do problema em nenhum deles. Na verdade, parece ter acontecido que a cultura se democratizou, tanto social quanto geograficamente. Vale dizer, dentro do país, uma parcela cada vez maior da população tem direito de frequentar escolas; ao mesmo tempo, nos países outrora coloniais, os instrumentos da cultura europeia passam a ser usados. Quando isso ocorre, já não será possível, para o europeu aristocrata, desfrutar do trabalho dos "bárbaros", como tinha ocorrido até então. Observe-se – porque parece um elemento decisivo para compreender essas utopias às avessas – a reação aos Estados Unidos. Efetivamente, nos Estados Unidos os profetas veem os indícios mais flagrantes de um fim de civilização, ou de corrupção da *verdadeira* cultura.

---

4 *La Rebelión de las Masas*. 1937, ed. original de 1926.

Essas profecias – que têm muito sabor dos temores dos homens do século XIX, embora algumas delas tenham sido formuladas já no século XX – passaram da moda. Foram, corretamente ou não, identificadas com as teorias da direita, que teriam em Hitler e Mussolini os grandes líderes políticos. Sua versão mais recente – embora muito melhorada e bem menos catastrófica – pode ser encontrada talvez em Erich Fromm (sobretudo em *The Sane Society*). No entanto, Fromm é muito mais um analista e utopista do que um profeta; não procura dizer como será a sociedade em alguns anos, mas, ao contrário, analisa o homem contemporâneo, procura indicar quais as possibilidades de uma reforma para restituir o homem a si mesmo. O que, às vezes, o aproxima dos profetas de que estamos falando, é sua referência à vulgaridade do homem contemporâneo.

Aldous Huxley (*Regresso ao admirável mundo novo*)

Em 1931, Aldous Huxley descreveu, em *Brave New World* (traduzido para o português com o título *Admirável mundo novo*), a sociedade do século VI ou VII depois de Ford. Agora, em *Regresso ao admirável mundo novo,* Huxley procura comparar suas previsões com o que efetivamente ocorreu no mundo, desde a publicação daquela primeira profecia. Não será demais dizer, logo de início, o que parece falho ou insuficiente no livro de Huxley. Em primeiro lugar, o autor não tem uma teoria com a qual procure interpretar os acontecimentos ou as tendências que observa na sociedade contemporânea. E, na ausência de um esquema teórico, sua análise acaba por perder-se na referência a alguns *sintomas* que não se sabe bem do que sejam. Em segundo, e como decorrência provavelmente da ausência dessa teoria, sua possibilidade de interpretação se refere, quase exclusivamente, a problemas psicológicos, assim mesmo isolados de seu contexto. A favor de Huxley, no entanto, deve-se dizer que seu livro não apresenta o esquema de uma profecia de estilo spengleriano, embora seja evidentemente reacionária não no sentido de ser contrária ao socialismo ou ao comunismo, mas no sentido de ser contrária até aos últimos desenvolvimentos do capitalismo. Nesse sentido, o livro de Huxley, se não apresenta uma profecia completa, pretende, pelo menos, diagnosticar quais serão as mais poderosas armas do futuro, e indicar – em um esquema evidentemente superado pela psicologia e pela sociologia contemporâneas – quais os remédios educacionais para corrigir as tendências que observa.

A superpopulação

O primeiro sintoma grave que o autor observa no mundo é o da superpopulação (já indicamos que esse problema vem sendo repetido constantemente pelos profetas do século XX, seguindo a teoria de Malthus). Huxley, em primeiro lugar, indica o problema da existência de populações em que a introdução de medidas de higiene (como o combate à malária) não foi acompanhada pelo controle da natalidade. Assim, em algumas regiões da Ásia e na maior parte da América Central e da América do Sul, as populações se duplicarão em pouco mais de vinte anos. Isso representará uma ameaça muito séria à liberdade, pois essas populações poderão, facilmente, cair sob o domínio ditatorial (mais provavelmente comunista) e, então, privar o mundo ocidental de matérias-primas, sem as quais a Europa, sobretudo, não pode sobreviver (pelo menos nos padrões atuais). O perigo, para os Estados Unidos, parece menor, mas sua posição militar pode ser ameaçada se os diferentes países subdesenvolvidos se tornarem comunistas. A profecia é verossímil, mas parece esquecer dois fatos fundamentais: primeiro, que as crises econômicas (a mais séria das quais, como se sabe, foi a de 1929) não têm sido decorrências da subprodução, mas sim da superprodução; em segundo, que, com os recursos técnicos atualmente disponíveis, as grandes crises de fome – conhecidas em uma Europa subpovoada – desapareceram quase inteiramente, pelo menos nos países em que se deu a industrialização, da qual depois se beneficiou a agricultura. Poder-se-ia acrescentar, ainda, outro fato que deveria entrar na previsão, isto é, o de que as populações dos países subdesenvolvidos, à medida que se urbanizam (e, portanto, têm menor índice de mortalidade), também chegam ao estádio em que começa a haver controle de natalidade. Os dois fatos iniciais, entretanto, são os básicos. A pequena crise que se esboçou nos Estados Unidos, em 1957-1959 – com reflexos em todo o mundo ocidental –, foi, caracteristicamente, outra crise de superprodução. As crises econômicas dos países subdesenvolvidos são também de superprodução, vale dizer, de impossibilidade de colocar a produção (o caso do Brasil, com superprodução de café e açúcar é bem típico). O segundo fato – a introdução de recursos técnicos – completa o quadro: os países subdesenvolvidos, onde ainda não se observam, com toda intensidade, os efeitos das novas técnicas de produção, já foram dominados pela superprodução. Como, pois, imaginar que nossos problemas sejam de *subprodução*? Não seria muito mais simples, e muito mais de acordo com os fatos diariamente observados, dizer que nossa crise é de distribuição dos bens produzidos?

As qualidades eugênicas

O segundo problema de Huxley é o da qualidade genética da população. À medida que se introduzem formas de prolongar a vida humana e salvar os mais fracos ou os menos dotados, conspiramos contra a seleção natural, permitindo a sobrevivência e a reprodução de seres humanos que, em *condições naturais*, desapareceriam, levando consigo as péssimas combinações genéticas com que foram dotados. Aqui, os olhos de aristocrata da *"belle époque"* perturbam a apreciação de Huxley: há vários estudos mostrando que a atual geração norte-americana (onde essas condições artificiais se fizeram sentir com mais intensidade) é mais alta, fisicamente mais forte que as gerações anteriores; a geração atual vive mais e, com o auxílio das técnicas que vem inventando, produz também mais, trabalhando menos. Esses fatos, aliás, extraídos das notícias de jornais e dos almanaques de curiosidades, se transformam, na angústia de Huxley, no perigo de inferioridade orgânica e certamente mental.

Superorganização

Outro sintoma grave que Huxley observa no mundo contemporâneo é a despersonalização do indivíduo, à medida que se submete às exigências de uma excessiva urbanização e que tende a procurar "ser como os outros". Essa tendência, já observada por Riesman e Fromm, e confirmada por William H. White (*The Organization Man*, citado por Huxley), seria nítida também nos Estados Unidos. Até que ponto é correto afirmar essa despersonalização do homem contemporâneo? O problema maior, para responder à pergunta, está em conseguir um termo adequado de comparação. Parece, entretanto, muito difícil que o homem contemporâneo seja menos estereotipado que o homem do campo ou dos séculos anteriores. Ao contrário, poder-se-ia dizer que, na sociedade industrializada e urbanizada, tende a haver maior diferenciação de papéis sociais e uma complexidade maior dos indivíduos. Mas o problema maior parece residir na *aparência*: quando as pessoas usam a mesma roupa, o mesmo sapato, compram os mesmos automóveis e arrumam as casas de forma quase idênticas, podemos ser levados a pensar que estão sentindo de forma também idêntica, e tenham desaparecido as diferenças que estávamos acostumados a ver. Essa impressão, entretanto, não se confirma na análise de pormenor – como, aliás, já verificaram os estudantes do problema *personalidade-cultura*. Sob uma aparente identidade, os homens continuam profundamente diferentes uns dos outros, ainda que o observador superficial possa verificar que apresentam comportamentos muito semelhantes. Assim, quando se usam métodos de observação direta, pode-se supor que os participantes de uma cultura sejam mais ou menos iguais; quando, entretanto, se adotam técnicas projetivas (capazes de provocar reações mais *profundas*), o que se nota é uma diferença muito grande entre indivíduos. Em todo caso, ainda parece difícil encontrar uma resposta satisfatória para o problema. Na verdade, entretanto, Huxley não desce a esses pormenores e limita-se a observar a padronização do homem contemporâneo. Nesse caso, sua observação padece do mesmo erro notado nos profetas anteriores (sobretudo em Ortega y Gasset): o que o surpreende é que os proletários possam, atualmente, apresentar comportamentos muito próximos dos que eram privilégio dos aristocratas de algumas dezenas de anos atrás. Provavelmente esse mecanismo não é mais que um aspecto da moda. Como se sabe, a moda tende a ser substituída, assim que um grande número de indivíduos a aceita. Por isso mesmo, a moda, forma de padronização, é também processo de renovação. Claro, nesse conceito amplo de moda entram não apenas modelos de roupas, mas também modelos de automóveis e padronizações de gosto artístico. Na sociedade moderna, onde se criaram processos rápidos de comunicação e fabricação em série, a moda tende a transformar-se muito rapidamente, pois essa é a única forma de fugir à perda do bom gosto. Está claro, também, que um pequeno grupo – que lidera a moda – procura sempre fugir à padronização. Isso ocorre não apenas na introdução de artigos diferentes, ou aparentemente superados (daí a moda do carro europeu nos Estados Unidos; ou, ainda nesse mesmo país, a moda do carro "clássico"), como também em uma rápida transformação dos critérios de apreciação literária (e, hoje, o próprio Huxley estaria um pouco fora de moda). O que parece padronização é apenas certo despeito – do grupo de liderança – diante do fato de que um grande número consegue igualar seus padrões. Aparentemente, na crítica de Huxley, há esse mesmo aspecto.

As técnicas de convencer

As técnicas modernas de convencer – propaganda direta, lavagem cerebral, persuasão química, percepção subliminar e aprendizagem durante o sono – representam, segundo Huxley, ameaças muito sérias à sociedade democrática. Serão assim tão sérias? Há pouco menos de cem anos o hipnotismo pôde parecer, também, ameaça muito grande à liberdade humana. Imaginava-se que, mediante a técnica do hipnotismo, seria possível obrigar uma pessoa a fazer coisas *contra sua vontade*. Pelo que se pode saber até agora, no entanto, a ameaça é muito menor do que pode parecer: na realidade, a pessoa hipnotizada pode ser levada a fazer muitas coisas, mas não pode ser levada a fazer coisas que se opõem violentamente às suas tendências mais definidas. Assim, é possível sugerir à pessoa hipnotizada que, ao acordar, sinta sede e peça uma laranjada; não parece possível fazer uma sugestão para que mate uma pessoa. Em outro nível – moralmente menos sério – não parece possível fazer que, durante a hipnose, a pessoa se dispa na frente do experimentador, embora este possa levar o hipnotizado a praticar muitos atos ridículos. O fato de que a propaganda nos leve a tomar um tipo de refresco e não outro; o fato de que nos leve a usar determinada marca de dentifrício ou a tomar outras tantas decisões de pequena ou nenhuma importância (a não ser, é claro, para os fabricantes e anunciantes) parece indicar muito pouco em um nível mais profundo do comportamento humano. O fato de que nem sempre o partido político que gasta mais dinheiro em propaganda seja o mais votado também indica a mesma direção: a propaganda, tal como é compreendida até agora, não consegue provocar mudanças muito violentas no comportamento. O grande êxito da propaganda parece estar associado a algumas tendências latentes (sobretudo quando se trata de propaganda política) ou à formação de opinião sobre assuntos de pouca importância. Essas observações, evidentemente, não diminuem a importância de uma análise séria da propaganda, sobretudo se levarmos em conta alguns exemplos recentes (como o nazismo). Mas esses casos parecem indicar, precisamente, que as forças dominadoras receberam o apoio de alguns grupos mais ou menos poderosos, seja diretamente, seja pela indiferença; o exemplo indica, também, que o partido político que veio a fazer uso das técnicas propagandísticas satisfez a algumas tendências latentes nos indivíduos sobre que atuou e contribuiu para dar segurança a um povo inteiramente desorientado. A existência de demagogos, durante a crise econômica, a partir de 1929, foi notada em todo o mundo. Mas, ao contrário do que ocorreu na Alemanha, nos outros países os demagogos não chegaram a constituir uma séria ameaça às instituições democráticas. Esse fato parece indicar um aspecto diferente: a demagogia aparece quando os recursos menos irracionais não conseguem solucionar os problemas mais angustiantes de um povo ou de uma classe social. Ora, aqui, precisamente, é que a análise de Huxley parece incompleta. É verdade que os processos de propaganda ou convicção podem ser eficientes, mas é verdade, também, que essa eficiência tem limites, marcados pelas condições reais. É, pelo menos, duvidoso que as técnicas de convicção química ou de lavagem cerebral consigam convencer um indivíduo faminto de que foi suficientemente alimentado ou de que não sente frio (pela hipnose seria possível provocar reações muito breves de estados irreais). Portanto, a possibilidade que tenha o demagogo de manter-se no poder dependerá de ele conseguir satisfazer a algumas necessidades humanas básicas. No entanto, a possibilidade de triunfo do demagogo resulta da incapacidade do governo democrático, para satisfazer a essas mesmas necessidades básicas. Ora,

O pensamento de Huxley, ao enfrentar esse problema, cai em contradição – pela razão muito simples de que o esquema do liberalismo de velho estilo não tem recursos para enfrentar os problemas das sociedades contemporâneas.

Em outras palavras, o grande drama que o pensamento moderno enfrenta parece ser o de uma escolha entre liberdade e planejamento. Hoje, poucos terão dúvida de que as condições da vida moderna não permitem mais um liberalismo do século XIX, isto é, o do *laisser-faire*. O próprio Huxley, referindo-se aos problemas de superpopulação, pensa que há necessidade de um controle da natalidade; ao pensar na concentração do comércio e da indústria em algumas poucas mãos, reconhece que há necessidade de equilibrar a propriedade. Entretanto, diante desses problemas – que são, afinal de contas, os mais graves do mundo contemporâneo e começam a apresentar-se aos países subdesenvolvidos – o autor encontra uma solução nem sociológica, nem psicológica, mas biológica.

O problema da educação

Para Huxley, uma das formas de evitar que o mundo caia nas mãos de uma nova tirania será encontrar um processo educativo capaz de preparar para a liberdade. E aqui se introduz o pensamento que é ou pretende ser biológico: os homens não são iguais e devem ser educados de acordo com essas diferenças (embora o autor não o diga explicitamente, é o que se depreende de sua crítica a Watson e a Skinner). Educados para o quê? Para os fatos e valores ("os fatos da diversidade individual e da originalidade genética de cada um; os valores da liberdade, da tolerância e da mútua caridade que são os colorários éticos daqueles fatos"), de tal forma que os indivíduos venham a valorizar a liberdade e saibam defender-se dos ataques da propaganda, qualquer que seja seu virtuosismo técnico-científico.

Pois bem: uma educação para a diferença, para evitar que os homens se despersonalizem. Huxley, que vive há alguns anos nos Estados Unidos, diante do que lhe parece uma terrível padronização, passa uma descompostura nos psicólogos norte-americanos que, fiéis (consciente ou inconscientemente) ao ideal de igualdade humana, negam a influência da hereditariedade na determinação do comportamento. Mas, na Inglaterra de Huxley, os homens parecem pensar como ele: as oportunidades educacionais devem ser diferentes, de acordo com as capacidades diferentes. O que acontecerá com o sistema inglês?

Michael Young (*A ascensão da meritocracia*)

O livro de Michael Young *The Rise of the Meritocracy, 1870-2033: An Essay on Education and Equality*[5] [A ascensão da meritocracia, 1870-2033: um esboço sobre educação e igualdade] é o ensaio de um jovem sociólogo que, em 2033, procura historiar um sério movimento social da época, tentando prever o que ocorrerá no ano de 2034. Para que o leitor brasileiro compreenda o sentido de seu livro é necessário recordar o atual sistema educacional inglês (estabelecido pela reforma de 1944). A partir de 1944, as crianças inglesas, ao ingressar na escola secundária, são submetidas a testes de inteligência e, de acordo com o resultado, são encaminhadas para diferentes escolas secundárias: o grupo mais inteligente é encaminhado para a escola secundária tradicional, que apresenta o caminho para as universidades; os menos inteligentes são encaminhados para a escola secundária moderna (*secondary modern school*), que leva às diferentes profissões não universitárias. Como se observa, as crianças que não conseguem ingressar na escola secundária tradicional estariam, teoricamente,

---

5   London: Thames and Hudson, 1958.

eliminadas das universidades (isso entre onze e doze anos). Entretanto, apenas as crianças mais pobres são efetivamente eliminadas nessa idade, pois os pais mais ricos podem matricular os filhos em escolas secundárias particulares (que, pagas, são inacessíveis às crianças mais pobres). Em contrapartida, como as escolas particulares são inferiores às oficiais (muitas delas são improvisadas), a possibilidade de êxito das crianças que as frequentam é também pequena.

É claro que tal sistema desperta muitas críticas na Inglaterra. E o esforço dos pais para encaminhar os filhos às universidades e, portanto, às melhores oportunidades de emprego é praticamente inútil, uma vez que não há recurso para aumentar a inteligência (ou, pelo menos, a inteligência medida pelos testes de inteligência). Michael Young pretende, escrevendo como o sociólogo do ano 2033, indicar quais as consequências desse sistema para a vida inglesa. Sem descer a minúcias, vamos procurar ver quais os elementos mais nítidos da situação, como descrita por Michael Young.

Em primeiro lugar, o que preocupa o sociólogo de 2033 é um movimento revolucionário que se prenuncia. Os mais inteligentes já tiveram tempo – nessa época – de organizar uma classe social bem diferenciada da constituída pelos menos inteligentes – daí o nome de Meritocracia. O mérito, entretanto, não é medido apenas pela inteligência, mas também pelo esforço: inteligência + esforço = mérito. O que existe de insatisfatório em tal sistema? Em 2099, um grupo do Partido dos Técnicos lançou um manifesto: o *Manifesto de Chelsea*, onde se diz especificamente:

> se devêssemos avaliar as pessoas, não apenas de acordo com sua inteligência e sua educação, sua profissão e sua capacidade, mas de acordo com sua bondade e sua coragem, sua imaginação e sensibilidade, sua simpatia e generosidade, não existiriam classes sociais. Quem poderia dizer se um cientista é superior a um porteiro que tem extraordinárias qualidades como pai...?

Os autores do manifesto chegam a opor-se a uma igualdade de oportunidade – estabelecida de acordo com a inteligência – e, então, pregam a necessidade de uma escola comum para todos, onde os mais e os menos inteligentes possam desenvolver-se, de acordo com o ritmo pessoal. Apesar do grande movimento político, o autor prevê que nada acontecerá de extraordinário em maio de 2034, para quando estão marcadas as manifestações contra o regime vigente e diz, entre outras coisas, que 2034 será um novo 1848 à moda inglesa. O autor, que promete verificar, nessas manifestações, o acerto de sua previsão, é morto durante elas e os editores publicam a seguinte nota final: "os fracassos da sociologia são tão ilustrativos quanto seus acertos".

Claro, uma análise mais minuciosa do livro permitir-nos-ia ver todo o desenvolvimento suposto por Michael Young. Ver, por exemplo, como os testes de inteligência, à medida que se aperfeiçoam, proporcionam uma previsão do mérito em idade cada vez mais tenra, até que, a partir dos três anos de idade, as crianças já podem ser classificadas quanto à sua posição futura. Aqui, entretanto, interessa apenas indicar o problema, para comparar essa profecia com a de Huxley. Ao passo que este prega uma desigualdade básica – como fundamento de um regime democrático autêntico –, Michael Young procura mostrar que o estabelecimento de rígida diferenciação, mediante uma inteligência "inata", leva a um pesadelo nietzschiano. Com efeito, como é possível prever que pais inteligentes terão filhos inteligentes, os casamentos se fazem segundo o maior ou o menor Q.I. O sociólogo de 2033 acredita que a classe inferior – a dos menos inteligentes – está, então, desprovida de líderes, uma vez que seus elementos mais inteligentes foram colocados no grupo superior. É bem verdade que o final do livro – intencionalmente ambíguo, depois da morte do autor – pode dar a entender várias soluções, inclusive que uma revolta pela força seria capaz de derrotar a meritocracia.

Previsão e profecia

Tanto no livro de Huxley quanto no de Michael Young, não se esconde um profundo desprezo pela tarefa do psicólogo, embora por razões bem diferentes. No de Huxley, o ataque é direto e se dirige explicitamente aos autores que negam a influência da hereditariedade na determinação das capacidades humanas. No de Michael Young, o ataque é indireto, mas se dirige aos psicólogos que se acreditam capazes de determinar a inteligência pela hereditariedade. Poderíamos complicar um pouco mais o quadro da crítica, se lembrássemos que, em 1936, o Partido Comunista Soviético proibiu os testes de inteligência. A tentação é, evidentemente, fazer uma sociologia do conceito de hereditariedade – que talvez esclarecesse um pouco mais a situação. A mais simples é, sem dúvida, a do Partido Comunista: imagine-se um teste de inteligência que colocasse o filho de um alto burocrata entre os que não são indicados para as melhores posições. A posição de Huxley também não é de análise muito difícil: parece ser a do defensor de uma aristocracia que se vê ameaçada pela extensão das oportunidades. A de Michael Young é a de um homem assustado diante da possibilidade de que se forme uma aristocracia baseada no mérito, a qual, depois de algumas gerações, se transforma em uma aristocracia de sangue.

Seja como for, as profecias de Huxley e Young parecem incidir em um erro fundamental: imaginar que a psicologia será a ciência decisiva na organização da sociedade futura. Para Huxley, as técnicas psicológicas de convencer poderão ser decisivas; para Young, os testes de inteligência decidirão a respeito da organização social dos próximos anos. No caso de Huxley, é possível dizer-se que sua profecia é deformada, porque lhe falta uma perspectiva sociológica – de tal forma que se torna incapaz, não de prever (coisa que provavelmente o sociólogo não faria), mas de, pelo menos, diagnosticar os pontos críticos da situação presente. Por isso, seu livro não pode ser visto como previsão, mas realmente como profecia – uma profecia que vê o futuro como uma utopia às avessas, uma vez que não promete a volta "dos bons tempos antigos", isto é, o século XIX. A história do futuro, escrita por Huxley, pode ser bem entendida, se pensamos em duas autobiografias: a de Stefan Zweig e a de André Maurois. Zweig e Maurois nunca entenderam o mundo de depois da Primeira Grande Guerra, e nunca se conformaram com as transformações que puderam observar. A esse respeito, é curioso que as memórias de Maurois não mencionem a crise de 1929. Huxley parece estar em situação semelhante: seus instrumentos intelectuais e afetivos não lhe permitem entender o que acontece atualmente no mundo. Tudo se passa como se sua sensibilidade indicasse nuvens no horizonte, mas sua inteligência fosse incapaz de distingui-las.

A situação de Young é, evidentemente, bem diversa e seu livro pretende ser uma advertência à confiança demasiada em uma técnica – que talvez esteja sendo mal ou injustamente utilizada.

E, afinal, que nos indicam essas profecias? Sobretudo, o que nos indica a profecia de Huxley, já que a de Young é intencionalmente satírica? Em primeiro lugar, parece ser o sintoma da insegurança do homem contemporâneo. Já não crê nas profecias astrológicas; em contrapartida, o conhecimento da história e as transformações rápidas, das quais vem participando, indicam ser impossível que o mundo permaneça sempre o mesmo. Ao contrário do homem do século XVIII que acreditava no progresso contínuo da humanidade e, por isso mesmo, podia ser otimista diante da história – já viu muita regressão humana e viu que algumas coisas aparentemente superadas, como a guerra, podem reaparecer, de forma violenta e aparentemente inevitável.

Índice onomástico

1. Os nomes dos autores estão aqui registrados na forma em que são, geralmente, conhecidos.
2. Os nomes em *itálico* são de personagens.

A
Abreu, Casimiro de 65, 74, 75, 80, 114
Aita, Giovanna 161
Alencar, José de 65, 67, 68, 74, 75, 80-4, 209, 218
Almeida, Guilherme de 159
Alissa 172
Allport, Gordon 268
Alves, Castro 65, 66, 70, 71, 105
Andrade, Mário de 80
Antônio Conselheiro 107, 112-5, 119, 207
Anna Karenina 92
Aristóteles 103
Arnauti 89, 90, 94, 96
Arnold, W. 187
Argemiro 262
Asch, Solomon 38
Assis, Machado de 45-7, 76, 135, 209
Augusto Matraga 137, 138
Azevedo, Álvares de 80

B
Badu 137
Baldwin, Alfred 14
Balthazar 86, 95, 176

Bandeira, Manuel 77, 161, 162
Batatais 262
Beauvoir, Simone de 47, 48, 171
Ben-David, Joseph 179
Benedict, Ruth 237-40, 243, 260
Bentinho 45
Berthet, Antoine 44
Boas, Franz 234
Bosi, Alfredo 203
Botelho de Oliveira, Manuel 63
Brás Cubas 45, 76, 135
Brandão 262
Brunswick, Egon 25

C
Calado, Antônio 119
Caldas Barbosa, Domingos 63
Camões, Luis V. 258
Campos, Haroldo de 203
Campos, Augusto de 203
Candido, Antonio 47, 65, 202
Canhotinho 262
Cannon, 26
Capitu 45, 135
Capodístria 89, 90, 94
Castelo, José Aderaldo 12, 201, 202, 203, 214
Cavafy, Constantino P. 87
Celso, Afonso 61, 69, 116
Charcot, Jean-Martin 51
Cláudia 180
Cláudio 262
Clea 87, 98
Cohen 80, 90-3
Comte, Auguste 104
Coro 228
Creonte 229

Cristo 103
Cruls, Gastão 83
Cruz e Souza, João da, 158
Cunha, Euclides da 11, 61, 101, 102, 105, 107-19, 207, 210

D
Dalberto 150
Darley 88-98
Dantas, Paulo 119
Darwin, Charles 105, 266
Diadorim 122, 124-6, 128, 138, 146-7, 149
Dias, Gonçalves 67
Diaz, Ricardo 261
Dito 153, 154
Doralda 150
Dostoiévski, Fiódor M. 92, 93, 122, 173
Drummond de Andrade, Carlos 183
Dumas, Alexandre 81
Durão, Santa Rita 64
Durrell, Lawrence 86, 87, 89, 90, 92, 93, 97-9, 170, 175

E
Édipo 55, 58, 97, 98, 133, 152, 227-31
Édipo em Colona 229
Édipo rei 226, 227, 231, 232
Elduson, B. T. 194
Eliot, Thomas S. 57, 58, 211
Elisa 77
Engels, Friedrich 278
Eros 26

Etiemble, René 168
Eysenck, Hans J. 187, 243

F
Faulkner, William 196, 221
Fausto 129
Fitzgerald, Scott 194
Fliess, Wilhelm 55
Ford, Henry 281
Foville, Achille-Louis-François 110
Francesca 76
Francolim 137
Frankl, Viktor 127
Freud, Sigmund 48-59, 129, 132, 152, 153, 189, 225, 228, 229, 231, 232, 253, 274
Freyre, Gilberto 12, 62, 117, 260, 261, 262, 263
Fromm, Erich 281
Fyfe, Hamilton 258, 259

G
Gama, J. Basílio da 64
Garcia Lorca, Federico 160
Getzels, J. 193
Gilson, Etienne 229
Gorer, Geoffrey 249, 259
Gramacedo 129, 130, 133
Guilford 193
Guimaraens, Alphonsus de 159
Guimarães, Bernardo 218
Gumplowicz, Ludwig 106, 111, 112
Gurvitch, George 233
Guterman 279

H
Haizmann 129, 132
Hamlet 50, 53, 54, 56-9, 153, 226, 232
Hans Castorp 169, 170
Hastorf, A. M. 19
Hegel, Georg F. W. 104
Heider, Fritz 13-6, 19-20, 22, 25-9, 31, 34-5, 37
Hemingway, Ernest 194
Hércules 262
Hermógenes 125, 130-3, 138, 141, 186
Hitler, Adolph 281
Hortência 149
Hull, Clark 26
Hume, David 13
Huxley, Aldous 12, 277, 281-9, 291-3

I
Iracema 67

J
Jackson, P. M. 193
James, William 188
Jaú 262
Jiní, 146, 147
João Goanhã 130
Joãozinho Bem-Bem 138
Joca Ramiro 122, 125, 130, 131
Jocasta 97, 98, 227
Jones, Ernest 48-54, 57, 153
Jourdain, M. 177
Joyce, James 166
Julien Sorel 44
Jung, Karl G. 79, 97

Justine 85, 86, 89, 90, 93, 94, 96-8, 176

K
Kitty 92
Klein, Viola 236
Klineberg, 262
Kluckhohn, Clyde 243
Kramer, Hilton 221
Krueschner, Dori 261

L
Lamarck, Jean Batiste 105
Lambert, Jacques 113
Laio 227
Leila 97, 98
Lélio 147
Leônidas 262
Lewin Kust 15
Lewis, Sinclair 221, 248
Lins do Rego, José 47
Linton, Ralph 243
Lippman 242
Lisa 98
Lopes 262
Lourenço Filho 118
Lowenthal, Leo 279
Lúcia 81-83
Lucíola 79
Luisaltino 153
Luizinho 262

M
Machado 262
Magalhães, Gonçalves de 68
Malthus, Thomas 276, 282
Mannheim, Karl 278

Manuel, Dom Francisco 83
Mann, Thomas 166, 169, 174, 185, 210
Margarida 81
Maria 81, 82, 83
Maria da Luz 149
Maria Deodorina 124, 146
Maria Madalena 147
Marx, Karl 104, 278
Matos, Gregório de 63
Medeiro Vaz 130, 131
Mead, Margaret 12, 234-7, 239, 240, 245, 247-9, 254
Meili, R. 187
Melissa 88-93, 95, 97-9, 176
Melo Franco, Afonso Arinos de 62, 117
Merton, Roberto K. 274
Michotte 13
Miguilim 136, 152-5
Miller, Henry 177, 195
Ministrinho, 262
Mondolfo, Rodolfo 229
Mounin, Georges 182, 183
Mountolive 86, 98
Mumbungo 140
Mussolini, Benito 281
Maurois, André 293

N
Nessim 88-90, 94-6, 98, 176
Nhinhinha 140
Nhô Augusto 137
Nhorinhá 122, 140, 148, 149, 150
Nieztsche, Friedrich 43, 279, 280
Niginho 262

Nina Rodrigues, Raimundo 61, 106, 117, 119
Nuttin 85

O
Octacília 124, 125, 148, 149
Octave 45
Oliveira Viana, Francisco J. de 61, 106, 117
Ortega y Gasset, José 280, 285

P
Padre Cícero 118
Pangloss 104,
Passos, John dos 221
Parsons 276
Paulo 81, 84
Penafort, Onestaldo de 159
Phelps, Gilbert 90
Piaget, Jean 26
Pinho, Wanderley 75
Pirandello, Luigi 79
Platão 156, 163
Polefka, J. 19
Popper, Karl R. 277
Pound, Ezra 211
Prado, Paulo 62, 117
Procópio 262
Proença, Cavalcanti 121
Proust, Marcel 79, 196
Pursewarden 89, 90, 94, 95, 98, 99

Q
Quelemém 122, 125, 130, 131, 133

R
Ramos, Graciliano 47
Reinaldo 124
Retrupé 140
Ribeiro, João 211
Ricardão 125, 130, 131
Riobaldo 122-33, 136, 141, 143-4, 148-51, 154
Roe, A. 194
Rogers, Carl 188, 189
Róheim, Géza 244, 259
Romero, Sílvio 107, 202
Romeu 262
Ronsard 258
Roosevelt, Franklin D. 250
Rosa, Guimarães 119, 121, 128, 135-7, 139, 142, 145-6, 148-50, 151, 154-6, 207
Rousseau, Jean-Jacques 233

S
Sanford, Nevitt 167
Santa Maria Itaparica, Manuel de 63
Sartre, Jean-Paul 15, 102, 170, 203
Schaffner, B. 245, 251, 253, 254
Schneider, David J. 19
Schoenfeld 242
Schopenhauer, Arthur 51
Selorico Mendes 129, 130
Sena, Jorge de 12
Shakespeare, William 50, 53-9, 226, 232
Simmel, George 13, 31
Skinner, Burrhus F. 16, 21, 198, 288

Sófocles 55, 98, 226, 228, 229, 232
Soroco 139
Soropita 143, 144, 150, 154
Sosonho 155
Sousândrade, Joaquim de S. 203
Spengler, Oswald 279, 280
Sprott, 243
Steinbeck, John 221
Stendhal, 44, 45

T
Taine, Hippolyte 241
Tânato 26
Teixeira, Bento 63
Tiãozinho 155
Tim, 262
Tio Terêz 153
Tolstói, Leon 92, 93
Torres, Alberto 117

U
Urutu-branco 133

V
Vélery, Paul 168
Van Thiegen, Paul 81
Veríssimo, Érico 185
Veríssimo, José 202
Verlaine, Paul 46, 159
Vieira, Ondino 261
Virgília 45, 76
Voltaire, 104
Vronski 92

W
Watson, 16, 198, 288
Wertheimer, Max 195
White, William H., 284
Wilde, Oscar 45, 46, 50

Y
Young, Michael 12, 277, 289, 290-3

Z
Zé Bebelo 122, 125, 130-3
Zweig, Stefan 293

SOBRE O LIVRO

Formato: 14 x 21 cm
Mancha: 23 x 39 paicas
Tipologia: Iowan Old Style 10/14
Papel: Offset 75 g/m² (miolo)
Cartão Supremo 250 g/m² (capa)

1ª *edição:* 2007

EQUIPE DE REALIZAÇÃO

Edição de textos
Nair Kayo (Preparação do original)
Elaine Del Nero (Revisão)
Oitava Rima Prod. Editorial (Atualização Ortográfica)

Editoração eletrônica
Oitava Rima Prod. Editorial (Diagramação)

Impressão e acabamento